水道方式とはなにか

遠山啓著作集
数学教育論シリーズ 3

水道方式は科学の一般的方法である"分析と総合"を基礎としている。これは従来の教育にはいりこんで研究の発展を阻害していた生活主義と異なり、うからの別立した。また、練習問題の展開には"一般から特殊へ"の方向をとっている。これらはいままでの常識を破るものであった。水道方式は原則が明確であり、数学教育のワクを越えて教育一般の分野に広がっていったのである。——本文より

水道方式は日本の子どもたちを驚くする画期的な提案である。
それは数学教育を貫いて、教育全体を改革する新しい方向を切り拓いた。
水道方式の理論構造と、その内容・方法を具体的に紹介する。

太郎次郎社
エディタス

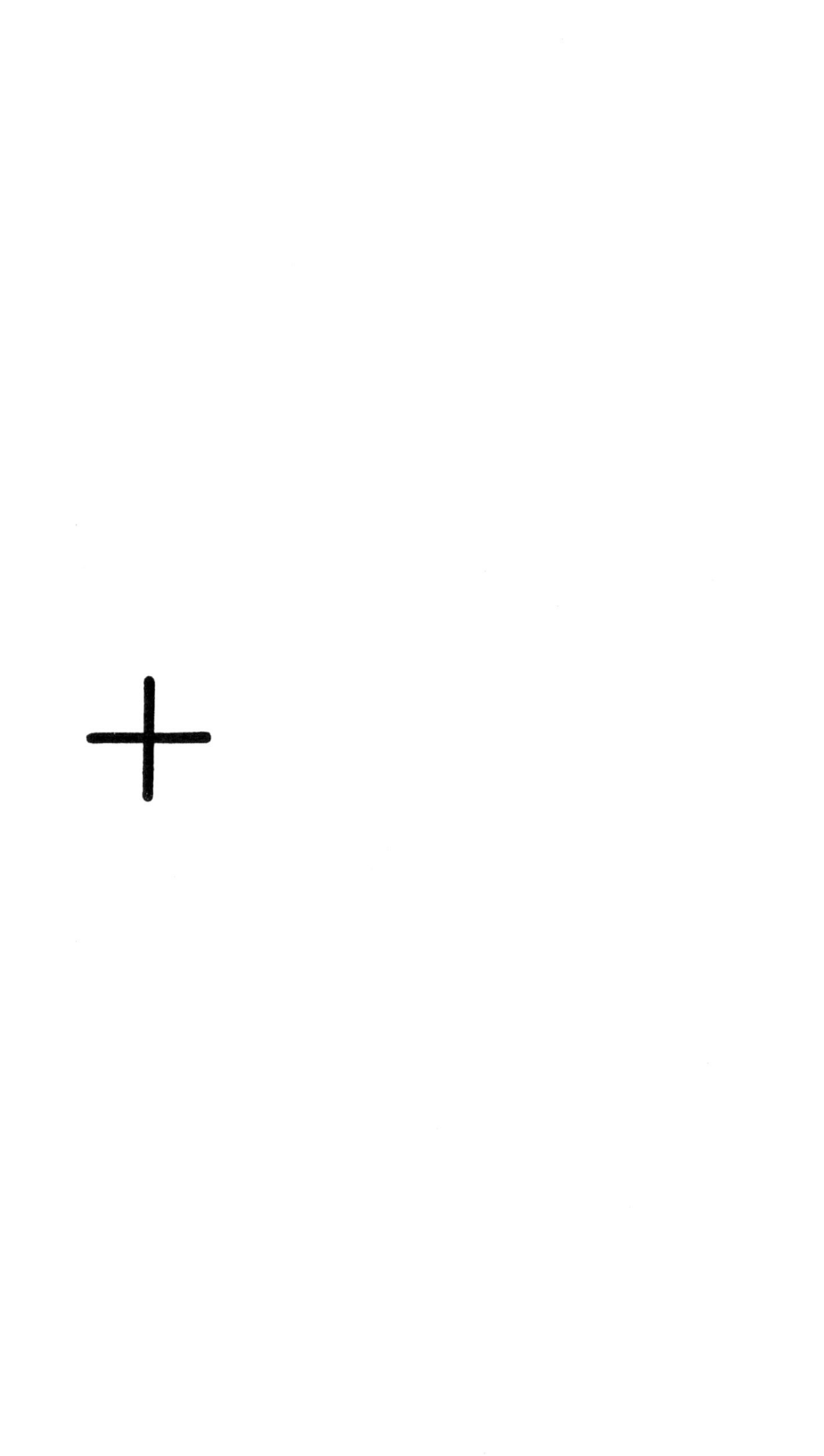

遠山啓著作集
数学教育論シリーズ——3

水道方式とはなにか

目次

I──水道方式への招待
水道方式とはなにか────8
なぜ算数を学ぶのか────12
数と水道方式────22
自信がつく算数計算法────35

II──水道方式論1──暗算と筆算
暗算批判と水道方式────44
暗算と筆算────57
暗算と鍛錬主義────67
暗算主義批判────81

III──水道方式論2──一般と特殊
一般と特殊────92
水道方式と量の体系────103
文字の意味と水道方式────116
因数分解再検討論────127

IV──量と水道方式の算数1──数と計算

水道方式の原理────132
たし算────139
ひき算────151
かけ算────162
わり算────172

V──量と水道方式の算数2──量と図形

量の系統────184
小数と分数────196
内包量のいろいろ────211
比例と比────217
応用問題────225
図形────236
そろばんと概数────243

[補章]水道方式による計算体系──銀林浩

小学校の筆算の体系────250
中学校の文字計算────275

解説……銀林浩────288
初出一覧────298

+

水道方式とはなにか

I―水道方式への招待

●――算数はやさしい教科である。だれでもついていける教科である。また，そうあるべきなのです。平凡で，やさしくて，当たりまえな考え方がいちばん役に立つ。これは算数ばかりではない。――17ページ「なぜ算数を学ぶのか」

●――数学は短編小説の集まりではない。一つ一つの事実が全部つながっている長編小説である。――18ページ「なぜ算数を学ぶのか」

●――この計算体系は，一般的で典型的なものの練習を最初に力を入れてやり，典型的なものから，しだいに〝型くずれ〟に移っていく。この有様が，水源地からパイプで枝分かれしていって各家庭の台所に達している水道に似ているところから，〝水道方式〟と仮称していたが，いつのまにか本名になってしまった。――10ページ「水道方式とはなにか」

水道方式とはなにか

　日本には1300万の小学生がいて,毎日,学校に通って同じ字を書き,同じ計算の練習をやっている。これはよく考えると大変なことであると思う。だから,もしうまい字の覚え方や計算のやり方が考え出されたら,子どもと先生はたいへんな得をすることになるだろう。たとえば,仮名を覚えるのにも,むずかしい字とやさしい字の区別はあるだろうし,やさしい字から練習をはじめていくのも一つの方法であろう。また,よく似た字を一まとめに練習することも考えられてよいだろう。ところが,これまで案外にこういう研究がなされていなかったようである。
　ところが,技能や芸事にはたいてい一定の練習の方法がつくり出されている。タイプライターを習うにしても一定の方式があって,でたらめに練習するよりはるかに速く確実に熟練できるようになっている。音楽にも,やはり,一定の方式があるし,スポーツにも基本練習というものがある。
　そのような練習の方式が数の計算にもあってよいだろうとだれでも考える。とくに算数は古くから学校教育のなかにもとり入れられてきたので,計算練習の方式

はとっくの昔に完成しているはずだと考える人が多いだろう。

最初，私もそう考えていた。3年前，算数の教科書を手がけて，ま

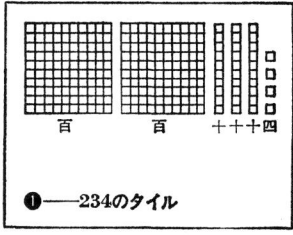
❶——234のタイル

ずはじめにつき当たったのは計算練習の方式をどうするか，という問題であった。日本の過去の教科書や外国の教科書をしらべてみたが，計算練習の理論といい得るものは一つもないことがわかった。これには，まず驚いてしまった。算数教育の大家などと言われた人は今まで何をしていたのかとふしぎに思えた。

既存の方式がないとすると，どうしても自分たちでつくり出さねばならない。まず手はじめに三ケタの数のたし算とひき算について一つの方式をつくってみようということになった。

三ケタまでの数どうしのたし算の問題は全部で100万ある。この100万の問題を2年生ができるようにしてやるにはどうしたらよいか。100万の問題を全部しらみつぶしに練習させることはできないし，また，その必要もない。まず三ケタの数の計算ができるために，前提となるのはつぎの二つである。

①——位取りの原理
②——一ケタの数のたし算

位取りの原理を教えるためにタイルというものを使うことにした。それは"一"を小さな正方形で表わし，"十"はそれが10個つながったもの，"百"はタテ・ヨコに10個ずつつながったもので表わす。だから，"234"という数は図❶のように表わすのである。これは厚紙を切って子どもにもたせることができるのである。

一ケタの数のたし算は準備として十分に習熟させてお

I—水道方式への招待

く。これらは三ケタのたし算を組み立てているもっとも単純で基礎的な過程であるから、"素過程"とよんでおく。この素過程を組み合わした三ケタのたし算が"複合過程"なのである。

つぎの大きな問題は複合過程をどのように分類し、配列するかという点であって、これが従来の常識と衝突するのである。それは、まずはじめにすべてのケタがそろっていて、0もなく、繰り上がりもないものから始めることにしたのである。たとえば、

$$\begin{array}{r} 234 \\ +512 \\ \hline \end{array}$$

というような問題である。だから、

$$\begin{array}{r} 234 \\ +\ 52 \\ \hline \end{array}$$

という問題は後になってでてくるのである。これが従来の常識を破っているところであって、反対者が批判するのもこの点である。

ところが、子どもにきいてみると、やはり、そのほうがいちばんやさしく、後の問題は、たいていの子どもはひとりで考えてできるのである。前の問題がもっとも一般的で典型的であって、後のは"型くずれ"になっているが、典型的なものの練習を最初に力を入れてやるわけである。"水道方式"という妙な名前もそこからでてきたのである。

典型的なものから枝分かれして、しだいに型くずれにうつっていく有様が、水源地からパイプで枝分かれしていって各家庭の台所に達している水道に似ているところから、"水道方式"と仮称していたのが、いつのまにか本名になってしまったのである。

この方式を加減乗除や分数・小数の計算に及ぼしていく具体案をつくるというやっかいな仕事は銀林浩君（数学教育協議会幹事）がやった。

しかし、これを子どもに実験してみるまでは実際の効

能はわからなかったが，やってみると，予想以上のよい結果をみた。これでいくと，正答率が平均して20パーセントくらい上がって90パーセント近くになり，練習の時間は従来の3分の2くらいで済むらしいことがわかってきた。このぶんでいくと，算数を修了する時間を1年ぐらいスピード・アップすることは困難ではないように思われる。

予想外だったことは，この方法はできない子どもに特効があるらしいということである。従来，クラスの何パーセントかはハシにも棒にもかからないものとされてきたが，〝お客さん〟といわれるこれらの子どもたちが算数についてくるようになったのである。

なぜ算数を学ぶのか

●──21世紀という時代

今，学校で勉強している子どもたちは21世紀に活躍する子どもたちです。21世紀という時代は，どんな時代になるでしょうか。それは今から想像することはとてもできませんが，はっきり言えることは，科学や技術がたいへん発達した時代になるということです。

これは，今のおとなたちが子どもの時代にどうだったかということを考えてみると，よくわかります。今のおとなたちが子どもの時にはラジオもテレビもなかったし，映画はあっても，トーキーはありませんでした。しかし，今の子どもは生まれた時から，毎日，こういうものに接しています。それが40年あとの21世紀になると，どんな世の中になるか，ちょっと想像もつきません。

そういう科学技術の高度に発達した世の中では，専門家でないふつうの人間でも，科学や技術のかなり高い知識や能力を身につけていなければならなくなることは，当然であります。

ところで，科学や技術を学んでいく上で一番大事なのは，小学校の算数であります。これがしっかりしていないと，科学や技術を確実に身につけることはとうていできません。だから，小学校の算数が科学技術教育の基礎だということははっきりしています。ですから，21世紀に活動する子どもたちは，どうしても小学校の算数をしっかりと身につけていかなければなりません。今まで，算数・数学が必要なのは理工科系に進む子どもたちだけだと考えられていました。自分は法律をやるから，ある

いは経済をやるから算数や数学はいらないんだ，あるいは算数や数学はきらいだから，そちらへ行くというようなことが一つの常識でしたが，そういう常識はこれからは通用しないだろうと思われます。

●──社会が数学を要求する
今まで算数や数学の知識は不必要だと思われていた法律や経済にも，これからは算数や数学の知識がどんどん取り入れられてくるということがはっきりとしてきました。たとえば，将来，お役人，つまり，行政官になる人たちは，これまでは法律をうまく解釈すればよかったけれども，これからは，そうはいかなくなるでしょう。

というのは，いろいろな行政計画をやる場合に，どうしても数量的な処理をしなければならなくなります。たとえば，大都会の交通管理をするお役人になるにしても，どこの街かどはどのくらいの交通量があるかという事実を調査して，それに対して自動車はどのくらいの速度で走るべきかとか，あるいは道幅をどうすべきかを精密に計算する必要がおこってきます。そうしなければ，あの複雑な交通行政をうまく処理することはできません。

また，会社の営業をやる人でも，これからは数量的な処理をして，それにもとづいた計画をしなければならなくなります。たとえば，織り物の会社で新しい織り物を売り出す場合は，現在でも，すでに非常に綿密な調査をした上で売り出すことをしています。これもかなり程度の高い数学を知っていなければできません。今まで，法科や経済を出た人は，こういうことは苦手なので，専門家に頼んでやらせていましたが，これからは自分でやらなければならなくなります。また，自分でそういうことのできる人の発言権がだんだん強くなってくるでしょう。

それから，会社の事業計画を立てる場合も，最近は数量的な基礎に立って，綿密な計算をする傾向が強くなってきました。大きな会社では，とくにそういうことが盛んに行なわれています。だから，大学の数学科を出た学生が大きな会社からひっぱりだこになっています。そのわけはそういうことにあるわけです。

どんな方面に進むにしても，今までよりは算数・数学の知識を多く持った人が歓迎されることになってくるでしょう。そして，おれは数学はき

らいだという人の進路は非常に狭まってくるでしょう。
そうなってくると，小学校の算数をどう勉強させるかということが，その子どもの一生に大きな影響を及ぼすことになります。小学校の時に算数ができ，算数が好きになった子どもは，中学・高校・大学へ行くにもたいへん得をするわけです。つまり，大学までに数学を利用するような学問をたくさんやらなければなりません。それに，全部いい点数がとれるわけです。ところが，逆に算数がきらいになってしまったら，上の学校に行った場合，数学ばかりでなくて，物理やら化学やら統計，そういったものが全部苦手な学問になってしまいます。
だから，算数を小学校の時に好きにさせるか，きらいにさせるかは，その子どもの一生にたいへん大きな影響を与えます。算数をぜひ好きにさせてやるということは，先生の責任であるばかりではなくて，やはり，親の責任でもあります。

●──暗算のやりすぎ

算数というのは，このくらい大事な学問であるにもかかわらず，"おれは算数が苦手だ"，あるいは"おれは数には弱い"といってる人が非常に多いというのは，なぜでしょうか。それは，算数というものは，本来，むずかしくて，少数の人にしか理解できないものだからでしょうか。いや，そうではありません。それは，大部分は過去の算数教育のやりかたの誤りからきています。というのは，子どもの能力に余るような，ひねくれたむずかしい問題をやらせていたからです。これは小学校から中学・高校，全部について，そういうことがいえます。
まず第1に，小学校低学年から暗算をやたらにやらせたということがまちがいであります。小学校の低学年で暗算をうんとたたき込もうという考えの人があります。しかし，このやりかたはまちがいです。
こういうやりかたのもとになっているのは，暗算をやらなければ，数の考え方が養われないということです。しかし，これはまちがいです。暗算をやれば，ある程度，数の考え方は養われるでしょう。しかし，暗算をやらなければ，数の考え方が養われないというのはまちがいです。つまり，暗算よりももっといい方法，もっとやさしい方法で数の考え方を養うことはできるのです。

その方法についてはあとで述べますが，要するに，暗算をやり過ぎると，暗算の苦手な子どもは算数がきらいになります。暗算の能力というものは，知能とはあまり関係がありません。暗算が非常に早くてうまい子どもが，かならずしも知能が高いとはいえません。

これは外国の例ですが，暗算が非常にうまくて，何十ケタのたし算などでもまたたく間に答えを出すような暗算の天才がいました。その子はサーカスのようなところで，おおぜいの人の前で暗算をやって見せて，お金をもうけていました。そして，もうけたお金で学校へ行くことにしました。ところが，学校でふつうの勉強をしはじめたら，とたんに暗算ができなくなったという話があります。

暗算の能力というのは，何か特別な能力であって，一般の知能とはかならずしも一致しないのです。逆に，非常にすぐれた数学者でも暗算の下手な人がいます。たとえば，フランスの ポアンカレ(1854—1912年)は，当時における第一流の数学者でしたが，この人は，暗算はからきしできないということを自分でいっております。

暗算をたたき込むというやりかたは，過去の日本では，昭和10年から使われた緑表紙の教科書から始まったわけです。ところが，このやりかたが，今でも日本でかなり根強い勢力になっていて，暗算を盛んにやらせる教科書なんかもでていますが，これはいけないと思います。緑表紙の教科書ができたころ，子どもの計算能力がひどく低下したという批判がありましたが，これは，じつは暗算をたたき込むやりかたの結果だと思われます。このように，低学年で暗算をむやみにやると，算数ぎらいができてきます。

●——不必要な逆算と，ひねくれた応用問題

それから，もう一つは，低学年でやたらにたし算・ひき算の逆算をやらせます。たとえば，教科書なんかにもよくありますが，「5は3といくつですか」というような問題を 盛んにやらせているものがありますが，これはヨーロッパ人のやりかたをそのまま無批判に取り入れたものであって，日本人の子どもには低学年でやたらにやらせる必要はないのです。ヨーロッパ人は，おつりを出す時，こういう補加法という考えかたをしますが，日本にはそういう習慣がないので，必要がないのです。こ

れなどは，ヨーロッパの算数教育を，その理由を考えないで無批判的に直輸入した結果です。こういうものをやると，算数がたいへんむずかしいものになっていきます。

もう一つは，高学年にいってひねくれた応用問題をやらせることです。これはツルカメ算・過不足算といったものです。ツルカメ算などは，やはり，前にのべた昭和10年の緑表紙から正式に教科書に入ってきたのですが，こういうものは，代数を使って解けば，すぐ解けるのです。これを，代数を教えないで解かせると，たいへんむずかしい問題になります。できる子はできるかもしれませんが，大部分の子にとってはたいへんむずかしいものになります。だいたい外国ではこういう種類の問題はやらせていないのです。そういう問題をやらせると，算数ぎらいが出てきます。

ところが，残念なことに，最近，私立の中学校の入学試験問題に，こういうひねくれた応用問題を出す傾向が出てきて，それに対する受験準備として，小学校でも，こういう問題をやたらにやらせる傾向が出てきました。これは小学校教育を歪めるものであって，こういうものはやめたほうがいいのです。

小学校の場合，ほかにもたくさん理由がありますが，このような子どもの能力以上の問題をやらせると，算数ぎらいが出てくるのです。このような問題をやらせるから，算数はどの子でもできるものではなくて，ある特別の能力を持った子どもだけができるものだという誤った考えかたを広めてしまったのです。

● ——算数・数学はやさしい教科

これまで，算数と数学はむずかしい教科であって，特別な頭を持った人間だけができるというような考えかたがあったわけですが，これはたいへんなまちがいで，本当は算数はやさしい教科なのです。

国語と比べてみましょう。国語というのは，読んだり，書いたり，文章を作ったりすることに限るならば，たいへんやさしい教科です。だれでもできるはずのものなのです。ところが，国語教育の中で和歌を作ったり，俳句を作ったりすることに重点をおいて国語教育をやってごらんなさい。これはたいへんむずかしい教科になると思います。

つまり，うまい和歌を作らなければ，国語の点数が悪くなるとか，あるいはうまい俳句を作らなければ，国語の点数が悪いということにしたら，国語というものは特殊な人間にしかできないものになると思います。私なんか，そういうものをやられたら，国語はたぶん落第点しかとれなかっただろうと思います。

ところが，国語教育の重点はそういうものにはなくて，ふつうの文章が読め，文章が作れればいいということだから，国語はやさしい教科になって，だれにでもできるし，できるはずのものなのであります。

ところが，さっきいったむずかしい応用問題とか暗算とかを主にすると，これは，ちょうど国語教育で和歌や俳句を作ることを中心にした教育と同じことになります。あまりむずかしい問題をやらせるからむずかしくなっているのであって，算数はそういうものではなくて，もっと平凡な，やさしいことをきちんと考えるということにしていけば，よほど知能の低い子どもでない限り，全員がついていける教科になってきます。また，そういうものであるべきなのです。算数が子どもの役に立つとしたら，平凡で，やさしくて，当たり前な考えかたが一番，役に立つわけです。これは算数ばかりではなくて，中学校や高等学校の，より程度の高い数学でも同じことです。平凡で，やさしい，だれでもできることが一番，役に立つわけです。ですから，算数はやさしい教科であるということを，まず子どもにわからせるには，親たちがこの考えかたに切り替えていかなければいけません。親たちが算数に対して恐怖心を持っていたのでは，それは当然，子どもに伝染するでしょう。親がまず，算数はやさしい教科だという確信を持つということです。算数ができなかったら，よほど怠けているか，どこか教えかたがおかしいというふうに考えなければなりません。

●──**算数の特徴はなにか**

学校には，算数・国語・理科・社会といったような，たくさんの教科がありますが，その中で，算数はどんな特徴を持っているかということを考えてみましょう。

まず，算数は，小学校の１年から６年まで一つにつながった学問です。つまり，一つ一つの事実が全部つながっていて，ちょうど一つの大きな

長編小説のようなものです。けっして短編小説の集まり，短編小説集ではないということです。このことがほかの教科とちがう点です。この特徴をよくつかまえていなければなりません。

たし算がしっかりとできなければ，ひき算はできません。それから，かけ算がじゅうぶんできなければ，わり算はできません。かけ算をやるときに病気かなんかで休んで，いきなりわり算のところから学校に出したとしたら，とうていわかりません。これは長編小説の途中を読まないで，いきなりおしまいを読んでも筋がわからないのと同じことです。もし子どもたちが，何かの都合で算数の一か所がわからないとき，それをほうっておくと，あとが全部わからないということになってきます。

そういうことは，とくに親がよく気をつけていなければなりません。どうしても，その欠けた部分を早く埋めておかなければいけません。ちょうど借金のようなもので，小さい借金でも，どんどん利子がふえていって，もうあとが返せなくなってしまうということがたくさんあります。だから，利子がふえて，手がつけられなくなる前に，この借金を早く返しておくことが必要です。これは，算数を勉強させる時に忘れてはならないことです。

もう一つ，算数は学校で教わらないと，自然におぼえることのできない教科です。字やことばなどは，人と交際しているときに，なんとはなしにおぼえてしまうものがかなりたくさんありますが，算数は自然におぼえるということがほとんどありません。つまり，いろいろなことをやっているうちに，かけ算を自然におぼえてしまったというようなことは，ほとんどあり得ません。いわゆる常識が発達すれば，自然にわかるということが，算数ではほとんどありません。

だから，算数は，九十何パーセントまでは指導する先生が全責任をもつということになります。また，親が見てやるとしたら，親の責任もあるわけです。このように，自然にはおぼえられないという性格をもっていますから，どうしても，学校とか親が意識的に系統的に教えなければだめです。だから，算数のできない場合には，先生と親に全責任がかかわるのだといってもいいと思います。

もう一つは，まちがった教えかたをすると，役に立たないばかりか，害があるということです。これは，ちょうど白紙に落書きをしてしまった

ようなもので，白紙の場合よりももっと悪いわけです。正しい字を書くのには，そのまちがった字を一度消して，また，書き直さなければいけません。消したりなんかすると，当然，紙がいたんで，もとより悪くなります。だから，算数はまちがった教えかたをしないように気をつけなければなりません。教えかたは簡単明瞭でなけばいけません。ごたごた複雑な説明をしたりすると，かえってわからなくなってきます。簡潔で，ずばりという教えかたをしなければいけません。

だいたい，以上のような特徴をもった教科ですから，この特徴を忘れてしまうと，算数のできない子がでてきます。しかし，逆に，この特徴をしっかりつかんで教えさえすれば，できない子はいなくなるだろうと思われます。

●──事実を正しく見ぬく力をつける

数や量や図形の法則や考えかたをしっかりとうち立てることは，算数教育の大事な狙いではありますが，これだけが算数教育の狙いとはいえません。つまり，社会へ出てから社会のいろいろな事件やしくみを正しく見抜くだけの力をつけてやることも，算数の大切な役目です。そのことをしなかったら，「論語読みの論語知らず」のことばのとおり，計算はできるが，りこうでない人間ができてしまいます。

一つの例を述べましょう。応用問題の中で〝平均〟という計算があります。ある会社の社員の平均給料，あるいは国民の一人一人の平均所得というようなものが，それです。平均というものは，だいたい似たような値の平均をとることで意味があります。だから，非常に違ったものの平均をとっても，あまり意味がありません。つまり，値が非常に広い範囲にわたってちらばっているものの平均をとっても，たいした意味はありません。

つまり，平均をとるのに，でたらめにたして，わり算をしただけでは意味がないわけです。たとえば，動物園にいる動物の身長の平均を計算してみても，それはたいした意味を持っていません。象の身長とネズミの身長を平均してみても，その平均値はたいした意味を持たないわけです。しかし，似たようなものの平均は意味があります。

そうなってくると，大金持ちと，たくさんな貧乏人がいる国の国民の平

均所得を計算してみても，たいして意味がないわけです。少数の金持ちは何十億という収入があって，一方では，わずかしか収入のない人がいるとき，それらを平均してみても，その平均値には意味がありません。ところが，往々にして，こういう平均値を作って，何か意味ありげに見せかけるような宣伝もよく行なわれています。だから，国民の平均所得がかりに高いといっても，その国民が一般的にゆたかな生活をしているとは限りません。そういう場合には，平均値のほかに，値のちらばりかたを考えに入れなければならないわけです。今の世の中では，こういう数字の魔術がたくさんはびこっています。だから，こういうこともじゅうぶん批判的に理解できるような子どもをつくっていかなくてはなりません。

大まかにいうと，平均値には二とおりの意味があります。一つは集団の中で，ちらばりの基準になるという意味で作る平均があります。つまり，学校の中で，一つのクラスの子どもの身長の平均というのを作るというのはどういう意味かというと，そのクラスの中で，ある子どもは，その平均より高いか低いかという目安になります。これは一つの集団の中での意味です。ちらばりかたを見る。つまり，平均からどれだけ食い違っているかということを見る場合の平均です。

もう一つは，Aというクラスの身長の平均と，Bというクラスの身長の平均とを比べる時に，Aのクラスの身長の平均のほうが大きければ，Aのクラスの子どものほうが，だいたいはBのクラスよりも背が高いという判断ができるわけです。つまり，二つの集団の間の大まかな値を比べるという場合があります。

同じ平均でも，使いかたによって，こういう違った方向に使うわけです。ですから，計算して出てきた答えは一つの数字で，人間の作為が加わっていないように見えますが，よく考えますと，案外，その背後に何かの作為が隠されていることもあります。政治の中には，よくこういう数字の魔術を使ったものがあります。

月給が倍になるといっても，簡単に喜べない理由がそこにあります。つまり，月給が倍になっても，物価が倍になれば，同じことです。また，月給が倍になっても，物価が4倍になれば，結局，月給は半分になったのと同じです。これは月給の多寡では考えられません。

$\dfrac{月給}{物価}$

という分数の値のほうが大事なのです。月給でどれだけのものが買えるかという，それのほうがもっと大事です。こういうことが，案外，忘れられています。

●――数学をゴマカシに使った昔ばなし

無色透明だといわれる数学をゴマカシに使った昔ばなしがありますから，一つ紹介しておきます。それは，今，使われている1升マスの例です。1升マスは，ご存じのように，底辺が正方形で，直方体になっています。底辺の辺の長さは4寸9分です。それから，高さは2寸7分です。これをかけ算すると，1升というのは6,4827立方分です。なぜ，こんなはんばな値になったか，ふしぎに思う人があるかもしれません。しかし，これには一つのエピソードがあります。

昔の1升マスは底辺が5寸で，高さが2寸5分の大きさであったそうです。これは，計算すると，6,2500立方分です。つまり，1升がふえたわけです。なぜこういうふうに変えたかというと，昔の殿様が百姓からよけいの米を取り上げようとしたからです。百姓が，少しよけい取られているようだといってお役人に抗議を申し込んだら，そのお役人はつぎのようにいったのだと思われます。"5寸のものを4寸9分にした。タテとヨコだから2分だけ減った。その減った分を高さに加えて2寸7分にしたから，結局，さしひき勘定は同じだ"というような説明をしたのだろうと思います。ところが，かけ算をしてみると，明らかに違うのです。かけ算がよくできなかった人びとは，きっとこのいいわけでごまかされたことと思います。

これは，無色透明だと思われている数学がずるい政治家に利用されたおもしろいお話です。こういうことが，ちゃんと見破れるような子どもをつくっていかなければ，いつまでもだまされる人間ばかりになってしまうでしょう。

数と水道方式

●——幼児は数をほんとうに知っているか

小学校へ行ってから,算数を勉強し始めますが,しかし,小学校へ上がる前から,数の考えかたはだんだん発達しています。これは,教えないでも,自然に発達することもあります。たとえば,放っておいても,4,5歳ごろに手当たりしだいにものをかぞえることに熱中する時期もあります。こういう時には,すでに数の考えがかなり急に発達しつつあると見られます。やはり,小学校以前でも,放任しないで正しい指導をしていったら,正しい数の考えのもとをきずくことができます。

今まで小学校では,幼稚園や保育所に対しては何も教えてくれるなというように要求していたと思います。それは,へたな教えかたをされると,小学校でたいへん困るということからきていると思います。こういう要求が出てきたのは,今まで幼児の算数というものが研究されないで,非常にでたらめな教えかたがされていたからだと思います。しかし,子どもの発達に適した指導を考え,正しい指導をしていくなら,やはり,小学校の算数はたいへんらくになるはずです。

幼児はだいたい4歳ごろになると,数の考えがだんだんめばえてくるといわれています。しかし,6,7歳になるまでに本当に正しい数の考えを身につける子は少ないわけです。親が熱心に教えれば,1,2,3,4,5,……という数のことばはわりあい簡単におぼえます。しかし,それだけで数の考えを正しくつかんでいるとはいえません。

ある子ども(4歳ぐらい)が友だちに,〝二十〟というのは〝20〟と書くんだと

いうことを教わって，よくおぼえたそうです。ところが，何かのところで，お皿にお菓子が2つ入っていて，もう一つの皿には1つも入っていない，それを合わせたらいくつになるか，という場面に出会った。つまり，これは 2+0 です。これを合わせたら，その子は"20"になるといってきかなかったそうです。それは，20は"2，0"と書くからです。これでは，"20"ということばや書きかたを教わっても，数の正しい考えをつかんだことにはならないわけです。

また，"10"のオハジキを並べておいて，左から勘定してみると，"10"になったとします。右から勘定したら，かぞえ違えて"9"になったとしても，幼い子どもはちっともふしぎがらない。おとなだったら，これはへんだぞと考えますが，子どもはちっともふしぎがりません。かぞえる順序が違っているから，違うのは当たり前だというような顔をしています。このように，子どもは正しい数の考えかたをつかんでいるとはいえないわけです。なぜかといえば，数の考えの大事な原理としては，たとえば，オハジキはどっちから，どんな順序に勘定しても，同じ答えになるということをしっかりとつかんでいなければならないからです。

また，"10こ"の花びん（1輪ざし）に1つずつ花をさしてある状態を見せて，花の数と花びんの数と，どっちが多いかというと，これは同じだといいます。しかし，花を抜いて束にして見せると，数は変わってくると考えている子どもがたくさんいます。これは，全体として小さくなりますから，花の数は少なくなったと考えるのです。これでは，やはり，数を正しくつかんでいることにはなりません。

● ――数の考え方

では，どういうことが数を知ったことになるのか，どういうことがわかれば，数というものの考えをつかんだことになるのでしょうか。

それは，第1に，オハジキがあって，それを2つに分けた時，分けても全体は変わらないということがまずわかっていなければなりません。つまり，一塊になっている状態と，2つになった状態は明らかに違いますが，しかし，そういう見かけが違っても，全体の数は変わらないということをはっきりとつかんでいなければなりません。ですから，一塊で一度にかぞえたのと，べつべつに勘定して，あとで合わせたのがかならず

同じにならなければならないということを知っていなければいけません。ところが，いろいろ幼児に実験してみると，幼い子どもは，これをじゅうぶんにつかんではいません。

コップの中にオハジキを入れて，それを2つのコップに分けると，ある子どもはオハジキが減ったというし，ある子どもはオハジキがふえたといいます。減ったと考える子どもは，1つのコップに入っている数が減るから，コップが2つになったことは忘れてしまって，減ったというふうに判断します。ふえたという子どもは，1つのコップに入った数は減ったということは忘れて，2つのコップになったからふえたというように見ます。1つのコップに入った数は減るが，コップが2つになったので，うまい具合にさしひき勘定して同じになると考えるのは，かなりあとになってからです。

だから，こういうことをしっかりつかむことが，まず第1に必要です。かぞえる順序を左から勘定しても，あるいはとびとびに勘定しても，同じ数になるということもはっきりつかんでいなければいけません。だから，1つのオハジキの集まりを左から勘定して〝10〟になり，右から勘定して〝9〟になったらおかしいぞと思わなければいけません。おとなはすぐおかしいぞと思って勘定し直すわけですが，子どもはかならずしも，さっきいったように，そうではありません。このことをはっきりつかんでいなければいけません。

●――集合数と順序数と1対1対応

それから，オハジキ1つと，オハジキ2つと，オハジキ3つと，こういう塊があった時に，大きさの順序に並べると，オハジキ3つの塊は3番目にくるということがはっきりわからなければいけません。これは，3つということと，3番目ということがはっきり結びついていなければできません。これは，数学のことばでいうと，〝集合数〟と〝順序数〟との結びつきがしっかりしていなければいけないということです。

1輪ざしと花の例でいったように，1輪ざしの花びんに1つずつ花がさしてある状態を見ると，これは1つの花びんに1つの花がさしてあるし，反対に1つの花にはかならず花びんが1つあります。こういうような関係を〝1対1対応〟といいます。

たとえば，あるところに人が集まっていて，その一人一人がかならず帽子をかぶっていて，部屋の外で帽子を脱いで部屋の中へ入りました。そうすると，部屋の中の人と帽子の集まりは1対1対応しています。それは，1人の人間にはかならず帽子が1つ，それから，1つの帽子はかならず1人の人間のものになっている。1つに1つが対応しているから，1対1対応といいます。

この1対1対応した場合には，2つのものの集まりは同じ数だということをはっきりつかんでいなければいけません。つまり，人間を帽子でおきかえても，数は変わらないということがわかっていなければいけません。

たとえば，豊臣秀吉が，山の木を勘定するのに，直接，勘定するかわりに，家来に1本の木にヒモを1つずつゆわえさせて，あとで，そのヒモを全部集めて，そして，そのヒモを勘定して何本だという答えを出したという昔話がありますが，これは，1対1対応を使った勘定のしかたです。つまり，木を1つずつ勘定するとたいへんむずかしいので，それをヒモにおきかえて，勘定しやすいヒモを勘定したのです。

あるいは，すし屋のおやじさんが，お客さんがいくつ食べたかということをちゃんとおぼえているというのは，お客さんがすしを1つ食べるごとに飯粒をすしの台に1つずつつけておいて，すし1つと飯粒1つとの1対1対応をさせて勘定しているからというわけです。だから，ものをかぞえる時は，いつでも1対1対応ということが基礎になるのです。

オハジキを1つ，2つと勘定することは，オハジキというものの集まりと，人間の頭の中にある1, 2, 3, 4,……という数のことばとのあいだに1対1対応をつけているわけです。このように，数の考えのいちばんもとになるのは1対1対応です。ですから，この1対1対応ということを，遊びの中でも何でもいいのですが，子どもにしっかりとつかませると，数の概念が非常にはっきりしてきます。

●——1対1対応と推移律

その際，非常に大事なことは，数学でいわれる"推移律"ということです。これはどういうことかというと，リンゴの集まりがいくつかあるとします。それからミカンの集まりがいくつかあります。もう一つ，オハジキ

の集まりがあります。その時に、オハジキの集まりとリンゴの集まりが1対1対応しているとします。そうすると、オハジキの集まりとリンゴの集まりは同じ数だということがわかります。つぎに、オハジキとミカンとの1対1対応ができたら、ミカンの集まりとオハジキの集まりが1対1対応していることがわかります。その時に、リンゴの集まりとミカンの集まりはどうかというと、これは直接、1対1対応していないけれども、オハジキという仲立ちをおいて1対1対応ができているわけです。そうすると、そのことからミカンとリンゴは同じ数だということが結論できます。つまり、オハジキという仲立ちをおいた1対1対応のことを推移律といいます。

これは数学でいうと、A＝B、B＝C であったら、A＝C だという大事な原則がありますが、これが推移律なのです。このことが子どもにとっては非常に大事な規則になります。おとなはこの規則を無意識に使って数を勘定しています。

たとえば、リンゴを勘定して5つあったということは、リンゴの集合と、頭の中にある数のことばの集合、つまり、1から5までの数のことばとが1対1対応しているのです。ミカンを勘定して、やはり、"5"だということは、頭の中のことばの集まりとミカンの集まりとが1対1対応しているわけです。その時、推移律によって、ちょうどさっきの例でいうと、ことばの集まりがオハジキの集まりの役割を果たすわけですが、それを両方勘定して5つになったら、ミカンとリンゴが1対1対応する、すなわち、同じ数だということが結論できます。

つまり、2つのものを勘定して同じ数になったら、その2つのものは同じ数だということの結論には、暗黙のうちに推移律が使われているわけです。だから、2つのものをかぞえて同じになったら、同じだということをいうためには、かなり程度の高い推移律を知っていなければなりません。

この推移律というものをいろいろな手段でわからせるということがたいへん大事なことです。これだけの準備をしておいてやると、数の概念が非常にはっきりしてきます。前にあげたいくつかのことも、ついでにわかってきます。今まで、こういう指導をしていなかったのですが、こういう指導をしたあとで、数の正しいことばを教えてやると、まちがいな

く数をつかむことができます。

今までは，前にもいったように，流行歌をおぼえるように数のことばを教えていましたが，答えだけ教えても，今の推移律などは自然にはわかりません。かえって，そういう概念を知らずに過ごしてしまう危険があります。だから，そういうことを小学校へ行く前の幼稚園の段階で，遊びの中でしっかりとおぼえさせることが必要であります。こういうことであったら，幼稚園の段階でしっかり指導しておくことはけっして小学校教育のじゃまにはなりません。じゃまになるどころか，たいへん役に立ちます。小学校教育がたいへん容易にできるようになります。

そういうことを考えると，満6歳で小学校へ行くというようなことは，遅すぎるという結論も出てきます。義務教育をもっと早く，下へ延長しなければならないという結論も出てきます。これは急にはできないかもしれませんが，やはり，幼稚園とか保育所のようなところでは，こういうことをよく研究して，正しいことを教えてやる必要があります。

●──数の計算と水道方式

算数は，数や量や図形の知識や能力をつけさせるというのが目的です。だから，数の計算は算数教育の一部分ではありますが，けっして全部ではありません。水道方式は，その中で数の計算をどういうようにしてやらせたらいいかという方法を考えたものです。なるべく少ない問題を，なるべく少なく練習をして，つまり，最少量で最大の効果をあげるにはどうしたらいいかという課題に答えようとしたものです。

しかし，数の計算は，算数教育の非常に大きな部分を占めていることも事実です。昔から読・書・算とあったように，数の計算だけが算数教育であると思われていたくらいです。

日本にはだいたい1200万の小学生がいます。かりに，この小学生が1日に10題ずつ算数の問題をやるとしたら，1日に1億2000万題の問題をやっているわけです。つまり，子どもたちが数の計算練習に費やしている労力というものはたいへんなものです。そうすると，数の計算練習には，何か一定の合理的な方法が考えられてしかるべきです。

ところが，これまで合理的な計算練習の方式というものは，じつはなかったといっていいくらいです。この合理的な計算練習のやりかたをはじ

めて作ったのが水道方式です。

●——暗算と筆算

水道方式とは何かを説明する前に，暗算と筆算のことをお話ししなければならないと思います。暗算を中心にして算数教育をやるか，筆算を中心にして算数教育をやるかによって，計算練習のやりかたはまるで変わってきます。

外国の算数教育を比較してみても，そのことはいえます。だいたいイギリス，フランスあたりは筆算を中心にした算数教育をやっています。これに対して，ドイツ，東欧およびソビエトは暗算を中心にした算数教育をやっています。それを比較してみると，問題のやらせかた，考えかた，問題の配列などはまるで違っています。

おおまかにいうと，暗算は数の読みかたを基礎にして計算練習をやろうとしています。というのは，数のことばに重点をおいているわけです。筆算中心のほうは記数法，つまり，位取りの原理を使った算用数字で書くということを前提にして行なわれているわけです。つまり，位取りの原理をほとんど利用しないでやるのが暗算中心の方式です。これに対して，筆算は位取りの原理を積極的に利用して計算するわけです。

ところで，数の読みかたは，日本語では"二百三十四"という読みかたをしていますが，算用数字では，それを"234"と書きます。"二百三十四"といった時には位取りの原理は使っていません。なぜかというと，漢数字で表わした時には"一""十""百""千"……という，10倍ずつの数に新しい名前がついています。ところが，算用数字のほうには，そういう名前の必要がなくて，0から9までの数字をただ並べただけでいくらでも大きな数を表わすことができます。これは位取りの原理を利用しているからです。

●——位取りの原理とタイル

このさいに，とくに大事なのは"0"です。だから，算用数字の場合は0の理解がもっとも急所になってくるわけです。筆算を中心にした算数教育では，0が非常に早く出てきます。たとえば，筆算中心の方式をやっているフランスのある教科書では，1から9までの数を教えたら，その

つぎには0が出てきます。この0というのは"無"を表わしています。ところが，漢数字あるいは数の読みかたのほうでいうと，0は必要ないわけです。たとえば，"二百四"という時には"百"という字を使っているから，0は必要ないわけです。ところが，算用数字では0を使って"204"と書かないと，"24"と間違えてしまいます。そこに決定的な違いがあるわけです。

暗算中心の算数教育では0が出てきません。出てきても，ほんの申しわけ程度です。暗算中心のドイツの教科書では，ついに"無の0"の説明がどこにものっていません。その結果，どういうことが起こるかというと，"13"というような数字を教える時に，数の読みかたでいうと，"十"と"三"でわかります。これを算用数字で教えると，"13"と書きます。この理由がどうしても説明できません。なぜ"13"と書くのかわかりません。とくに"十"を"10"と書くということは，子どもにはわかりません。だから，小学校1年で"10"を教える時は，"10"というのを一つの字として教えるほかはありません。日本の字の"拾"という字は"手へんに合う"という字ですが，これはちょうど，そのような教えかたをせざるを得ません。つまり，10というのは，"1へんに，つくりが0"ということになります。子どもたちはそうおぼえるわけです。そうすると，子どもたちは"13"を"103"と書きます。子どものほうは当然，そう書くわけです。さっきいったように，"13"と書いていいわけがわかりませんから，ここで，まず混乱が起こります。

こういう位取りの原理を教えないで"13""14"というものを教えるということは，結局，おとし穴を作っておいて，子どもをそこへ突き落としているような教育法になってきます。なぜ"103"と書いて悪いかという理由が，子どもには本当に納得できないので，先生がただ頭ごなしにこう書いてはいかんのだと教え，どなりつけるほかはありません。

算用数字を教えるならば，どうしても最初から位取りの原理を教えなければなりません。ところが，暗算中心の算数教育を主張する人たちは，位取りの原理は非常にむずかしいものであって，1年生などにはとてもわかるものではないというように考えていました。今までの方法では，なるほど，よくわからないかもしれませんが，うまい教え方でやれば，子どもはわかるので，じつは教え方が悪かったのです。

それはタイルという方法であります。タイルというのは，小さな正方形で"一"を表わしたものです。そして，タイルをタテに10だけつないだものが"十"です。だから，十は細長いタイルになります。十をヨコにまた10だけつないだもの，これが"百"のタイルです。百のタイルは大きな正方形になるわけです——図❶。こういうものを使って11，12，13，あるいは21，22，23などを表わせば，子どもは難なく位取りの原理を理解することができます。

● ——計算棒と貨幣と色板

今まで，位取りの原理を教えるのにどういうものがあったかというと，まず計算棒があります。計算棒は，長い1本の棒が一で，そのつぎは**棒を10本集めてひもでゆわえたものが十**，さらに，それを10集めたものが百ということになっています。これは今までよく使われていたわけですが，これは取り扱いに不便であるということが一つの欠陥になっています。十ぐらいまでの計算棒ならば，学校へ持ってくることができるでしょうが，百の束になってくると，大きくなりすぎてとうてい学校へ毎日，持ってくることはできません。また，百の束は，すぐなくすおそれがあります。一つなくなっても，子どもはけっして百と思ってくれません。ところが，タイルは厚紙で作れますから，これを封筒に入れて毎日，学校へ持ってくることは簡単です。

もう一つ，お金があります。つまり，一を1円，十を10円，百を100円の貨幣であらわすやりかたもあります。ところが，これは，子どもがよく知っているという点は利点ですけれども，両替えの不便があります。つまり，1円のアルミ貨を10集めると，なぜ10円の銅貨と同じなのか，あるいは10円の銅貨を10集めると，100円の銀貨と同じだということは，一つの規約としておぼえなければなりません。しかし，タイルには両替えの不便はありません。つまり，そのものずばりが十であって，十が10集まったものがそのまま百ですから，大きさがそのまま目に見えます。お金はそうはいきません。

もう一つ，色板というのがあります。よく教科書などにのっていますが，これは，位取りを説明する道具としてはもっとも愚劣な道具だと思います。これは赤い板が一で，黄色い板が十で，青い板が百というふうに約

束しています。大きさは同じです。ただ色で区別してあるわけです。

なぜ赤い板を一にしたのか，これはまったくおとなが勝手に考えて勝手にきめた約束に過ぎません。子どもには少しも納得がいきません。"おれは黄色い板が一のほうが好きだ"といったら，どうするか。これはまったく勝手な約束であって，この約束を子どもにおぼえていろといってもむりなのです。

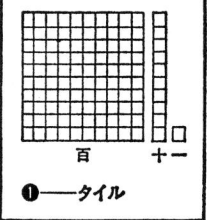
❶——タイル

だから，色板を使って指導している時には，いつでも算数の時間のはじめに，赤は一ですよ，黄色は十ですよ，というように先生が前置きをしなければ，授業が進められないといわれています。それから，色板は両替えの困難も出てきます。赤い板10枚で黄色い板1枚と同じだということ，これまた何の必然性もありません。これを子どもはおぼえなければなりません。

それから，クラスには一人か二人，色盲の子がいます。こういう子にとっては，数が色で区別されるということは非常に困るわけです。実際に指導した人の話によると，色盲の子どもにはたいへん困ったといっています。だいたい色で数を区別するというのは非常にまずいやりかただと思います。

●——なぜタイルがすぐれているのか

位取りを理解させるいい手段が今までなかったために，位取りの方法は子どもには理解されないという一つの先入感が生まれてしまったのです。しかし，タイルという非常にすぐれた道具が発明されたので，この問題はごく簡単に解決されます。これは現場の先生たちの実験によってよくわかります。ある人の話だと，タイルで教えたら，子どもたちが，"ああ，100ってこれだけか"ということがはじめてわかったといって，喜んだそうです。タイルだと，まったく100がそのまま眼に浮かびます。

それから，タイルの便利なところはつないだり，切ったりすることが自由な点です。これが，円で表わすと，だめなのです。円で数を表わすと，つなげることがどうしてもできません。タイルはつないだり，切ったりすることが容易であります。それから，つなぐことが容易であるために，

I―水道方式への招待

ばらばらに離れたものばかりではなく，つながった量，つまり，**連続量**を容易に表わすことができます。したがって，一のタイルをさらに分けていくと，分数・小数もタイルで表わすことができます。要するに，整数・小数・分数の全部をタイルで表わすことができます。

このタイルというものが発見されたために，位取りの原理がじつに容易にわかるようになりました。したがって，位取りの原理を利用した筆算へただちに進んでいくことができるようになったわけです。暗算は，これがいつまでもできないとして，結局，位取りの原理を最後まで敬遠する結果になってしまいます。

●――筆算中心の水道方式

つまり，水道方式はできるだけ早く筆算へ進んでいくという方法なのです。前にも述べたように，筆算は，暗算に比べると，はるかにやさしいのです。というのは，数字で書いてありますから，記憶の必要がありません。眼で見ながら計算をすることができます。暗算には記憶という重荷があります。"23と56を足せ"という場合に，23という数字と56という数字をいちおう頭の中にきざみつけて，それから計算しなければなりません。筆算はそれが書いてあるから，記憶する必要がないわけです。

それから，もう一つ，筆算は計算をケタごとにやることができます。23と56をやるという場合に，十位のケタは忘れていても，一位のケタだけをやって，一位だけをまずかたづけます。そして，つぎに十の位をかたづけていきます。つまり，前にいったように，困難を一歩一歩，解決することができます。暗算はそれができません。だから，暗算には非常に個人差があり，できる子とできない子があります。しかも，これは知能にはあまり関係ありません。要するに，記憶力の非常に盛んな子と，そうでない子がいるので，個人差がでてきます。

教育の原理は，やさしいことからだんだんむずかしいことへいくというのですが，暗算は，そうではなくて，むずかしいことをいきなりやらせているわけです。

いくら暗算が好きでも，暗算で最後まで通すことはとうていできません。世界じゅうのどこの国の子どもでも，三位数同士のたし算は，ふつう，暗算ではできないことになっています。どんなに暗算の好きな国でも，

"三位数+三位数"になると，筆算に移っています。暗算を盛んにやっているドイツですらも，"三位数+三位数"が出てきたら，筆算に切り替えています。しかし，切り替えの時に混乱が起こるわけです。

筆算と暗算は，計算の方法がまるで違います。だいたい，暗算は頭から計算をします。筆算はおしりからやっています。ここで混乱が起こります。前に述べた緑表紙の教科書なども，この暗算から筆算への切り替えには非常に苦労していますが，成功していません。

もう一つは，むずかしい暗算を先に教えて，やさしい筆算をあとで教えると，子どもは，なぜこんなにやさしくて簡単にできるものを早く教えてくれなかったのだという不満を抱きます。そして，やさしい筆算を一度，教わってしまうと，もうけっして暗算はやらなくなってしまいます。それは，試験などの時に筆算のほうが確実に答えが出て，しかも，検算ができるからです。つまり，正しいか，まちがったかの反省が，筆算ではできるが，暗算ではできません。暗算では計算の過程が全部消えてしまいますが，筆算では残っているために読み返すことができます。そういうことから，子どもたちは，試験の時はけっして暗算ではやらなくなります。暗算でやると，まちがえてしまい，点数が引かれるので，かならず筆算でやります。

そうすると，なんのために暗算をいっしょうけんめいやったのかわからなくなってきます。筆算のやり方だと，やさしいことからだんだんやっていって，計算に慣れてきたら，だんだん書かなくてもできる，というふうにもっていけばいいのです。それが，じつは暗算なんだと。つまり，省略された筆算だという考えかたをするわけです。実際，筆算の中には簡単な暗算が入っております。たとえば，

```
23×18        2 3
           × 1 8
           ─────
             2 4
           1 6
           2 3
           ─────
           4 1 4
```

というような計算でも，ふつうの計算よりは，暗算でやって，筆算の回数を少なくすることもできます。これは要するに程度問題です。つまり，省略の程度が大きいものが暗算だという考えかたをするわけです。筆算をだんだん省略していって，暗算へもっていくということです。しかも，

子どもは筆算にじゅうぶんに習熟すると，省略することができるようになります。これは，教育としては自然だと思います。

暗算を要求するのは，たし算ですと，だいたいにおいて二位数同士のたし算でたくさんなのです。これは筆算の方式でやってけっこうなのです。つまり，おしりからたしてやります。

私が調査したところによると，二位数と二位数をどうやっているかと聞いてみると，筆算を頭の中でやっている人が多いのです。たとえば，25と38をたすという時には，まずくり上がりが一の位にあるかどうかを見ておいて，くり上がりがあれば，十の位に1だけよけい前もってたしておいて，答えを出すというやりかたをしています。これは，じつは筆算を宙でやっていることなのです。けっして頭からたしてはいません。こういうことを考えると，筆算をじゅうぶんに習熟してから暗算に移行したほうがずっとらくで，人間の本性に合っています。

ところが，前にもいったように，暗算をたたき込まなければ，数概念が養えないというまちがった考えかたがあるために，長い間，暗算中心のやりかたがはやっていたのです。そればかりではなくて，筆算の，計算練習のやりかたそのものが暗算のやりかたにひきずられていました。そのために，計算練習のやりかたが誤っていたのです。こういうことが，水道方式が出てきてからはっきりしてきたのです。

自信がつく算数計算法

● ──計算の問題数はどれくらいあるか

昔から"読・書・算"というコトバがある。"読・書"はいちおう別にして，ここでは"算"について考えてみよう。

今日，小学校における基礎学力のなかで，算数という教科はきわめて大きな部分を占めている。そして，この算数はすべてが計算の練習であるというなら，それはまちがいである。算数には計算練習のほかにもいろいろな量の理解，図形の学習などいろいろある。しかし，計算が算数のなかの重要な部分であることは確かである。現に正しい計算ができるようになるために，子どもも先生も大きな努力をささげている。つまり，計算は算数の全部ではないが，重要な一部分なのである。

とくに計算は正誤がはっきりしているので，できたときの満足感が大きいかわりに，できなかったときの失望感も大きいのである。だから，計算のできない子どもは自分の実力に絶望して，算数から脱落するおそれもある。

ところが，そのように重要な計算ができるだけはやく正確にできるようになるための方法はよく研究されていなかった。そういうと，ただちに異議を申し出る人もあるかもしれない。計算練習はこれまでもいろいろ研究されてきたではないか，それも数多くあるではないかと。ところが，そうではないのである。一つの例をあげよう。

現在の小学校では，"何百何十何"という三ケタの数どうしのたし算とひき算は2年生でできるようにならなければならない。ところで，三ケタ

どうしのたし算はぜんぶで何題あるだろうか。教科書をひらいてみると，20，30題ならんでいるだけなので，そのくらいしかない，と思っている人があるかもしれない。しかし，問題の数は驚くほど多く，何と81万題もあるのである。うそだと思う人には実際に計算しておめにかけよう。まず三ケタの数というのは100から999まである——図❶。この数は，

$$999-99=900$$

である。三ケタの数のたし算を小さいほうからならべてみると，どうなるだろうか——図❶。いちばん上の段には900題，つぎの段にも900題ならび，順々に900題ずつで，それが900段あるのだから，全部で，

$$900\times900=81,0000$$

つまり，81万題である。これだけの問題をひとつ残らずしらみつぶしにやるとしたら，どうなるだろうか。1日に100題ずつ練習することにしたら，8100日かかる。これは年に直すと，22年以上かかる勘定になる。それだけやらねばならぬとしたら，2年生を22回，落第しなければならなくなる。

たし算だけでもそうだし，ひき算も，やはり，81万題あるわけだし，そのほかにかけ算もわり算もあるし，また，小数や分数の計算もある。これらの計算を全部やるには何百年とかかってしまう。それだけたくさんの問題を小学校6年までで全部できるようにするにはどうしたらよいだろうか。これは当然おこってくる問題であるが，この問題に正しく答えるような方法がこれまではなかったのである。

〝なかった〟というのはすこし言い過ぎではないか，という人もあろうから，ここではすこし譲歩して〝満足なものはなかった〟と言うことにしておこう。それらしいものはあっても，いい加減なものにすぎなかったのである。その問題に正面から取り組み，これに対する一つの解答を与えたのが〝水道方式〟なのである。

水道方式が広く世間に知られるにつれて，反対もまた強くなり，これに対するいろいろの批評もある。しかし，ここではっきりと言っておきたいことがある。それらの批評をした人びとのなかにはだれ一人として，無数の計算問題を短時間のあいだに習得するにはどうしたらよいかという問題に答えて，自分自身の方式を提示してみせた人はいないのである。もちろん，水道方式が未来永劫に最良のものであるかどうかはわからな

い。だから，将来には水道方式よりすぐれたものがでてくるかもしれない。しかし，現在では唯一のものであると断言できる。

● ―― 暗算中心か筆算中心か

では，水道方式はどうして生まれたかを手短かに物語ってみよう。

```
100  101  102  ……  999
+100 +100 +100     +100
100  101  102  ……  999
+101 +101 +101     +101
100  101  102  ……  999
+102 +102 +102     +102
 ⋮    ⋮    ⋮        ⋮
100  101  102  ……  999
+999 +999 +999     +999
```

❶ ―― 三ケタのたし算

数学教育協議会のなかの10名たらずのグループが算数教育の研究にとりくんだのは，今から7年むかしの1958年の5月ごろであった。算数教育のあらゆる分野を検討しはじめて，8月ごろに計算体系の問題にぶつかって，世界各国の計算方式をしらべていくうちに，満足なものが一つもないことに気づいた。これは一つの驚きであった。何百年むかしから続いている算数教育のなかの重要な分野である計算のやり方について，満足な方式が一つもないということは考えられないことであった。しかし，事実は事実であった。

ただ，明確な方式ともいうべき満足なものはないとしても，大まかな傾向は二つあるということがわかった。それは暗算中心と筆算中心とである。国別にすると，暗算中心のやり方はドイツ，東欧，ソ連などであり，筆算中心はイギリス，フランスなどである。

この二つのやり方はどのようなちがいがあるのだろうか。まず暗算中心とはどのようなものであろうか。がんらい，暗算には二通りあり，視暗算と聴暗算である。視暗算は数字を目でみて頭のなかで計算して答えを出すのである。

```
  2 4
+ 3 8
```

なども，目でみて答えを出すことができる。これも視暗算である。しかし，本格的な暗算は，人が数のことばを発音するのを耳で聞いて，それを頭のなかで計算して答えを出す聴暗算である。

聴暗算のもとになるのは"234"などの算用数字ではなく，"二百三十四"という数詞，すなわち，数のことばである。つまり，本格的な暗算である聴暗算の土台は数詞である。これに対して，筆算は，もちろん，算用

Ⅰ―水道方式への招待

数字にもとづいている。

それでは，"二百三十四"という数詞と"234"という算用数字はどこがちがうか。字がちがうという表面的な差異よりは，もっと根本的な原理のちがいがある。それは，数詞には位取りの原理が使われていないのに対して，算用数字には位取りの原理が使われている，ということである。"二百三十四"には位取りがないので，"百""十"という数詞がどうしても必要であるのに比べて，算用数字では数字の書いてある位置によって，"百""十""一"……が見分けられるようになっているからである。

しかし，算用数字には，数詞には必要でない数字がただ一つ必要である。それは，いうまでもなく"0"である。つまり，暗算には位取りや0は必要ではないが，筆算には位取りと0がどうしても必要である。このような原則的対立を暗算中心と筆算中心とはもっているのである。

だから，暗算中心の算数教育では位取りと0をよく教えようとはしないが，筆算中心では0と位取りをできるだけ早く教えるのである。たとえば，フランスのある教科書では1, 2,……9を教えたら，そのつぎにはすぐ0を教え，それから10を教えている。それは筆算中心だからである。それでは暗算中心と筆算中心とはどちらがすぐれているか。その答えは明らかである。筆算中心である。暗算中心のやり方を徹底的にやっている東ドイツの教科書では，1年から4年の半ばまでぼう大な暗算練習をやらせているが，成績はよくないという。つまり，"労，多して，功，少なし"というのが暗算中心である。

筆算中心のやり方をやっているフランスのある教科書では，1年生では二ケタの数のたし算とひき算を簡単にすませている。つまり，筆算中心のやり方は子どものエネルギーを計算練習のなかで浪費せずにすみ，余力をもっと有効に使うことができるのである。

以上のような見地に立つと，当然の結論として筆算中心のやり方でいくべきである。水道方式も筆算中心の計算体系なのである。

● ――位取りの原理と計算体系

それではどういう順序で研究を進めていくべきであろうか。前にものべたように，まず位取りの原理をどうすれば子どもに正しく，しかも，早く理解させることができるだろうか。その方法は何かということで登場

してきたのがタイルである。

位取りの出発点は十進法，つまり，数を十ずつ束にしていく，という考えである。1，2，3，……8，9 といって，つぎにくる 10 は一つの束になる。つまり，十は"多"であると同時に"一"なのである。

この事実をもっともやさしく子どもに理解させるためにはタイルが最適である。タイルというのは風呂場などに使われている正方形のレンガからとったものであるが，"一"を正方形で表わしたものである。

これまで数を表わすためにはいろいろの図形や教具が工夫されてきた。たとえば，数図というのは小さな円で数を表わすものである——図❷のⒶ。

タイルは数図の円のかわりに正方形をもってきたものであるが——図❷のⒷ，円と正方形のちがいはどこにあるだろうか。それはつぎのことにある。

❷——数図とタイル①

❸——数図とタイル②

❹——十と百のタイル

❺——234のタイル

「円はつなぐことも 分けることも むずかしいが，正方形はつなぐことも分けることも容易である」

円はいくらうまく集めても，うまくつながらない。円はたくさん集めても，すき間ができて，たくさんのままであって，一つにはけっしてならない——図❸のⒶ。ところが，正方形はタテにつないでも，ヨコにつないでも，すきまがなくて，すぐ一つになる——図❸のⒷ。つまり，正方形では"多"を"一"としてつかむことが容易なのである。だから，十や百を一束とみることもたやすいことである——図❹。

このタイルを使うと，"234"はつぎのように表わせる——図❺。十や百がある意味では一束の一つであることを示すために"本"、"枚"というよび方を使う。だから，"234"は"2枚3本4個"である。ここでは日本語の助数詞をうまく利用してある。

円の数図ではとてもこういうことはできない。100個の円をどのように

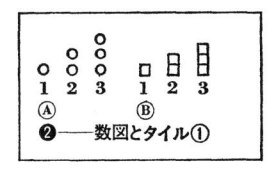

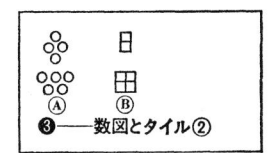

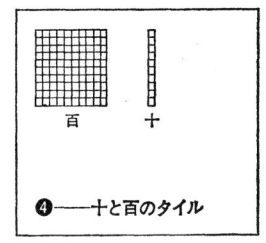

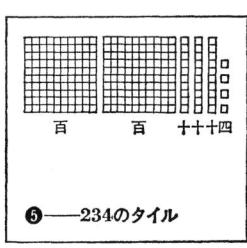

Ⅰ—水道方式への招待

うまく集めても、"たくさんあるな"という感じを与えるだけで、それが一束になったという感じはしないのである。こういう点に正方形のタイルのもつ決定的な特長がある。このタイルを使うと、1年生に十進法を理解させることが容易である。これは従来は不可能であるとされてきたものである。

さらに、位取りには0が不可欠である。0をどのように考えるか、ということが重要な分かれみちになる。0とは何か。それは完全な"無"であるか。完全に何もないとしたら、人間は考えることができないだろうし、ましてや、それを0という記号で表わすことができるはずもない。

それでは、0とは何か。それは"あるはずのものがない"のが0であるということである。たとえば、菓子皿には菓子がのっているはずなのに、なくなったときが0である。つまり、0は"ない"というより"なくなった"状態なのである。だから、0を子どもにわからせるためには、何かの容器をもってきて、それが空になった状態としてつかませると、容易に理解できる——図❻。これだけの準備をしておくと、位取りを教えることはたやすい。

そのつぎにでてくるのは無数にある計算問題をどのように分類し、それをどのような順序に配列するかということである。そこに水道方式の根本原則がでてくる。

たとえば、三ケタのたし算では、0のでてくるのは後まわしにして、はじめは0がなくて、しかも、繰り上がりのでてこないものからはじめるのである。たとえば、

```
  234
+ 345
```

のような問題をはじめにやって、

```
  483         204
+  59   とか + 340
```

とかいう問題は後回しにする。

```
  234
+ 345
```

は、いわば標準型であって、

```
  483         204
+  59   や  + 340
```

は型くずれとみなすのである。

$$\begin{array}{r} 234 \\ +\ 345 \\ \hline \end{array}$$

❻ ──からの容器と0

のような標準型から少しずつ型くずれにうつっていく有様が，ちょうど都市の水道設備のように，水が水源地もしくは貯水池から管で導かれていって，管がしだいに枝分かれして各家庭の台所に達している状態に似ているので，この方式に〝水道方式〟というニックネームがつけられ，それが一般の通称になったのである。

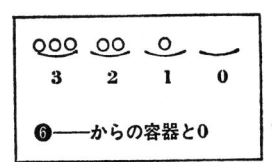

そのような経路で水道方式が生まれてから7年たったのであるが，その間，いくたの改良がほどこされてきて，今日ではほぼ完成したものになっている。これまで全国至るところで実験されてきた結果によると，クラスの平均70点ぐらいを90点にすることは，あまり経験のない先生でも容易であるし，熟練した先生になると，95点にすることもできるといわれている。

II──水道方式論1──暗算と筆算

●──実験の裏づけのない主張は"信念"ではあっても，"真実"ではない。
これはあらゆる科学研究のイロハである。──85ページ「暗算主義批判」

●──困難に出会ったとき，それを征服するには二つの道がある。
一つは精神や肉体の鍛錬によって，それに打ち勝つ方法であり，もう一つは
道具の発明によって，それをのりこえる方法である。ヨーロッパ人が
今日のような科学技術文明を築いたのは，"鍛錬主義"を否定して，
"道具改良主義"をとったからである。──79ページ「暗算と鍛錬主義」

●──やはり，筆算が計算の中心である。その証拠に，筆算は
どんなに大きな計算でも行なえるが，暗算はせいぜい三ケタの加法ぐらい
までで，それ以上になると，加速度的に困難がます。分数や文字計算に
なると，暗算や珠算は行きづまってしまう。筆算は無限に発展し得る。
その意味で数学教育の背骨の位置をしめる。──52ページ「暗算批判と水道方式」

暗算批判と水道方式

●──筆算と暗算

小学校低学年の計算でもっとも重要な問題は、暗算と筆算の関係であろう。これは低学年の算数教育の骨格をきめるほど切実な問題であるにもかかわらず、今までほとんど議論されることがなかったのは、いささか不思議である。

ここには大別すると二つの方式がある。それは暗算中心と筆算中心である。現在、もっとも徹底した暗算中心主義をとっていると思われるのは東ドイツの教科書であろう。徹底したものがもっとも分析しやすいので、まず、この教科書を検討してみよう[*1]。

1年は二位数までの加減がでてくるが、繰り上がりも繰り下がりもない(4+6=10 などはある)。もちろん、筆算の縦書きはでてこない。縦書きの筆算がでてくるのは4年になって、"三位数＋三位数"の計算がでてきてからである。それまではすべて横書きで、計算の過程は頭からたす頭加法によっている。4年の半ばごろに、つぎのような個所がでてくる[*2]。

> これまですべての問題は頭のなかでやることになっていました。つぎの問題を頭のなかでやってごらんなさい。
> 　　　7+7
> 　　77+77
> 　777+777
> 7777+7777
> 問題がむずかしくなって、もう頭のなかで計算できなくなると、筆算でやることになります。

つまり，東ドイツのやり方は暗算でやれるあいだは筆算を排斥し，暗算中心でやって，いよいよこれ以上，進めなくなってから筆算に切りかえるというのである。

この書きかたから受ける印象は一種の鍛錬主義である。筆算というやさしい計算法を先に教えてしまうと，暗算という骨の折れる計算をやらなくなる。そこで便利な計算法を子どもたちから隠しておいて，骨の折れる暗算を先に鍛錬しようというねらいのように見える。そして，いよいよ暗算が行きづまってから便利な筆算を教えようというのであるらしい。

これと対照的な教科書としては，たとえば，フランスの『生きた計算』がある。これは徹底した筆算中心主義で，1年のうちから $\begin{array}{r}24\\+12\\\hline\end{array}$ などの縦書きの筆算がでてくるのである。

東ドイツのやりかたは何も今はじまったわけではなく，ワイマール時代の教科書にも同じ方式のものが多いようである。ドイツとフランスのように隣合った国で正反対な方法を使った教科書がでていることはおもしろい。

●──計算体系

今まで計算の体系は数学教育の世界で正式に研究されたことはなかったようであるが，よく考えてみると，暗算と筆算とでは計算のやりかたがちがうばかりではなく，計算の体系がまるでちがうはずである。

暗算中心のやりかたでは"まるい"数(round number)の計算からはじまって，それから一般的なものに発展していく。300＋200 などから 314＋251 などに進んでいくのである。ところが，筆算のほうでは，これは適当でない。筆算では，逆にすべてのケタに数字の完備しているものが原型になって，それの特殊化されたものとして"まるい"数に移っていくほうがよい。

$$\begin{array}{r}314\\+251\\\hline\end{array} \longrightarrow \begin{array}{r}310\\+250\\\hline\end{array} \longrightarrow \begin{array}{r}300\\+200\\\hline\end{array}$$

さらに特殊化すると， $\begin{array}{r}314\\+51\\\hline\end{array}$ という型のものがでてくるだろう。筆算

---

*1──"Unser Rechenbuch" 1－4学年
*2──同上・4年・29ページ
*3──L. et M. Vassort "Le Calcul vivant" premier livre.

では**形式の斉一性**ということが主となるからである。
このように，暗算と筆算とでは計算の展開のしかたが逆になるべきであろう。しかし，近ごろの教科書には筆算中心をとりながら，計算体系は，

$$\begin{array}{r} 300 \\ +\ 200 \end{array} \longrightarrow \begin{array}{r} 314 \\ +\ 251 \end{array}$$

という方式をとっているものがあるが，これは矛盾したやりかただと思う。このような方式が支配的になったのはなぜだろうか。そのわけをよく考えてみると，わが国に特有な歴史が影響しているように思う。

● ――黒表紙

その歴史をしらべてみよう。まず黒表紙の暗算はどうなっていたであろうか。黒表紙では，1年と2年は教師用書だけで，子どもは教科書をもっておらず，3年から児童用の教科書をもつことになっていた。1年と2年の教師用書には，12+19 などの横書きだけで，$\begin{array}{r} 12 \\ +\ 19 \end{array}$ という縦書きはでてこないので，正式の筆算形式がでてくるのは3年からである。現場でどうあつかっていたかは別として，公式的には2年まで暗算をやっていたとみてよいだろう。

3年から筆算がはいってくるが，その計算問題の配列の順序は注目すべきものがある。まず三位数の加法がでてくる(大正15年版)。

$$\begin{array}{r} 135 \\ +\ 123 \\ \hline 258 \end{array}\ (8ページ) \qquad \begin{array}{r} 21 \\ 13 \\ +\ 52 \\ \hline 86 \end{array}\ (8ページ) \qquad \begin{array}{r} 123 \\ 5 \\ +\ 40 \\ \hline 168 \end{array}\ (9ページ)$$

第1番目の問題は繰り上がりがなく，ケタも揃ったもので，このような加法がもっともやさしく，筆算の典型であると，編集者は考えたにちがいない。これにくらべると，第3のものはケタが不揃いで，暗算としてならやさしいが，筆算としては第1のものの退化したものと見なしたのであろう。黒表紙の編者がどれくらいはっきり意識していたかは別として，暗算と筆算とでは，練習問題の配列のしかたがちがうことに気づいていたらしいことが推測できる。

暗算では，数の大小が決定的な目安となるはずであり，第3の問題が当然，先にくるべきであろう。しかし，筆算では，数の大小よりは形式の斉一性が決定的な要因となるはずであり，その見方からすると，第1の

ものが初めにくるのが当然である。黒表紙の筆算
は一貫してこの立場をとっているように思える。
もちろん，黒表紙では $\dfrac{+\ 123}{258}\ \overset{135}{}$ の例題を出すにも
計算の理由は説明しておらず，天下りに出してい
る。これは教育的にいって明らかに欠陥というべ
きであろう。これは，やはり，適当な具体的な例
で説明しておくべきであったろう。たとえば，タイルを用いて一，十，
百を図❶のように表わしておけば，〝天下りのつめこみ〟という非難はま
ぬかれることができたであろう。しかし，その後の展開の方式には，今
でもなお研究に値するものが少なくない。

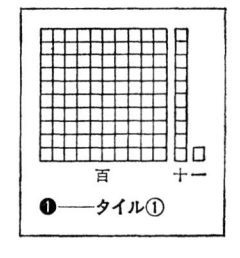

❶——タイル①

● ―― 緑表紙
つぎにきた緑表紙はどうであろうか。3年の上までは主として横書きで
あり，暗算中心で，正式の筆算はでてこない。暗算の配列のしかたは，
もちろん，数の大小によっている。3年の下から縦書きの筆算が正式に
はいってくるが，そのさい，暗算から筆算への切りかえに当たってはだ
いぶ苦労しているようである。そのつぎのところでは暗算と筆算とが連
関しつつ交互にでてくる。教師用書にはつぎのように指示してある。

① $\dfrac{+\ \ 25}{}\ \overset{297}{}$ ② $\dfrac{+\ \ 25}{2}\ \overset{297}{}$ ③ $\dfrac{+\ \ 25}{22}\ \overset{297}{}$ ④ $\dfrac{+\ \ 25}{322}\ \overset{297}{}$

かような簡単な計算では，必ずしも下の位から計算しなく
てはならぬことはなく，数を見合わせて，百の位に繰上が
ることを見定めてその下に3とかき，十の位にも繰上がる
ことを見定めてその下に2とかき，最後に一の位の数を決
定してその下に2とかいていくので一向差支えはない。場
合に応じて適当な方法で計算するのは，極めて望ましいこ
とである。

それまで頭加法の暗算だけでやってきて，その方法の身についている子

---

*1——『尋常小学算術・第3学年教師用』下・7ページ

どもにとって, 筆算にきりかえることがかならずしも容易でなく, しばらくのあいだ暗算と筆算の共存時代が続くのは止むを得ないであろう。このことに影響されたためか, 練習問題の配列の順序は**形式の斉一性**ではなく, 数の大小の順に従っている。3年の**下**[*1](8ページ)に, 初めて縦書きの三位数の加法がでてくるが, それは,

$$\begin{array}{r} 426 \\ +\ 44 \\ \hline \end{array} \qquad \begin{array}{r} 938 \\ +\ 52 \\ \hline \end{array}$$

などのようなもので,

$$\begin{array}{r} 346 \\ +232 \\ \hline \end{array} \qquad \begin{array}{r} 175 \\ +413 \\ \hline \end{array}$$

などのようなケタの揃った加法がでてくるのは, そのあとである(13ページ)。

教師用書には,

> 数に欠位のあるものを先にし, ないものを後にする。この方が, 暗算から筆算へ, なだらかに移って行かせるのに都合がよい。——6ページ

とのべている(傍点筆者)。減法の展開順序も, やはり同様である。この切りかえが"なだらか"に行なえるかどうかはすこぶる疑問である。

つまり, 緑表紙では, 筆算の展開順序が暗算のそれと同じ原理に従っているのであるが, この点に私は疑問をもつ。もともと暗算と筆算とは異なる原理にもとづいているのであって, その展開のしかたはちがっているはずのものであろう。前にのべたように, **形式の斉一性**が筆算の原理であるとすると, その点では, むしろ, 黒表紙のほうが合理的ではなかったかという気がする。

誤解のないために断わっておくが, こういったからといって, 全体的にみて, 黒表紙のほうが緑表紙よりすぐれている, などというつもりは毛頭ない。たとえば, 黒表紙が藤沢理論にしたがって"量の追放"[*2]を目ざしている点は根本的な欠陥といわねばならない。もちろん, 全体的には緑表紙のほうがすぐれているのである。ここで問題にしているのは, たんに筆算の展開方式についてだけである。

黒表紙の筆算は，以上のように，〈一般──特殊〉という方式に従っており，緑表紙は逆に〈特殊──一般〉という方式になる。
二つの教科書の暗算と筆算の展開形式を，「一般と特殊」でのべる〈一般──特殊〉という図式でかき表わしてみると，図❷のようになっている。この図をみると，黒表紙はΛ(ラムダ)型であり，緑表紙はN型である。

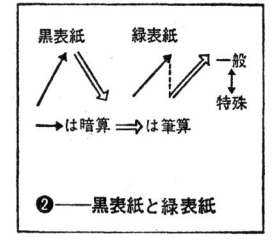

❷──黒表紙と緑表紙

●──外国の教科書では

東ドイツの教科書，黒表紙，緑表紙などは細かい点でちがいはあるが，ともかく3年から4年まで暗算をやり，縦書きの筆算形式を出すのを避けている点では共通である。その理由は，前にのべたように，やさしい筆算形式を教えてしまうと，子どもたちはすぐに筆算でやろうとして，暗算をおろそかにする傾向がある，ということであるらしい。しかし，私はこの考え方に疑問をもっている。

まず暗算中心と筆算中心のちがいの目安になるのは〝0〟のとりあつかいである。暗算中心の体系では，10，100を表わすための0はでてくるが，〝無〟の0はでてこない。無の0は暗算には不要なのである。

たとえば，東ドイツの教科書をみると，4年まで無を意味する独立した数としての0はいちどもでてこない。東ドイツは10の補数をやっている（1年に 2−2 という計算はでてくるが，2+0，0+2 などはない）。なぜなら，暗算には0がいらないからである。だから，20+30 は 2+3 に還元して計算するのであって，筆算のように0+0の計算はやらない。暗算では〝二十+三十〟と漢字で書くのと同じである。

数としての0を東ドイツの指導者が排斥しているわけでもあるまいが，暗算中心主義をとるかぎり，数としての0は不要なのである。ついでに数としての0を絶対に排撃している人がいるので紹介しておこう。それは日本でもよく引用されているウィート(Wheat)である。『算数の心理と教授法』のなかで，彼はつぎのようにいっている。

*1──『尋常小学算術・第3学年児童用』下・8ページ
*2──遠山啓『教師のための数学入門・数量編』(国土社)の第2章「数と演算」を参照。
*3──遠山啓「一般と特殊」(本巻のⅢ章に収録)

> 無いものに何かの文字——0——を書くのは不経済だ。……無いものになぜ0をかくのだ。無いものを記号で表わす必要はないが、2とか5を適当な位置におく必要はある。250における0は重要で本質的な目標をもっている。10あるいはそれ以上の量を表わす必要が起るまではいらないのである。——78ページ

彼は、このように初等数学では無の0はいらないし、また、有害であると極言しているのである。これはゼロ排撃論のもっとも徹底したものの代表として記憶しておく価値があろう。たとえば、九九にしても、暗算中心方式では0の段の九九はなく、そのかわりに10の段の九九がでてくる(東ドイツの教科書もそうである)。

しかし、これに対して筆算先行の『生きた計算』では1から9までの数を導入すると、それに引きつづいて無(rien)としての0をもってきて、そのあとで10がはいってくる。ポーランドやチェコの算数教科書も1年から0を導入している。この教科書の著者は0がむずかしいものではなく、9のつぎに入れてもじゅうぶん理解できると考えたのであろう。これに反して新指導要領(1958年度版)は全体として筆算中心をとりながら、2年になって0がでてくるのは矛盾である。

命数法とインド・アラビア的記数法のちがいは0の有無にある。日本の命数法がヨーロッパのそれに比して合理的であり、すぐれていることはもちろんであるが、それは記数法よりすぐれているわけではない。暗算中心方式は人類の偉大な発見である〝0〟と、それを基にしたインド・アラビア記数法から、長いあいだ、子どもを遠ざけておく結果になる。

● ——暗算先行論への疑問

それでは、ここしばらく暗算先行論に耳を傾けてみよう。戦後において徹底した暗算方式を展開されたのは塩野直道氏であろうから、氏の主張されるところを聞こう。暗算の位置づけについて塩野氏はつぎのように言われる。

> 計算を、暗算・筆算・珠算の三つに分類するとして、上の

問題は結局，暗算・筆算・珠算の相互間の位置関係を明らかにするという問題に帰する。

まず，三者の実用上の位置をみると，一般人が日常生活で数を取り扱う場合に，最も多く使うのは暗算である。少し大きな数になると珠算を使うことが多く，筆算で計算することは一番少ないといってよかろう。

算数の学習でも，やはり暗算が一番多く用いられる。分数の計算や概算の場合を考えてみるがよい。次は筆算，最後が珠算である。中学以上になると，筆算が多く，そのために筆算が数学上の計算の本体であるかのように考える人があるようであるが，式の計算は多くなるけれども数計算を筆算でするということがそう多くなることはない。しかも数計算として筆算が本体であるなどということは何の根拠もないことである。筆算は数計算の方法として数表・計算器・計算尺を使うのと並列するものであって，数学上でも決して計算の中心に位するということはできない。むしろ暗算は，数観念に基づき計算を意識的に使うもので，その点から言えば，数学的思考を絶えず働かすものとして，計算の中心に位するということができよう。たとえば，2600×300は筆算では26×3を下の位から順にかけ，その横に0を四つつけるというのでよいが，暗算では，次のようにする。

$$2600 \times 300 = 26 \times 100 \times 3 \times 100$$
$$= 26 \times 3 \times 100 \times 100$$
$$= (20+6) \times 3 \times 10000$$
$$= (20 \times 3 + 6 \times 3) \times 10000$$
$$= (60+18) \times 10000$$
$$= 78 \times 10000$$

すなわち，結合，交換，配分の法則を適用し，百の百倍は

---

*1——H.G. Wheat "*The Psychology and Teaching of Arithmetic*" Heath and co. 1937
この本は日本でもほうぼうで引用されているが，この極端なゼロ排撃論は別にしても，いったいどこがよいのかわからないほどつまらない本だと思う。どうして日本人はこういう本をありがたがるのか私にはさっぱりわからない。

一万であるというような数観念を活用して計算するのである。筆算でも，その計算方法はこれらの法則に基づいているのであるが，こうした根拠をあまりせんぎせず，形式を教え，無意識で計算するのである。

このなかでは，まず暗算の実用的な価値と数学の体系内での理論的価値とが論ぜられ，双方の観点からみても，暗算が数学の中心に位すると主張している。

まず暗算の実用的価値についてであるが，買物などで暗算が必要であることはもちろんであろう。しかし，金高が多くなったりすると，暗算では安心できず，筆算でチェックしてみる人が多いことも事実である。この三者の関係はそれほど簡単ではあるまい。もともと三者を並列的にならべて，その得失を論ずるのは困難ではなかろうか。私は筆算と暗算とは別ものではなく，もっと複雑にからみあったものであると思う。しかし，暗算の理論的価値については同意できない点が多々ある。

もちろん，暗算は頭のなかで数を動かしてみるので，数概念を養う上で有益であることはたしかであろう。しかし，結合・交換・分配の法則までつかめるとは限らない。たとえば，算数の応用問題でも，分配の法則を使うものはむずかしいが，暗算をやると，それらの問題がたやすく解けるようになるとは限らない。これらの法則は文字が入ってきてからでないと活用はできないものである。暗算にそれだけの効能があるとはとうてい考えられないのである。

一般的にいって，暗算が計算の中心であるとは考えられないし，やはり，筆算が計算の中心であると思う。筆算はその形式の自由さと発展性において計算の中心であり，背骨の位置をしめる。その証拠に，筆算はどのように大きな計算でも行なえるが，暗算はせいぜい三ケタの加法ぐらいまでで，それ以上になると，加速度的に困難がます。分数計算や文字計算になると，暗算や珠算は行きづまってしまう。筆算は無限に発展し得るものであり，その意味で数学教育の背骨でなければならない。

もちろん，そうはいっても，筆算の基礎にごく簡単な暗算が必要であることはいうまでもない。たとえば，加法では"基数＋基数"などがそれである。このような筆算に必要な暗算をかりに"基礎暗算"と名づけて，広

い意味の暗算から区別しておこう。このような暗算は暗算・筆算の双方に必要なものである——図❸。
この点について1947年(昭和22年)の指導要領は大きな禍いを残したのである。1947年の指導要領は暗算をつぎのように定義した。

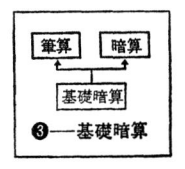

> 暗算とは，計算過程を全く意識することなく反射的に結果を得ることをいう。したがって，計算過程を意識するような計算は，外見上暗算のように見えても筆算と考えてよい。暗算と筆算は，紙の上に書くとか書かないとかいう形式上から区別されるものではなく，頭のはたらきから区別されるものである。

この得手勝手な定義が暗算と筆算を正しく位置づけることをさまたげ，結果として筆算の正しい立場を不当に弱体化したのである。1947年と1951年の指導要領は，加減乗除の九九を反射的にできるまで暗記させ，それをもとにして筆算もしくは暗算に進もうとする西洋，とくにアメリカの方式をまねたものであり，その後，日本には不適当であることがわかったので，1958年の指導要領からは除かれたのである。基数の加法と減法は暗算でやるほうが適当なのである。

●——新しい方式

議論の分かれ目はこれから先にある。つまり，基礎暗算から命数法を中心として頭加法に進んでいく方法か，あるいは記数法(0の利用を前提とする)に進んでいって，早く縦書きの筆算に入る方法か，その二つである。〝基数＋基数〟の段階では横書きの 7＋8 も，縦書きの $\begin{array}{r}7\\+8\end{array}$ も，ともに暗算であって，書き方のちがいだけである。尾加法を排撃するあまり，$\begin{array}{r}7\\+8\end{array}$ までもいっしょに排撃する人があるが，視暗算の立場からみると，これは 7＋8 と何ら異なるところはないはずである。

さて，前にもふれておいたが，私には，東ドイツのように，この縦書きの筆算形式を3年もしくは4年まで教えないでおく理由がどうしてもわ

＊1——塩野直道『日本の暗算』14ページ・啓林館

からないのである。これは加法としてはもっともやさしく，とっつきやすい道具であり，とくにできない生徒にとっても経験の少ない若い先生にとってもたいへんありがたい方式であろう。

私は，二位数の加法は $\frac{23}{+\ 45}$ などの縦書きの尾加法による筆算からはじめるべきだと考える。その理由は簡単である。それは命数法よりはるかに卓越した道具である記数法をできるだけ早く子どもに与えることによって子どもを楽にさせてやりたいからである。そのさい，縦書きの計算の展開方式は，緑表紙とは反対に形式の斉一性を主にして，

$$\frac{23}{+\ 45} \longrightarrow \frac{23}{+\ 40} \longrightarrow \frac{20}{+\ 40} \longrightarrow \frac{23}{+\ 5}$$

という順序にする。〈一般——特殊〉という〝水道方式〟にしたがうのである。[*1]

それでは，暗算をどう位置づけたらよいだろうか。それは暗算を筆算の後につづけるのである。筆算の最後に，$\frac{20}{+\ 40}$ などのように退化した形の計算がでてくるが，ここから暗算にきりかえるのである。そして，つぎのように発展するのである。

$$23+5 \longrightarrow 20+40 \longrightarrow 23+40 \longrightarrow 23+45$$

ここでは，筆算とは逆に〈特殊——一般〉の形をとるわけである。

暗算中心方式では，暗算から筆算への切りかえは，〝もう暗算では進めないので，筆算というより強力な方法にうつる〟という理由づけによるのだろうが，子どもたちは，なぜもっとはやくそれを教えてくれなかったかと思うかもしれない。これに対して筆算先行方式では，筆算から暗算への切りかえは〝こんなやさしい計算は紙とエンピツを使うのはバカバカしいから，頭のなかでやりましょう〟という理由になる。そのほうが子どもに安心感とはげみができるのではないか。

ここで，今までの展開方式を図にかくと，図❹のようにＶ型になる。これは黒表紙がΛ型であり，緑表紙がＮ型であるのにくらべ，Ｖ型になっている。もちろん，はじめに基礎暗算が先行するので，活字体のＶよりは筆記体の$\mathcal{V}$に近いだろう。

このように筆算をはじめに習熟して，そのあとで暗算をやる方式は，まだ明確に打ち出されてはいなかったようである。塩野氏はつぎのように言われる。

暗算は思考を要するから
むずかしく，筆算は形式
的にいけるということか
ら，暗算ですべきもので
も初めは筆算によらせ，
後で暗算に切り替えるこ
とを主張する人がある。
しかし，かような行き方
は，明治以来昭和20年まで一度もとられたことはないし，
また，今後もとるべきではないと思う。[*2]

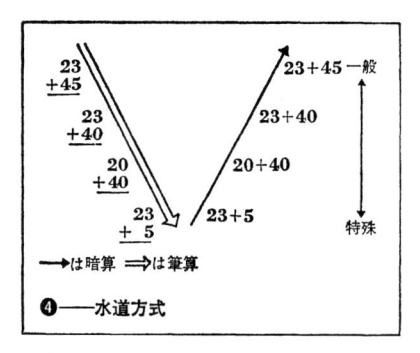

歴史的にはたしかにそうであろう。しかし，明治以来，やられたことが
ないということは，今後，やって悪いということにはならないだろう
(戦後の指導要領は支離滅裂で問題にならない)。今後もやってはいけないことの
理由を，塩野氏はつぎのようにあげている。

　というのは，筆算は割算を除いて，必ず下の位から一桁ご
　とに片づけていく。この形式的なやり方に慣れた後で，数
　全体を頭において上の位から計算する暗算に移るには相当
　の抵抗を感ずる。

しかし，暗算はすべて頭加法によると定まったものであろうか。かなら
ずしもそうではないと私は考える。たとえば，25+48 でも，これをい
ちど頭のなかで，縦書きで $\begin{array}{r}25\\+48\end{array}$ に直して，まず一位に繰り上がりがあ
るかどうかをみて，繰り上がりがあったら，2+4=6 に 1 だけを加えて
7とし，一位は13の3をとり，73という答えを出す人がある。これは，
いわば"筆算式暗算"であって，25+40+8 という頭加法とはちがうもの
である。私がほうぼうできいて歩いたところによると，この方法で暗算
をやっている人のほうが，頭加法を使っている人よりずっと多かったの

---

*1——遠山啓「一般と特殊」(本巻のⅢ章に収録)を参照。
　加減乗除の筆算の展開方式の詳細な具体案は銀林浩氏がつくっている。
　遠山啓・銀林浩『水道方式による計算体系』(明治図書)を参照。
*2——塩野直道『日本の暗算』63ページ・啓林館

である。

塩野氏は〝珠算式暗算〟というものを認めているが，同じように，筆算式暗算を認めてよいはずである。ことに二進法と五進法の混合した珠算的方式は正道とはいい難いだろう。そんな暗算は邪道だという人があるかもしれないが，暗算こそ各人各様のやりかたでやるべきもので，要は答えがはやく正確にでればよいのである。

●──覆面した形式主義

筆算中心の方式に対しては，もちろん，いろいろの反論があり得よう。そのなかでもっとも著しいものは数の理解が形式的になるという点であるらしい。たしかに筆算は記数法の形式のもつ威力を積極的に活用しようとするところから生まれ出たものであって，形式をおおいに尊重する。それは数図やソロバン玉のような数象ではなく，最初はタイルを用いるが，ある程度，進むと，数字の配列をもとにする。ある程度，進むと，そのほうが容易なのである。

たとえば，1年が365日であるというときの365は，数象でおぼえることはむずかしいだろう。どうしても3─6─5の数字の配列を頭に刻みつけるのである。われわれの記憶のしかたは，どうも頭のなかに戸棚のようなものができて，そのなかに配列するほうがよいらしい。その点で，算用数字は都合がよく，また，縦書きの筆算形式が暗算をやるにも都合がよいということになるらしい。

それでは，一方の暗算は形式主義というものとはまるで無縁なものであろうか。紙に書くことだけに形式主義があるのではないのだ。計算をあくまで頭加法という鋳型にはめこもうとする暗算中心方式は覆面した形式主義といえないだろうか。

暗算を鍛錬することだけが数概念を養う唯一の方法ではないだろう。暗算は，いわば難行道であり，筆算は易行道である。計算はなるべく楽にすまして，余った時間はもっと重要な教材に使ったほうがよいと私は思う。

暗算と筆算

●──暗算のデタラメな定義

日本の数学教育ばかりではなく，世界の数学教育においても，暗算についての考えかたについては，はっきりした定説はない。暗算についての見方は，大別すると，つぎの三つになるだろう。

①──暗算は計算の中軸でないばかりか，基礎ですらない。
②──暗算は全計算体系の中軸である。
③──暗算は計算の中軸ではないが，計算の基礎である。

第1の考えかたをとったのは，1947年(昭和22年)度の指導要領である。そのなかでは，暗算はつぎのように定義されている。

> 暗算とは，計算過程を全く意識することなく反射的に結果を得ることをいう。したがって，計算過程を意識するような計算は，外見上暗算のように見えても筆算と考えてよい。暗算と筆算は，紙の上に書くとか書かないとかいう形式上から区別されるものではなく，頭のはたらきから区別されるものである。

この考えのもとになっているのは加法九九，減法九九……などの考えであろう。基数どうしの加減乗除すべてを日本の乗法九九のように暗記して反射的に出るようにして，それらを組み合わせて複雑な四則計算をや

っていこうというのである。このやりかたは，西洋には古くからの伝統がある。ドイツ語の Einsundeins, Einsvoneins, Einmaleins, Einsdurcheins という字はそれを表わしているのであろう。聖アウグスチヌスは『告白録』のなかで，「私は，子どものとき，文学が好きで，"一，一が二"を怠けていたので，今でも算数がよくできない」という意味のことを言っているが，それは加法九九のことである。[*1]

いわゆる戦後の生活単元学習は，"生活"を尊重するという名のもとに従来の学習法をひっくりかえしてしまったが，この加法九九，減法九九なども，そのなかの一つである。つまり，「計算過程を全く意識することなく反射的に結果を得る」までに暗記した加法九九や減法九九が暗算とされ，それ以外はすべて筆算の部類に入れられてしまったのである。その結果，暗算の領域はゼロに近いまでに狭められてしまった。

しかし，このようにデタラメな定義が，いつまでも現場の批判をまぬかれていることはできなかった。第1に，加法九九を全部おぼえると，100近くになるが，これでは子どもの負担はたいへんなものになるだろう。暗記を極度に排斥したはずの生活単元学習としては，看板とはまったく逆の方向に向かってしまったわけである。このように加法九九や減法九九を暗記すると，肝心の乗法九九が覚えられなくなってしまう。カナダの有名な少女小説に『赤毛のアン』というのがあるが，主人公のアンは代数をやるようになっても，まだ乗法九九を完全におぼえていないのである。こういうことになるのは加法九九や減法九九のためであろう。このような直輸入の加法九九や減法九九は，当然，現場からの批判をうけて，とうとう今度の新指導要領(1958年版)から姿を消してしまったのである。

加法九九の考えかたからすると，7+8=15 は"反射的に結果を得る"というのであろうが，それはまちがいであった。やはり，7の補数の3をみつけて，その3を8からひいて5を出して15という結果を得るのがよいということになった。しかし，こういう計算は"計算過程を意識している"のだから，1947年の指導要領に従うと，筆算だということになる。ところが，7+8 はもっとも単純な要素的な計算ではなく，さらに，10－7=3, 8－3=5 という計算に分解すべきものであったのである。化学でいうと，7+8 は元素ではなく化合物だったわけである。この考えか

たの誤りは，もはや批判ずみのことであろう。

● ―― 基礎暗算は必要

しかし，第2の見方ははたして正しいだろうか。**すなわち，暗算を計算の中心とみる考えかたである。**ごく常識的にいっても，この考えかたには疑問がある。まず第1に，暗算のできる範囲には限界がある。ふつうの人には，三位数どうしの加法ですらむずかしい。また，分数の計算などになると，ちょっとむずかしい計算は暗算ではできない。また，文字計算になると，なおさら困難になってくるだろう。したがって，暗算が計算の中心であるとはとても考えられない。また，暗算には個人差が多いことからも，これを教育の中心に置くと，困難がおこってくる。あるいは検算ができないことも欠点の一つである。

以上のような見地からすると，計算の中心はどうしても暗算ではなく，筆算でなくてはなるまい。筆算こそは，その形式のもつ発展性からいっても，容易さからいっても計算の中心である。

しかし，ここで注意すべきことは，筆算の基礎には簡単な暗算があるということである。たとえば， $\begin{array}{r}23\\+45\end{array}$ という筆算も，3＋5＝8，2＋4＝6という暗算を基礎としているのである。つまり，暗算は，1947年指導要領とは異なって，計算の基礎なのである。われわれはこれからの議論を正確に進めていくために，それを"基礎暗算"とよび，より高度の暗算から区別することにしよう。たとえば，基数の加減などは基礎暗算の一部である。この名称に従うと，1947年指導要領は基礎暗算さえも否定したのである。

さて，これから先に大きな問題がある。それは基礎暗算から筆算に進むか，高度の暗算に進むかということである。暗算を計算の基礎としてばかりではなく，中軸とみる暗算中心の考えかたからみると，基礎暗算から二位数・三位数などの高度の暗算に進み，暗算が完全に行きづまるに及んではじめて筆算に移るのである。

● ―― 暗算の能力と数学の能力

このような暗算中心主義をとったものに，日本では緑表紙の教科書があ

＊1 ―― 遠山啓「暗算批判と水道方式」（本巻のⅡ章に収録）参照。

り，現在では東ドイツの教科書がある。緑表紙の教科書では，実用的な観点ばかりではなく，理論的にも暗算を計算の中軸とみなしていたようである。

暗算に実用的な価値があることは，おそらく何人も否定しないだろう。簡単な計算をいちいち紙とエンピツの助けをかりてやらねばならぬようでは困るのである。やはり，簡単な計算は頭のなかでやれなくてはいけないだろう。

しかし，暗算に理論的な価値がおおいにあるとはどうしても思えないのである。暗算に理論的な価値があるのは算法の諸法則を自然に理解することができるということにあるらしいが，はたしてそうであろうか。もし暗算が数理の理解を深めるものであったら，暗算の名人はそのことによって数学の大家でなければならないだろう。しかし，事実はそうではない。

異常な暗算の能力をもっている天才もしくは奇才がときどき現われる。それについては，R. ボール の『数学遊戯論』(*Mathematical recreations and Essays*)にくわしいが，そのなかに，ドイツの暗算の天才・ダーゼ (Dase) のことが紹介されている。ダーゼは，79532853×93758479 という掛け算を54秒でやれるほどであったという。また，40ケタどうしの掛け算は40分でできたという。しかし，彼はよい教育を受けたにもかかわらず，幾何はどうしても理解できなかったという。彼の数学的な能力は低かったらしい。暗算が理論的価値をもっているなら，暗算の能力と数学の能力は相伴なって発達するであろう。また，別のところにコルバーンというイギリスの暗算名人のことがでているが，彼は教育を受けるにつれて暗算の能力が低下したというからおもしろい。そういう例からみると，暗算の能力はあまり高度の知能ではないということになる。

現在でもソロバン塾に通っている子どものなかには恐ろしく暗算の速いのがいるが，その子どもたちは算数がよくできるとは限らないのである。要するに，暗算の名人というのは，頭のなかの構造が計算機のようになっているだけのことであろう。だから，数学の能力と暗算の能力はほとんど別物であるらしい。そういう点からみると，おそらく数値計算という点でいちばん劣っているのは数学者であろう。

19世紀後半から20世紀の初頭にかけての指導的な数学者であったポアン

カレ(1854—1912年)はつぎのようにのべている。

> また，数学の大家はひとしく数の計算に巧みでなければならないことになるだろう。もとより，かかることも時にないではない。すなわち，ガウスは天才的数学者であったと同時に，きわめて早成のまたきわめて確実な計算の名手であった。
> しかし，これは例外である。否むしろ，かくいうのは誤りであって，これを例外とよぶならば，例外の方が規則に合う場合より多くなってしまうであろう。反対にガウスの方こそ例外なのである。わたしに至っては，間違いなしに加え算をすることすら絶対的に不可能であることを告白しなければならぬ。同じく将棋を指しても極めて拙劣である。[*1]

ポアンカレのいうように，ガウスは例外的に暗算の天才であったが，その他にはインドのラマヌージャン(1887—1920年)がそうである。しかし，たとえば，ガウスの場合などでは機械的な暗算をやったのではなく，整数論の定理を利用して高度の省略算をやったためだという。

結局，以上のような例からみても，暗算そのものに大きな理論的価値があるとは思えないのである。実用的な価値があることはもちろんであって，それを無視するわけにはいかないが，これも程度問題である。たとえば，学校をでてから経理などの仕事について暗算の必要が起こってくると，自然に上達するもので，なにも学校でそれが全部できるようにしておく必要はないのである。

●――暗算は自由型でよい

算数教育の中心を暗算におくと，その展開はひどくむずかしくなる。なぜなら，これまで暗算中心方式では，暗算はすべて頭からやる頭加法ということになっているからである。

しかし，暗算はどうしても頭加法でなければならないのか，という大きな疑問がある。暗算のやりかたを多くの人びとについてしらべてみると，

---

*1――ポアンカレ・吉田洋一訳『科学と方法』岩波文庫

かならずしも頭加法によっているわけではない。たとえば，29＋38などでも，29＋30＋8 という形式に一定しているわけではなく，一位の 9 と 8 をみて繰り上がりがあることをみて，十位の 2＋3＋1＝6 を出し，それから一位が 7 であるとして 67 という答えにする人が多い。これは暗算であっても，"筆算的暗算"というべきもので，$\begin{smallmatrix}29\\+38\end{smallmatrix}$ という筆算形式を頭に思い浮かべているのである。

低学年で頭加法を叩きこまれても，上の学年で筆算形式を教わると，それに引きずられて，暗算も筆算式に変形してしまうものであるらしい。便利でやさしいものに傾いていくのが自然であり，それを押しとどめる必要はすこしもないのである。暗算はクロールとか平泳ぎとかいうように型を定める必要はなく，自由型でよいのである。

もともと暗算中心主義は筆算形式に対する反発から生まれている。理由は便利すぎて数概念が養えない，ということにあるらしい。たしかに筆算は記数法の形式のもつ威力を利用して生まれてきたものである。だから，その計算は一定の形式に従って行なわれなければならない。形式を毛嫌いしたら，もともと筆算はなりたたないのである。

しかし，頭加法による暗算に形式主義はぜんぜんないだろうか。たしかに暗算は紙に書かないのだから，形式は目にはみえない。だから，暗算は形式主義の欠陥をもっていないように思える。しかし，目にみえるものだけが形式主義ではない。目にみえない形式主義というものが，やはり，存在するのである。

もともと自由型であるべき暗算を是が非でも頭からたすという型にはめこもうとするのは，形式主義の最たるものであろう。暗算中心主義の欠陥の一つは思考を一定の型にはめこもうとするところにある。

前にものべたように，暗算で頭からたす方式にはめこんでも，先にいって筆算をやると，その形式にひきずられて筆算的暗算をやるようになる者が多いとしたら，何を苦しんで低学年で暗算をあれほどやる必要があるだろうか。

緑表紙以来，横書きの計算は暗算で，縦書きは筆算ということになったようである。これは東ドイツの教科書などでもそうなっていて，3 年までは，縦書きの問題は一つも現われてこないのである。本の題目は"*Re-chenbuch*"（計算の本）となっていて，ほとんどすべての精力を暗算に費や

しているという感じをうけるのである。しかも，横書きなので読みにくいことがはなはだしい。

この本をみて感ずることは，〝鍛錬主義〟ということである。もともと暗算能力には個人差が大きいが，これほど暗算をやらされたら，暗算能力の低い子ども（知能が低いとはかぎらない）は，相当な苦痛を感ずるのではなかろうか。

この教科書をみてだれでも感ずる疑問は，なぜやさしい縦書きの筆算をいつまでも教えないのだろうか，ということである。その理由は縦書きを教えると，頭から計算しなくなるからというのであろうが，暗算を自由型でやることにしたら，その理由はなくなる。

私は筆算の基礎として必要な最少限の基礎暗算を終わったら，ただちに縦書きの筆算にうつるべきだと思う。そのほうがやさしいし，鍛錬主義の欠点をもっていないからである。

●──記数法と命数法

筆算はインド・アラビア記数法の威力を積極的に利用したものであって，それは漢数字による命数法よりはるかに計算に適しているのである。もちろん，その中心となるのは〝0〟である。漢数字による命数法は0をもっていないし，また，暗算も0を必要としない。たとえば，筆算中心主義では $2+0=2$ や $2×0=0$ が基礎となるが，暗算中心主義では $2+0=2$ も $2×0=0$ も必要ではなく，0の段の九九のかわりに10の段の九九がでてくる。

しかし，新指導要領では，全体的には筆算中心主義をとるようにみえながら，1年で0がでてこないのは矛盾であるといえよう。筆算中心であったら，0を積極的に利用すべきである。

さて，

   記数法──筆算
   命数法──暗算

という対応関係が成り立つとしたら，暗算のほうは，むしろ，記数法を使わないほうがよいだろう。漢数字で〝百二十五+三百八〟などと書いたほうが合理的だということになる。

●――緑表紙と黒表紙

緑表紙の教科書は，当時としては画期的といってよいほどすぐれた教科書であって，黒表紙の欠陥を多くの点で克服している。しかし，緑表紙が現われて以来，20年以上たった現在では，緑表紙のもついろいろの特徴や欠陥をもっと冷静に検討することができる。そのなかでもっとも疑問に思えるのは暗算の重視である。暗算の重視ばかりでなく，それが筆算の体系にまで影響を及ぼしているように思えるのである。

もともと暗算と筆算は原理が異なっている。暗算は数の大きさが原理になっているが，筆算は形式の斉一性がもとになる。たとえば，暗算の立場からみると，つぎの二つの計算は，もちろん，左のほうが先にでてくるし，右はあとになる。左の数が小さいからである。

$$\begin{array}{r} 24 \\ +5 \\ \hline \end{array} \qquad \begin{array}{r} 24 \\ +15 \\ \hline \end{array}$$

しかし，筆算の立場からいうと，右のほうが原型であり，左のほうは，その退化したものとなってくる。形式の斉一性という点からすると，むしろ，右のほうがやさしいのである。

そういう点では，黒表紙のほうがかえって合理的であった。今まで数学教育の世界では黒表紙は悪玉で，何から何まで悪いし，緑表紙は善玉で，何から何まで善いと思いこんでしまう一つの公式主義が存在していたようであるが，このような考えかたは歴史的ではない。少なくとも筆算の計算体系という点では，黒表紙のほうが合理的だったと思う（そのほかにはよいところは見当たらないが……）。

暗算中心の立場から，数の大小という原理によって筆算の体系をつくり上げていくという方式が，緑表紙以来，多くの教科書で採用されているが，この点は今日では再検討すべきではあるまいか。

●――筆算中心の計算体系

筆算は形式の斉一性を原理として展開していくべきであるとしたら，その具体的なプランをつくらなくてはならない。

しかし，筆算中心の計算体系は，これまで研究されていなかったようである。そのわけは，緑表紙の暗算中心の計算体系の勢力が強すぎたこともあろうし，また，1947年指導要領のデタラメな主張が，筆算中心の立

場を不当に弱めたこともあろう。しかし，筆算中心の計算体系をつくることは，もちろん，可能である。むしろ，暗算中心のそれよりも容易であるともいえる。

新指導要領では2年で三位数の加減をやることになっているが，これを暗算中心でおし通すことは困難であろう。どうしても筆算でいくほかはあるまいが，筆算でいくとしたら，系統的な計算体系を作っておく必要があろう。

三位数どうしの加法は，二位数以下の場合も含めて，1000×1000＝100,0000 だけある。和が1000より小さいものだけでも，50,0500 個だけある。それだけの計算練習を全部やらせることは，もちろん，不可能である。そのとき，どうしたらよいだろうか。

それは 50,0500 個の計算を一定の原理に従って型分けしてみることである。そのさい，繰り上がりの有無や0の有無が型分けの目安になるだろう。このような原理にしたがって分類すると，繰り上がりのないものだけで，つぎのような型に分かれる（カッコ内は問題の個数）。数字は主として2と9を用いる。

$$\begin{array}{r}222\\+222\\\hline\end{array}(46656)\quad\begin{array}{r}222\\+220\\\hline\end{array}(11664)\quad\begin{array}{r}220\\+222\\\hline\end{array}(11664)$$

$$\begin{array}{r}222\\+202\\\hline\end{array}(11664)\quad\begin{array}{r}202\\+222\\\hline\end{array}(11664)\quad\begin{array}{r}202\\+220\\\hline\end{array}(2916)$$

$$\begin{array}{r}220\\+202\\\hline\end{array}(2916)\quad\begin{array}{r}222\\+200\\\hline\end{array}(2916)\quad\begin{array}{r}200\\+222\\\hline\end{array}(2916)$$

$$\begin{array}{r}220\\+220\\\hline\end{array}(1296)\quad\begin{array}{r}202\\+202\\\hline\end{array}(1296)\quad\begin{array}{r}220\\+200\\\hline\end{array}(324)$$

$$\begin{array}{r}202\\+200\\\hline\end{array}(324)\quad\begin{array}{r}200\\+220\\\hline\end{array}(324)\quad\begin{array}{r}200\\+202\\\hline\end{array}(324)$$

$$\begin{array}{r}200\\+200\\\hline\end{array}(36)$$

以上は繰り上がりのない場合であるが，繰り上がりのある場合はつぎのような型に分けていく。

$$\begin{array}{r}229\\+229\\\hline\end{array}\quad\begin{array}{r}299\\+299\\\hline\end{array}$$

このような型分けをやっておくと，最少限の練習問題をやることによって，あらゆる型を網羅することができ，どの型ももらすことはない。このような型分けをやらずに，ただ腰だめで練習問題をやらしていたら，

労力が多くてかたよった練習しかできないことになる。
　以上のような筆算の型分けは，加減乗除についてすべて行なうことができる。そのような努力を今までだれもやらなかったことが，筆算中心の立場を強く打ち出すことを妨げていたともいえよう。そして，暗算は筆算のあとでやるほうがよいと私は思う。

暗算と鍛錬主義

● ——教科課程の現代化

ここ数年来，数学教育協議会(略称，数教協)は小中高(将来は大学にも及ぶ)を通ずる教科課程の現代化を活動の大きな目標としてかかげてきた。そして，そのためにいくつかの研究題目をあげて研究と実践を重ねてきた。そのさい，われわれの考えかたの基礎となったのは，新教材の大胆なとり入れと，すでに古臭くなった旧教材の思い切った切りすてである。その作業をすすめるに当たっては，これまでだれも疑ってみなかったいろいろの定説を，すべていちおう根底から再検討してみるだけの勇気が必要であったのである。[1]

そのような再検討の過程のなかで，われわれのまえに大きく立ちふさがってきたのは小学校の暗算であった。むかしから暗算の研究家はたくさんいて，十人十色というべき種々様々の指導体系をもっているようだが，それらをいちいち再吟味のふるいにかけてみる必要があった。

小学校の暗算と教科課程の現代化とは一見，直接に関係はなさそうに思えるだろう。教科課程の現代化などという問題は中学の上級か高校でこそ重要であろうが，小学校はそのような問題とは無縁ではないか，と反問する人があるかもしれない。しかし，事実はそうではない。小学校低学年からのあらゆる教材を再検討のふるいにかけてみなければならない。暗算もけっして例外ではない。小学校低学年における暗算の偏重は他の重要教材に大きな圧迫を与えざるを得ないからである。

---

*1——『数学教室』1958年9月号・国土社

その点について，近ごろ，気になることは，新指導要領(1958年版)がでてから，"こんどの指導要領は緑表紙に帰った"という声が口から口へと囁かれていることである。緑表紙が，それ以前の黒表紙と比較して大きな改善を意味していたことはわれわれが早くから評価していたとおりである。たとえば，黒表紙の指導原理であった"数え主義"を克服しようと努力したことなどはそのもっとも大きな功績としてあげてよい(しかし，完全に克服することはできなかった[*1])。それは四半世紀以前の歴史的事実である。

しかし，ここで強調しておきたいのは，緑表紙は，やはり，ある時代の産物であり，長所とともに欠点をももっていたという事実である。その欠点のなかのもっとも大きなものは暗算の偏重と応用問題の偏重である。よく知られているとおり，緑表紙はきわめて短命であった。教科書が現場で実践にうつされ，そのなかのさまざまな特徴が現場の試練にかけられ，その成果をとり入れてしだいに改良されていくという過程をたどるだけの時間はなかった。そのような意味で，緑表紙は一つの机上プランにすぎなかったといってもよい。

早死した子どもには美しい記憶だけが残る，ということはありがちのことである。そのような場合には欠点さえも美化される。そうなると，"緑表紙に帰れ"という声のなかには，緑表紙の欠点へ帰るという危険がひそんでいることになる。

●——暗算偏重の緑表紙

しかし，緑表紙の成果を検討する時間はなかったとはいっても，いくつかの反省はなされている。塩野氏自身が『数学教育論』(啓林館)のなかでつぎのようにのべている(傍点筆者)。

> 以上のやうな努力にもかかはらず，実情はそう急に動かなかった，とみるのが正しいやうである。もちろん進歩的な学校教師は十分こなしていったが，大部分は，これをもてあました。そのために，授業がかへって散漫になり，しっかりおさへるところもおさへず，数理思想も開発せられなければ，知識技能も得させないといふやうな弊もあったやうである。計算能力が低下したという声が盛に起ったのは

その証拠であるといへよう。——56ページ

また,「秒庵」というペンネームの人がつぎのように書いている(傍点筆者)。この人がだれであるか見当はつくが,当時,おおいに活躍した人であることはたしかである。

> 緑色表紙の教科書が十分な成績を挙げなかったのは,使用期間がたった6年間という短期間で,黒表紙の教科書の40年以上なのに比べられない程短かったことの外に,もう一つの原因がある。それは事実算と形式算との分量の割合である。黒表紙の教科書の形式算と応用問題との比が,およそ 7:3 であったことは前に述べた。緑色表紙の教科書では,事実算と形式算との比が約 8:2 であった。黒表紙1年用が形式算と応用問題との比が 9:1 より強いのに,緑色表紙の事実算と形式算との比は 10:0 である。こんなわけで,緑色表紙の教科書になってから,たしかに計算力は低下した。数理系統を黒表紙時代よりもっとこまかくし,もっと厳密に系統的に配列したのに,計算力が低下したことは,私たちにとっておかしいことに思われた。これは使用期間が短く,形式算の分量が極端に少なく,その上現場の先生方が編集の意図を十分にくみ取る時間がなかったことによるのであろう。[*2]

このように緑表紙によって「たしかに計算力は低下した」という反省はなされているのである。「秒庵」氏は,その理由はよくわからない,といって不思議がっているが,今から考えてみると,暗算偏重がもっとも大きな原因だったのではないか。「数理の系統を厳密にした」といっているが,その系統そのものが暗算方式になっていたのである。
たとえば,緑表紙の編集に協力された柿崎兵部氏も「小学算術(緑表紙)では,暗算の程度が高すぎたことを認める」といっておられる。[*3] その他の

---
*1——遠山啓『教師のための数学入門・数量編』(国土社)の第3章「幼児の数概念」を参照。
*2——『算数と数学』1955年9月号・63ページ・啓林館
*3——柿崎兵部「暗算と筆算」『算数教育』1959年6月号・122ページ・明治図書

研究者も，今日ではほとんどの人びとが緑表紙は暗算をやりすぎたことをみとめているようである。

"緑表紙に帰れ"というかけ声につられて，もう一度，暗算偏重の時代がやってくるとしたら，困ったことである。"夢よ，もういちど"ということにはなりたくないものである。

●――命数法と記数法

暗算と筆算との対立が生ずるのは，いうまでもなく，命数法と記数法という二つの異なった体系が存在しているからである。塩野氏は日本の命数法の優秀性を強調してつぎのようにいう。

> 戦後の学習指導要領は，この劣悪な命数法のために仕方なしに取らざるを得ないお粗末な計算方法を，優秀な命数法をもち，それに基づいた優秀な暗算の伝統をもつ日本に，その優秀さを抹殺して強要し，日本の子供の計算能力を低下させたのである。戦争に敗けたからとはいえ，何という情ないことであろうか。

日本の命数法――といっても，じつは中国から伝わってきた漢数字のことであるが――が合理的であることは塩野氏のいう通りであり，だれでも知っていることである。

しかし，ここで注意すべきことがある。もともと日本人はだれでも，多かれ少なかれ，ヨーロッパに対して何らかの劣等感をもっているので，一つでも優秀なものがあるといわれると，それを誇大に考えたがる癖がある。以上の引用文では，暗算中心か筆算中心かの分かれ目は，その国の命数法のちがいによるという意味のことが暗黙のうちに主張されているからである。しかし，こういう断定は明らかにまちがっている。実例を示そう。

たとえば，東ドイツがそうである。ドイツ語の数詞の"劣悪な"ことは英語以上であることはちょっとでもドイツ語をやった人なら，だれでも知っている。英語の数詞の不規則さは11から19までの，いわゆる"十代の数"(teens number)だけで，20からは規則正しくなるが，ドイツ語では99

まで不規則さが続くのである。たとえば，21は einundzwanzig であって，一位の1から先によみ，十位の2はあとでよむ。その点でも，命数法は英語以上に"劣悪"である。しかし，計算は塩野氏以上に徹底した暗算中心主義をとっている。この事実はどう説明したらよいだろうか。塩野氏は"劣悪な命数法をもった国は筆算中心，優秀な命数法をもったわが国は暗算中心"という結論にもっていきたかったようであるが，そういう議論は，この例でもろくも崩れてしまう。そうなると，暗算中心と筆算中心とのちがいは別のところにあるとみなければならない。それは先にのべたように命数法と記数法をどう評価するかということである。

● ——暗算主義と直観主義

暗算中心主義はおそらく横地氏や大矢氏[*2]がいうように，遠くペスタロッチの直観主義にまでさかのぼるものであろう。ペスタロッチは，『ゲルトルートは如何にその子等を教えうるか[*3]』のなかで人間の認識の起源についてつぎのようにのべている。

　そこで私は更に進んで我々の全認識は三つの基礎的能力から出ることを知ったのでした。

　A．言語能力が発生する音の能力から。
　B．あらゆる形の認識が発生する不確実な単に感覚的な表象能力から。
　C．統一の意識，それと共に計算能力が導かるべき確実な，もはや単に感覚的でない表象能力から。

　それ故に私は次のように判断します。我々人間の術の陶冶は，これらの三つの根源的能力の，最初にしてまた，最も単純な結果，即ち音，形，及び数に結合されなければならない。

このように，ペスタロッチは文字を認識の三つの基礎的能力から除いて

---
*1——塩野直道『日本の暗算』32—33ページ・啓林館
*2——横地清「外国では暗算をこうみている」『算数教育』1959年6月号・明治図書
大矢真一「直観主義と数え主義」『数学教室』1958年11月号・国土社
*3——ペスタロッチ・鰺坂二夫訳『ゲルトルートは如何にその子等を教えうるか』玉川学園出版部

いるが，文字の一種である数字もペスタロッチの排除するところとなったのは当然であろう。この本が書かれたのは1801年であって，今から150年以上むかしのことである。いわゆる印刷文化がまだほとんど発達していなかった時代のことであるから，文字や数字を軽視したペスタロッチの教育法も正しい方法であったかもしれない。しかし，文字と数字にふれないで生きることのできない20世紀後半の子どもたちにとっては，もはや時代おくれのものといえよう。
塩野氏がペスタロッチの直接の影響をうけたかどうかわからないが，文字に対する不信が強い点では同じ傾向といえよう。氏はつぎのようにいっている(傍点筆者)。

> なるほど，インド・アラビア記数法は偉大な発見には相違ないが，このことは裏を返せば，人間がやすやすと考えつけるものではないこと，従って理解がそう簡単でないことを物語っている。数詞，実物の数え方，基数の加減を具体に即しながらといった程度の子どもに，0の意味や位取りが，わかるわけがない。位取りの原理ともなれば，2進法，3進法，n進法の意味がわかって初めて十分な理解に到達するものといえよう。それがわからなければ，数観念が養えないというのは，ちょうど文字がなければ，思想が養えないというのと同じようなことだと思う。子どもは生まれていくばくもなく，言葉を教わり，学校で文字を習うまでに相当程度の知識や思想を修得する。暗算は，命数法による，つまり，言葉で数を知りその処理を知るのである。もとより言葉だけでなく具体がこれに結びつく。
> ⑩⑩①①①　⑩⑩⑩①
> これを，見せながら二十三円と三十一円とで五十四円と考えさせるのと $\begin{array}{r}23\\+31\\\hline\end{array}$ と筆算でやるのと，どちらが数観念養成の助けとなり，しかもやさしいかは自明のことであろう。20＋30に至っては，いうだけ野暮であろう。[*1]

文字がなければ，思想が養えないというのはたしかに誤りであろう。字

がよめなくても，利口な人はいるからである。しかし，文字を知れば，思想を吸収する手段が飛躍的に増大することも事実である。

以上の引用文から，塩野氏が数字や位取り法に重きを置いていないらしいことがわかる。二進法や三進法や n 進法がわかってから初めて位取りの原理がわかったといえるというのが塩野氏の意見——こんなことを考えているのは世界中で，ただ一人であろう——だとすると，大人でも位取りの原理を知っている人はきわめてまれだ，ということになる。数学者でない大人は二進法というコトバさえ知らない人が大部分だからである。

● ——位取りの原理と暗算

まず，位取りの原理がそれほどむずかしいとすれば，なぜ位取りの原理に従うアラビア数字を暗算の段階の子どもに教えるか，ということである。日本の命数法がそれほど優秀だとすると，1年，2年では漢数字によって算数を教えるべきではないか。"20＋30"ではなく，"二十＋三十"とするほうが「0の意味や位取りが，わかるわけがない」子どもにとってはるかにふさわしいものであろう。位取りの原理の急所は"13"を"103"とはかかないこと，"103"は"百三"であることになるが，そのことをどのようにして説明しようとするのか。

位取りは子どもにはとてもわからぬ，という人が13というかきかたを教えなければならぬところに暗算主義者の自己矛盾がある。とくに塩野氏が二十三円と五十四円を教えるために使用する銅貨の表面には，⑩という位取り法によるアラビア数字が刻みつけられているのだから，その矛盾はいっそう鮮やかに浮き出してくる。とくに，その矛盾を氏自身が気づいていないらしいからなおさらである。

この矛盾は東ドイツでも同じであるが，しかし，理論的なドイツ人だけあって，それから先はつじつまの合ったいきかたをしている。すなわち，暗算をやっている3学年までは横書きの式だけに終始していて，4学年で筆算をやるようになってはじめてタテ書きの加法がでてくるからである。ところが，日本の緑表紙になると，そこがすこぶるアイマイなのである。

＊1——『理数』1959年5月号・3—4ページ・啓林館

たとえば，1年の下巻にはつぎのような式がだしぬけにでてくる。

$$\begin{array}{r} 10 \\ -3 \\ \hline 7 \end{array}$$

このかきかたは明らかに位取り法によったもので，位取りでなければ，

$$\begin{array}{r} 10 \\ -3 \\ \hline 7 \end{array}$$

とかいても よいはずである。しかも，これは 塩野氏のいうように，「基数の加減を具体に則しながらといった程度の子ども」に，「0の意味や位取りが，わかるわけがない」時期に やらせるのだから，ますます不可解のものとなってくる。

暗算中心といっても，日本とドイツではかなりちがったところがある。それは珠算との関係である。ドイツの暗算中心主義の根底にはつぎのような考えかたがあるらしい。

> 子どもに多様な思考の自由を許す暗算は，子どもの能力を超えないかぎり，子どもに方法を限定してしまう筆算よりも，教育的に優位に置かれるのは当然なことであろう。[*1]

同じようなことを塩野氏も「暗算と筆算の問題について[*2]」のなかでのべておられる。それは，やはり，思考の自由性に暗算の卓越性があるという意味である。ところが，それほど思考の自由を尊ぶ人が珠算を，やはり，尊重しているという事実はどう考えたらいいのだろうか。がんらい，珠算ほど機械的であって自由性など一かけらもない計算法はないだろう。珠算こそ人間を計算機械にしてしまうものであり，今日，ソロバン塾が大きな問題になっているとき，思考の自由を尊重するという人が珠算を無条件に礼賛しているのは大きな矛盾ではないか。それとも暗算が珠算の鍛錬主義と一脈通ずるところがあるのかもしれない。あるいは数字を使わないところが暗算派のお気に召すのであろうか。

●——位取りの原理はむずかしいか

位取りの原理は はたして 塩野氏のいうように，「2進法，3進法，n進法の意味がわかって初めてわかる」ような むずかしいもので あろうか。

そうでないことをはっきりさせるために，東京都月島第二小学校の渡辺幸信氏等が行なった実験を紹介しよう。渡辺氏は，昨年(1958年)，1年生を受けもち，今年は持ち上がりで2年生を受けもっている。ついでに断わっておくが，月島は東京といってもインテリの多い山の手とはちがって，労働者の父母が多く，家庭で父母に教えられることはほとんどないという(それだけにかえって実験がやりやすかったともいえる)。

基数の加減については，すでに『数学教室』(国土社)1958年12月号と1959年5月号に発表ずみであるが，2年になってから試験的に三位数をやってみた。ただし，そのさい，渡辺氏は今まであまりやられたことのないタイルを補助の教具につかった。図❶のように，"一"は□，"十"は一の連結したもの，"百"は図❶のようなものを使った。この教具は貨幣や色板よりは位取りを理解させる上からはすぐれているといえよう。渡辺氏は一を"1こ"，十を"1本"，百を"1枚"とよんだそうである。

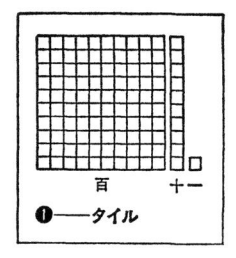

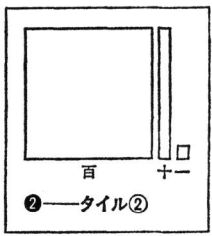

この教具は，ある時期になると，とり去って紙にかかせることにしたそうである。その際，十や百の間の仕切りはなくして，無地にかいてもよいようにした——図❷。そこで，タイルから数字，数字からタイルへの対応をテストしたところ，満足すべき通過率を示したのである。

いずれ渡辺氏自身が詳細な結果を発表されるだろうから，これくらいにして略するが，適当な手段によれば，位取りを理解させることはむずかしいものではないのである。

では，はたして塩野氏が本当に位取り法による筆算をむずかしい，と考えているかというと，むしろ反対に，筆算はやさしく，暗算はむずかしいと考えているらしいのである。たとえば，つぎのようにいっている(傍点筆者)。

　　　しかし遠山氏も，「暗算はやがて筆算にまけるときがくる。

---

*1——『理数』1959年5月号・19ページ
*2——塩野直道「暗算と筆算の問題について」『数学教室』1959年7月号・国土社

筆算を知れば，どうしても，そちらを重視すると思う。」と
いっておられる如く，易につきやすいは人の情である。[※1]

ここで，筆算がやさしいことは塩野氏自身がみとめておられるわけである。ただ違うのは，塩野氏がやさしいのがいけないというのに反して，私は"易につきやすいは人の情である"，だからこそ，その"人の情"に従うことを教育の原理にしようという考えかたである。ここでは教育の考えかたが根本的にちがうのだから，この点で，これ以上，議論をしても無益であろう。

●——暗算は鍛錬主義

ただ，氏が教育の原理とされる"易から難へ"の原理は，ここでは明らかに破られていることは指摘しておく必要があろう。暗算の困難さについては氏はつぎのようにいっている（傍点筆者）。

> そこで，多少困難を感じさせながらも，最初から暗算で指
> 導すれば，ある程度一斉に歩調を揃えさせることができ，
> 次の段階に進む時期も見当がつこうというものである。

ここでは"多少困難"といっているが，別のところでは「いうまでもなく上の計算は③→④→②→①の順序を追うて指導すれば，暗算でらくらくとやってのけるであろう。」（傍点筆者）といっている。"多少困難"と"らくらく"ではかなり意味がちがう。しかし，それは一つの"言い回し"にすぎないようである。なぜなら，塩野氏はつぎのように主張しているからである（傍点筆者）。

> ところが100以下の加減の暗算，掛算の九九，とその逆な
> どのようなものは，これはのっぴきならぬものであります。
> 小数分数の四則などもこれに属し，中学校の文字式の表現
> とその処理，負（マイナス）の数の四則などもそれであります。
> このようなものは，何としても，どの子供にも徹底的にで
> きるようにしておかないと次へ進んではならないものであ

ります。このようなものはあらゆる方法で徹底させなくてはなりません。教育学上の指導原理がどうであろうと，そんなことに囚われてはなりません。つめこみであろうが，たたきこみであろうが，おそれることなく，あらゆる手段をつくして，習得させる必要があるのであります。
　もちろんあらゆる手段のうちで，指導上の原則にあてはまるのがよいにはちがいありませんが，場合によっては，また子供によっては，強硬手段も止むを得ない。否この強硬手段こそが，その子供にとっては，もっとも教育的指導法といえると思うのであります。

　もし，"らくらく"とできるのであったら，"つめこみ"や"たたきこみ"や"強硬手段"を使う必要はあるまい。氏は「筆者など 鍛錬のために 暗算をやるべしなど 考えたこともなければ 言ったこともない」といっておられるが，"教育学上の 指導原理"を 無視し，"つめこみ"や"たたきこみ"や"強硬手段"を呼号する上の文章から，正真正銘の鍛錬主義を感じとらない人がいたら，それはよほど鈍感な人であろう。この文章からは恐ろしいムチの音がきこえてくる。

● ――明治以来の指導原理
よく知られているように，緑表紙は，高学年になると，三位数と二位数の加減も暗算でやらせようとした。たとえば，つぎのような問題がある。
　　　　687＋92　　575＋85　　258＋98　　769＋76
これが水色表紙になると，
　　　　17＋28＋39＋56　　52＋75＋69＋47　　250－24－68－75
などの暗算がでてくる。緑表紙から水色表紙にかけて暗算がますます強化されていったのであるが，その背後には鍛錬主義がなかったといえるだろうか。
さすがに熱心な暗算派も，現在では三位数と二位数の加減まで暗算でや

----
*1――塩野直道「暗算と筆算の問題について」『数学教室』1959年7月号・国土社
*2――『啓林』1956年12月号・4ページ・啓林館
*3――塩野直道「暗算と筆算の問題について」『数学教室』1959年7月号・国土社
*4――『小学算術・5年下』22ページ
*5――『初等科算数・八』9ページ

れとはいわなくなったようであるが，二位数の加減にまで後退せざるを得なくなるのはなぜであるか。そのような後退を余儀なくされたという事実が暗算の行きすぎをよく立証しているのである。
〝つめこみ〟や〝たたきこみ〟や〝強硬手段〟ということばは緑表紙から水色表紙に至る一連の考えかたにつながっている。緑表紙の編集方針について塩野氏のいうところをきこう（傍点筆者）。

> ところが教科書は一冊であって，それを全国のどの子供にも使わせることであるから，標準の置き所は非常に困難な問題である。最低限度にすれば程度が低くなり，大部分の子供には非常に退屈なものとなって，全体の水準，将来の日本文化の水準を高めることはできない。そこで「小学算術」は中位よりも多少上を狙い，中には，最優秀の児童にもできそうにない内容が採り入れられている。これによって児童の能力に応じて伸し得ることができると考えたわけである。[*1]

国定教科書でありながら，しかも，〝中位より多少上を狙う〟ということはかなり問題にすべき点であろう。戦前には，このような方針も許されたであろうが，戦後の教育原理とは相いれないものであることはいうまでもない。緑表紙の暗算偏重は上のような編集方針と深い関係がありそうである。元来，暗算の能力には個人差が非常に大きい。そのようなものを算数教育の中心におくと，どうしても落後者がたくさんできる。しかし，〝中位よりも多少上を狙う〟方針なのだから，中以下の子どもは追いつけなくなるが，そういうものは放っておくほかしかたがない。「秒庵」氏が，「緑色表紙になって，たしかに計算力が低下した」といっているのも，今日からみると，当然かもしれない。いうまでもなく，鍛錬主義は教育のなかから排除すべきものである。

●——鍛錬主義と道具改良主義

太平洋戦争のはじまる前にこんな話をきいたことがある。戦争が始まったら，南方が戦場となるだろうが，そのとき，日本人にとって有利なこ

とがある。それは日本人の黒い目が南方の強い日光に対する抵抗力をもっていることである。アメリカ人の青い目は強い日光には弱いということである。そこで，軍の指導者は軍艦で見はり役になる人びとの視力を鍛えることをはじめた。そして，視力を強くするといわれるビタミンAの製造にまでのり出した。その方式はたしかにある程度まで効果をあげたらしい。しかし，戦争がはじまってみると，アメリカ軍はレーダーをもっていた。あれほど一生懸命に鍛錬した日本人の目も，霧を通して見ることはできなかったが，レーダーにはそれができた。南方の海上で，霧にかくれて姿の見えないアメリカ艦隊から砲撃されて大敗北をこうむったという。この話はなかなか意味深長である。このなかには考えかたの大きな相違がみてとれるのである。

人間は自然を征服しながら，一歩一歩，文明をきずき上げてきたが，その原動力となったのは道具の発明であった。フランクリンは人間を定義して"道具をつくる動物"(tool making animal)といったが，このことこそ人間を他の動物から区別するもっとも重要な相違点の一つである。

人間が一つの困難に出会ったとき，それを征服するには二つの道がある。一つは精神や肉体の鍛錬によって，それに打ち勝つ方法であり，もう一つは道具の発明によって，それをのりこえる方法である。前者の方法にたよろうとする人間は，その目標を達したとしても，彼らの文明は進歩しなかった。

このような考えかたは昔から日本には根強くあった。たとえば，弓道とか剣道とかいうものがそれであった。弓道家は弓矢という道具の改良には関心をもたず，昔のままの道具で精神や肉体の鍛錬にのみ没頭した。その意味で弓道も剣道も典型的な鍛錬主義であるといえる。このような鍛錬主義は，今日でも日本人にとっては大きな魅力であることは剣豪小説が今でも盛んに読まれていることからもうかがわれる。

しかし，ヨーロッパ人は別の道をえらんだ。彼らは精神や肉体の鍛錬に興味をもつかわりに道具の発明や改良に努力した。そこには根本的な考えかたの相違がある。つまり，鍛錬主義と道具改良主義との相違である。ヨーロッパ人が今日のような科学技術文明をきずいたのは，彼らがとくべつ優秀だったからではなく，鍛錬主義を否定して，道具改良主義をと

＊1――塩野直道『数学教育論』50―51ページ・啓林館

ったからである。

●――鍛錬主義に弱い日本人

終戦後，ソロバンと電気計算機とが計算の競争をして話題になったことがある。その結果，たしか，加減ではソロバンが勝ち，乗除では電気計算機が勝ったようにおぼえている。そのとき，ソロバンの威力が大きくとりあげられて，終戦直後に〝日本のものは何でもダメだ〟という気持ちになっていたところに，少しばかり自信をつけられたような気になった。しかし，よく考えてみると，ソロバンが勝ったという話もあまり喜んでばかりはいられないぞ，ということに気づいてきた。

よく考えてみると，その競争に出たソロバンの選手はただの人ではなく，日本一の名人であって，電気計算機のほうはただの素人である。ソロバンの名人になるために，その人はいったいどれくらいの鍛錬を必要としただろう。おそらく，なまやさしいものではなかっただろう。勝ったとはいっても，練習の時間まで考えに入れたら，本当に勝ったことになるかどうかわからないことになる。

鍛錬のための時間や労働の時間を考えに入れないことは日本的な考えかたである。たとえば，篤農家という人たちがいて，反当たり収穫量のレコードを競争している。この競争では，そこに投下された労働の量は考慮されていないようである。

投下された労力を考慮しないで評価されるものには，まず芸術品がある。ダ・ビンチの「モナ・リザ」を評価するとき，ダ・ビンチがどれだけの時間を費やしたかは何も計算されていない。でき上がった作品のできばえだけで，そのねうちが定められる。その意味で，篤農家の考え方は芸術に近いものである。しかし，技術となると，そうはいかない。練習や製作に費やした時間を合わせて考えなければ，技術の価値は判定できない。

日本人はだれでも，多かれ少なかれ，ヨーロッパに対して劣等感をもっている。だから，少しでも日本のものにすぐれたものがあると，無性にうれしくなるくせがある。だから，〝日本の数詞は世界一に合理的だ〟といわれると，ついうれしくなって，それに飛びつきたい気になるが，その点に警戒の要がある。

暗算主義批判

●——暗算は計算の中心か

日本に暗算の研究家が何人いるかは知らないが，その指導体系は多種多様であって，ことに暗算の限界となると，みな意見がちがっているようである。暗算研究家の人数と同じだけの指導体系があるといってもよさそうである。だから，暗算を批判するに当たっても，いったいだれの体系を問題にしたらよいか，じつのところ迷ったのである。ところが，石谷茂氏のお話によると，ある公開討論会の席上で，氏が暗算偏重を批判したところ，同席された塩野直道氏に，「きみは『日本の暗算』を読んだか」と反問され，「読んでいない」と答えたら，「あれを読まないで議論をするな」と一蹴されたことがあるそうである。その話をきいたので，暗算研究家のバイブルともみなされているらしい塩野氏著の『日本の暗算』を読んでみることにした。

そのとき，まず第1に目についたのは，つぎのようなくだりであった。これについては前にもかいたが，もういちど問題にしてみよう。塩野氏は暗算と筆算の関係について，つぎのように言っている。少し長くなるが，本論の主題となるべき点であるから，もういちど引用させてもらおう。

> 計算を，暗算・筆算・珠算の三つに分類するとして，上の問題は結局，暗算・筆算・珠算の相互間の位置関係を明らかにするという問題に帰する。

まず,三者の実用上の位置をみると,一般人が日常生活で数を取り扱う場合に,最も多く使うのは暗算である。少し大きな数になると珠算を使うことが多く,筆算で計算することは一番少いといってよかろう。

算数の学習でも,やはり暗算が一番多く用いられる。分数の計算や概算の場合を考えてみるがよい。次は筆算,最後が珠算である。中学以上になると,筆算が多く,そのために筆算が数学上の計算の本体であるかのように考える人があるようであるが,式の計算は多くなるけれども数計算を筆算でするということがそう多くなることはない。しかも数計算として筆算が本体であるなどということは何の根拠もないことである。筆算は数計算の方法として数表・計算器・計算尺を使うのと並列するものであって,数学上でも決して計算の中心に位するということはできない。むしろ暗算は,数観念に基づき計算を意識的に使うもので,その点から言えば,数学的思考を絶えず働かすものとして,計算の中心に位するということができよう。たとえば,2600×300は筆算では26×3を下の位から順にかけ,その横に0を四つつけるというのでよいが,暗算では,次のようにする。

$$2600 \times 300 = 26 \times 100 \times 3 \times 100$$
$$= 26 \times 3 \times 100 \times 100$$
$$= (20+6) \times 3 \times 10000$$
$$= (20 \times 3 + 6 \times 3) \times 10000$$
$$= (60+18) \times 10000$$
$$= 78 \times 10000$$

すなわち,結合,交換,配分の法則を適用し,百の百倍は一万であるというような数観念を活用して計算するのである。筆算でも,その計算方法はこれらの法則に基づいているのであるが,こうした根拠をあまりせんぎせず,形式を教え,無意識で計算するのである[*1]。

塩野氏のいわれるように計算が暗算から始まることは事実である。つまり，家にたとえると，門のようなものである。しかし，門は家の大黒柱ではない。ここに論理の飛躍があるのである。計算の端緒はけっして計算の中心ではないのである。

● ―――事実の歪曲

われわれは暗算が計算の始まりであることはむかしから認めており，その立場から〝加法九九〟，〝減法九九〟のあやまりを批判してきた。その点で塩野氏は明らかに事実を曲げておられる。たとえば，つぎのように書いておられる（傍点筆者）。

> このような問題があるところへ，最近，暗算についての論議が，主として遠山氏を中心とする数学教育協議会（数教協）の主要メンバーから起り，機関紙『数学教室』1959年4月号に特集として掲載された。読んでみて，その論議が，児童の心理生活を殆んど考慮しない抽象的数学的議論であることに驚くと共に，その結論が，計算力増強に努力してきた現場の方向と正反対であり，戦後の指導要領と完全に一致したものであることにあきれた次第である。

「児童の心理生活を殆んど考慮しない」という批判に対しては，要するに児童の心理生活をどう考えるか，という見解の相違になるだろう。ただ，われわれは，教育学上の指導原理がどうあろうと，〝つめこみ〟〝たたきこみ〟〝強硬手段〟をふるえと呼号する塩野氏とは正反対の立場に立っていることを明らかにしておこう。われわれは〝つめこみ〟〝たたきこみ〟や〝強硬手段〟を絶対に排撃する立場から算数教育を建設しようと努力しているものである。

ただ，上に引用した文のなかには見解の相違ではすまされない事実の歪曲があるので訂正を要求しておきたい。それは，「戦後の指導要領と完全に一致した」というコトバである。上にのべたように，われわれは指

---

*1――塩野直道『日本の暗算』14-15ページ・啓林館
*2――黒田孝郎「九九」（遠山啓編『新しい数学教室』新評論社）参照。
*3――『理数』1959年5月号・3ページ・啓林館

導要領の加法九九，減法九九に反対してきたのだが，それでも「完全に一致した」といえるだろうか。論争は真理の探究をめざすかぎり，いくら激しくてもよいと思う。しかし，相手のいうことを歪曲することは許されない。

私はこの論争に加わるに当たって，塩野氏のこれまで書かれた論文や著書を入手できるかぎり集めて読んでみた。そうするのが論争のルールだと思ったからである。しかし，残念ながら，塩野氏は相手の主張するところを詳しくしらべてみるだけの労をとられなかったようである。

たとえば，いわゆる"水道方式"についても明らかに誤解にもとづいて反対しておられる。『数学教室』1958年2月号に私は水道方式の一般論をかいた[*1]。そのなかで，教材の配列には〈特殊──一般〉と〈一般──特殊〉という二通りの方法があることをのべ，ある場合には〈一般──特殊〉の方式のほうがすぐれていることを指摘し，その場合に用いられる方式を水道方式とよんだのである。私は〈一般──特殊〉を唯一の方式として主張したのではない。そのことは〈一般──特殊〉の適用できない場合として相似と合同の例をあげていることでも誤解の余地はないだろう。

また，筆算式暗算について 25000＋13000 の例をあげておられるが，私は"二位数＋二位数"の実例についてのべたのである。それとも氏は25000が二位数だとでも考えておられるのだろうか。

●──暗算派の論法

さきに引用したように，塩野氏は縦書きの筆算を教えないで，二位数の加減を"つめこみ""たたきこむ"ことを主張しておられる。その理由は，どうやら二通りあるようである。第1の理由は，筆算は記数法によっているが，その記数法は n 進法がわからないとわからないくらいむずかしいからだということであるらしい。ところが，第2の理由は，「易につきやすいは人の情である[*2]」というのであるから，こんどは易しいことが筆算排撃の理由になっている。

このように，二つの理由づけが矛盾していては，それに反論することもなかなかややこしくなるが，第1の理由はすでに反論したところで十分であろうから，つぎに第2の理由に反論を加えてみよう。

筆算というやさしくて，しかも，強力な方法を教えてしまうと，むずか

しくて威力に限界のある暗算はやらなくなる，という暗算派の悩みは察するにあまりがある。

停車場の前に自動車と馬車がならんでいたら，お客さんが馬車には目もくれず，自動車にのりたがるのは"人の情"であるから，馬車にのってもらうためには，自動車のほうはどこかに隠しておかねばならない，といった場合に似ている。暗算派の苦心はまことに同情に値する。この点について，塩野氏はくりかえし，その点を強調している（傍点筆者）。

> 暗算がむつかしいから26＋38, 26×8のような計算は，まず筆算を指導して，その後で暗算を指導するという人があるが，それでは，暗算への移行が非常に困難となる。併行させるのは，混乱を来たすだけの話である[*3]。

> 筆算の反復練習の結果暗算に移行させるのも一つの指導法であるかのように考える向きもあるが，これは自然の順序でないし，従って計算指導上極めて不得策である[*4]。

> 51－49 も 26×4 も筆算の除法に必要なのである。これらは，たしかに筆算よりもむつかしいであろうが，これを最初筆算で指導したら，暗算には容易に移行できないこと実験ずみである[*5]。

はじめに筆算という便利なものを教えてしまうと，暗算に移行できない，というのは塩野氏の強固な信念であるらしく，あらゆる機会にそれを強調しておられ，"実験ずみ"であるとまでいっておられるが，そんな実験がどこで，どのようにして行なわれたか聞きたいものである。どの論文をみても，実験データを明示しないのが塩野氏の論文の特徴であるが，この重要なポイントについても，やはり，実験の裏づけはないようだ（あったら，それを書いてほしいものである）。実験の裏づけのない主張は"信念"

---
* ＊1──遠山啓「一般と特殊」（本巻のⅢ章に収録）
* ＊2──塩野直道「暗算と筆算の問題について」『数学教室』1959年7月号・21ページ・国土社
* ＊3──日本数学教育学会『算数教育』1954年3巻2号・1ページ
* ＊4──『算数と数学』1956年5月号・10ページ・啓林館
* ＊5──『理数』1959年5月号・4ページ・啓林館

ではあっても，まだ"真実"ではない，ということは，あらゆる科学的研究のイロハである。
氏が示された具体的なよりどころというべき唯一の根拠は，つぎのようなものである(傍点筆者)。

> 暗算は思考を要するからむずかしく，**筆算は形式的にいける**ということから，暗算ですべきものでも初めは筆算によらせ，後で暗算に切り替えることを主張する人がある。しかし，かような行き方は，明治以来昭和20年まで一度もとられたことはないし，また，今後もとるべきでないと思う。[*1]

これが塩野氏の示された唯一の具体的なよりどころなのである。新しい考えや新しい制度を否定しようとしていろいろ論争してみたが，うまくいかない。そのとき，最後に持ち出される言い分はいつでもきまっている。それは"そんな新しい考えかたは過去にはなかった。だから，まちがいだ"というおきまりの論法である。

●——暗算派の自己矛盾

ここで話を打ち切ってもよいが，もっと先の話がある。それは塩野氏自身が別の個所で自分の主張と矛盾した指導法をのべているからである。たとえば，つぎのようなことがいわれている。『小学算術・3年下』の教師用書の2ページに，つぎのような個所がある(傍点筆者)。

> 暗算と筆算との区別については上巻に記したところであるが，その区別の仕方によって本書の計算教材を考えるに，暗算によるべきものと，筆算によるべきものとの限界を明確につけることは，極めて困難である。本書では，各桁の数を記憶しておくことの難易の程度とを考え合わせて，暗算によらせるものと，筆算によらせるものとを区別したのである。勿論これは絶対的なものではなく，どちらかというと，児童の負担過重を恐れて，将来暗算で行わすべきものを，本書では筆算で行わせることとしたものである。

このように，緑表紙は3年上まで暗算をやらせ，3年下から筆算にうつっている。ところが，いちど筆算をやらせてから，あとで暗算をやらせている。これは「最初 筆算で指導したら，暗算には容易に移行できないこと実験ずみである」という自説と矛盾しているではないか。ここでは筆算の習熟が暗算の邪魔にならぬことをみずからいっていることになる。それだけではない。別のところで筆算を暗算への足がかりとして**積極的**に利用することさえやっているのである(傍点筆者)。

　［7］——二位数と基数との掛算
　(1)——むずかしいものをやさしくして指導すること。
　①——初めは数を見ながら練習させて，後では全部頭の中で行なえるようにする。たとえば，
　第一段　36＋87 と書いたものを見て，上の位から寄せる。
　第二段　36 だけ書いて，これと頭の中の 87 を寄せさせる。
　第三段　全部頭の中で寄せさせる。
　②——初めは，計算の過程も書かせ後で書かないでもできるようにする。たとえば掛算で，
　第一段　$38×6$ を $\genfrac{}{}{0pt}{}{180}{48}$ と全部積を書いて，これを見ながら寄せさせる。
　第二段　最初の部分積 180 だけを書く。
　第三段　全然書かない[*2]。

これはまさに筆算を足がかりとして暗算へもっていく方法ではないか。もちろん，$\genfrac{}{}{0pt}{}{180}{48}$ とかいて，$\genfrac{}{}{0pt}{}{48}{18}$ とはかいていないから，筆算ではないというかもしれない。しかし，この二つの間に本質的にどれだけのちがいがあるというのか。しかも，$\genfrac{}{}{0pt}{}{180}{48}$ として位取りの方法によってタテ書きで計算しているではないか。塩野氏は，ここではさきにのべた原則とはまるで正反対のことを いっているのである。私は，「初めは，計算の過程も書かせた後で 書かないでもできるようにする」というやり方に 賛成である。ところが，ここでは塩野氏は自分自身の暗算先行の原則を破っ

＊1——塩野直道『日本の暗算』63ページ・啓林館
＊2——塩野直道『日本の暗算』71ページ・啓林館

てしまっているのである。

● ── 数の合成と分解は悪いことか
暗算のすぐれている点として，もう一つのことがあげられている。

> ついでに，暗算では，なるべく数を分解しないで行なうべきことについて一言しておこう。数を位毎に分解して行なうのは，筆算の立前である。暗算でも全然分解しないでいくわけにはいかないが，
> 　　　23＋34＝20＋3＋30＋4＝(20＋30)＋(3＋4)
> とするようなのはまずい。少なくとも 23 は分解しないで，
> 　　　23＋34＝23＋30＋4＝53＋4
> とするのが暗算の正道である[*1]。

> も一つ，暗算では，常に数全体を頭の中に置いて処理するのであるから，できるだけ数がバラバラにならないように，くっつけたまゝで計算することを原則とする[*2]。

上の文章をみると，数を分解しないことがたいへん立派なことであり，数を分解することは何かたいへん悪いことであるかのような考えかたが背後にあるのではないかと思われる。しかし，それはまるで逆である。数を分解したり，合成したりすること，つまり，分析と総合は人間のもっとも基本的な精神活動の一つなのである。また，分解と合成が自由にできることが，それこそ思考力の発達を意味しているのである。
基数の暗算にしても，10を分解したり，合成したりする力があるから答えがでるのである。分解を排除したら，せいぜい指を使って数え足すこと以上には出られないはずである。そのようなやりかたこそ，いわゆる加法九九に道を開くものではないか。数を分解しないことは少しもエライことではないのである。筆算のもつ威力は，四則を数の最小の要素である，0，1，……，9という基数に帰着させた点にある。
以上のことをまとめると，暗算派のよりどころは，つぎの三つの点になるようである。それは"数字ぎらい〟"形式ぎらい〟"分解ぎらい〟であっ

て，これは暗算派の"三ぎらい"といってもよさそうである。しかも，この三つのものには何の根拠もないことはすでに論じたとおりである。
最後につけ加えておくが，氏が暗算をやる理由としてあげている三口以上の加法など，2年でやる必要はないし，また，除法で仮商を立てる場合も，はじめのうちは何度でも鉛筆で書いて，消しゴムで消すようにすればよいのである。筆算が"毛筆算"であったら消せないが，ここでいうのは"消しゴムつきの鉛筆算"であることを忘れないようにしたい。私は数学で飯を食っているものの一人だが，除法のさいは薄く書いて，見当がちがったら，何回でも消してやり直すことにしている。それでたくさんだと思っている。

*1——日本数学教育学会『算数教育』1954年3巻2号・34ページ
*2——塩野直道『日本の暗算』34ページ・啓林館

III──水道方式論2──一般と特殊

●──水道方式は，大きくわけると，二つの方法が融合してできている。第1は，〝分析と総合〟の方法である。これは科学全体にわたる普遍的な方法であって，数学だけに固有な方法ではない。第2は，〝ある場合には一般から特殊への展開のほうが教育的に適切である〟という見地に立っている。これは数学において，とくに顕著な原則である。それらは従来の教育と真っ向うから対立するものであった。──116ページ「文字の意味と水道方式」

●──水道方式は，職制や権力ではつぶすことのできないものである。それは目に見えない考え方のバクテリアだからである。これを叩きつぶしたかったら，理論と実験の統一した力をもっていなければ，駄目である。いちばんよいのは，水道方式よりも子どもができるようになる方法をつくり出してみせることだ。──103ページ「水道方式と量の体系」

●──算数教育のベテランは薪でメシをたく名人のようなもので，水道方式はちょうど電気メシたき器に当たる。だから，このベテランたちは例外なく水道方式がきらいである。自分たちの特殊技能や極意を台なしにしてしまったからである。──108ページ「水道方式と量の体系」

一般と特殊

●───一般と特殊

この論文では指導体系全体に対する一つの見方をのべていきたい。まず第1に問題としたいのは，数学の系統性といわれるものの正体についてである。

〝数学は系統的な学問である〟といわれると，だれでもいちおうわかったような顔をするのだが，さて，〝ところで，その系統性とは何だ〟と問い返されると，返答に困るというのが実情であろう。

まず第1にあげられるのは，数学のなかにでてくるいろいろの概念が，多くの場合において〈一般──特殊〉という関係で結ばれていることが多いということである。たとえば，三角形・二等辺三角形・正三角形……といえば，それらはだんだん特殊なものとして前の概念に包まれているのである。これが，たとえば，理科などにでてくる概念になると，これほどではなく，関係はもっと薄いものになっている。つまり，数学ではいろいろの概念が平面的に羅列されておらず，立体的につみ上げられているといえる。たとえば，三角形・四角形・多角形という直線図形にしても，その概念のくみ立ては図❶のようになっている（上のほうにあるのはより一般的であり，下のものほど特殊である。束論におけるハーセの図式）。

以上のようなことは，こと新しくのべる必要もないことであるが，案外，気づかれていないことがある。それは数学のなかでは特殊な概念をできるだけ一般的な概念に包みこませようとする動向が強くて，そのために，後で定義の変更さえ行なわれるということである。

2, 3の例をあげてみよう。
旧指導要領では小学校低学年で正方形・長方形を"ましかく""ながしかく"と呼ばせていたために，幼児語(日常語)の問題として批判されてきた。そのために新指導要領からは除かれたのである。しかし，この問題には別の側面から考えるべ
き点があったようである。それは正方形と長方形を初めにあまり鋭く区別しておくと，後で困るということである。初めは正方形と長方形はおたがいに排他的な概念であるが，あとでは正方形は長方形の特殊なものとみなけれならばなくなるのである。そうでなかったら，面積の公式は，

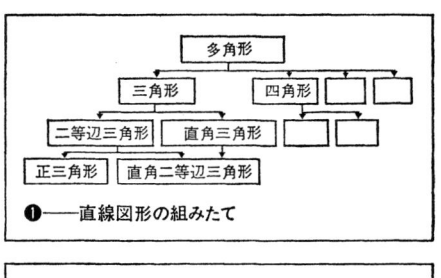

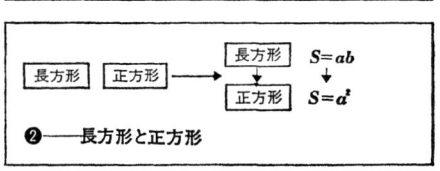

$S=ab \qquad S=a^2$

と別におぼえる必要が起こってくるだろう。このことを図式にかくと，図❷のように変わってくるのである。

同じようなことが円と長円についてもいえるだろうし，整数と分数(有理数)についてもいえる。このような点を念頭におくと，長方形と正方形との差別をあまり鋭く出しすぎると，正方形は長方形の特別なものであるとみる立場に発展するさいに障害となるだろう。このような事実はたくさんあるが，教科書などでもはっきり押えられてはいない。

● ——概念の立体化

以上のようなことは，それほど無理なく行なわれ得るのだが，場合によっては，かなり意識的にそれが行なわれることもある。

たとえば，三角形と四角形についてもいえる。この二つは，もちろん，排他的な概念であるが，ある場合には，三角形を特別な四角形とみると，理解を深めることもある。つまり，一つの角が180度となった特殊な四角形とみるのである。そうみると，三角形の内角定理から四角形，さらにすすんで多角形の内角定理を推測(証明ではない)することができよう。これは三角形を四角形の退化(degenerate)したものとみる考えかたであっ

て，多くの場合，有効である——図❸。それは新しい事実を予測するのに役立つばかりではなく，すでに証明された事実を統一的に理解するためにも利用できよう。

初等幾何学でも，直線は円の退化したものとみる立場がすでに現われてくる。このように，ある概念をより一般的な概念の退化したものとみることがたいへん有効な考えになってくる。

このような思考法は，もう形式論理のワクを破っているといえる。形式論理のワクのなかでは，直線はあくまで直線であって，けっして円ではあり得ない。ところが，それを半径が無限大の円と考えるのだから，これはもう，たんなる形式論理ではなく，そこでは，もう別の論理——連続の原理——が顔を出してくる。

こうした論理は，中学から高校にもなればじゅうぶんわかるだろう。この種の論理は別に極限の厳密な定義なしでも，つかむことができるはずであるし，やりようによっては数学的な思考法のおもしろさを生徒に感得させることもできよう。

●——概念の統一

以上は既成の概念にいくらかの修正をほどこすことによって，その間になるべく〈一般——特殊〉という関係をつくることによって，概念の体系を立体化することであるが，つぎには，もっと根本的な立体化について論じよう。それはたがいに無関係であった概念もしくは部門をより高い新しい概念の発見によって，それを統一することである。

たとえば，長円・放物線・双曲線等の曲線は，形からみると，まるで異質のものであるが，円錐の断面という観点からみれば，それは同類の曲線となってくる。つまり，長円・放物線・双曲線という三つの概念が，円錐の断面という一つの概念に統一されてしまうのである——図❹。あるいはまた，負数の発見によって，それまでには異質なものであった諸公式が一つの公式に統一されてしまうこともよく知られているとおりである。

そのような統一のうちでもっとも鮮やかな例をあげるとしたら，まず三角関数と指数関数を結びつけるオイレルの公式が頭に浮かんでくる。

$$e^{ix} = \cos x + i \sin x$$

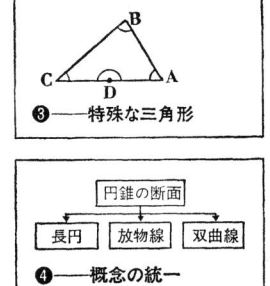

幾何学のなかから生まれた $\cos x$ と $\sin x$ とが，解析学のなかから生まれた e^{ix} と同類のものであるということは驚異的なことであるにちがいない。それを可能にしたのは i という虚数の発見なのである。i の発見がどれほどこれまでの雑多な知識を統一し，単純化し，かつ透明にしているかは多言を要しないであろう。

❸──特殊な三角形

❹──概念の統一

もっと初等的な例をあげるとすれば，もちろん，"0"の発見であろう。0によってすべての数を統一的な形式でかき表わすことができるようになったのがアラビア数字である。

このような実例はいくらでもあるが，そこで特徴的なことは，ある新しい概念がつくり出されると，見通しがよくなり，理解が容易になるということである。これを登山にたとえると，展望のきかない谷底や森のなかを歩いていた登山者が，山の頂上や尾根などにたどりついて，すばらしい見晴らしをもつようになるようなものである。そのような見晴らし台に似た地点が数学という学問の体系のなかにいくつかあるだろう。

●──上昇と下降

このような概念の建物のなかで，どこから学習をはじめ，どのような順序で教材を配列していくかということは重要な問題点である。その進みかたには特殊から一般に進む上昇と，一般から特殊へと進む下降とがあり得る。

たとえば，ユークリッドの原理の構造をしらべてみると，三角形についていえば，一般三角形からはじめて，二等辺三角形，直角三角形という順序に特殊化の方向に進んでいく。そして，ユークリッド以後の教科書はほとんどすべて一般三角形からはじめているのであるが，それは別にユークリッドの権威に盲従したためではなく，それが教育的に適当だからであろう。ここでは正三角形から一般三角形へ上昇する方法はよくないと思われるのである。しかし，さすがに多角形からはじめて三角形に下降する方法はとられていない。ここでは三角形から多角形に上昇していくのが普通である。

このように，上昇と下降とのうち，どちらをえらぶかは，理解のしやすさ，所要時間などから定まるものであって，すべての場合に通用する法則はなさそうである。だが，特殊から一般に上昇するさいには，あとでかならず出発点である特殊の場合にもどってきて，両者の関係を明らかにしておく必要がある，ということである。

その一つの例として2次方程式の解法をあげてみよう。$ax^2+bx+c=0$ の根の公式と因数分解の方法は〈一般——特殊〉の関係にある。つまり，根の公式を使えば，因数分解はいつでもできるが，逆はできない。普通，行なわれているように〈因数分解——→根の公式〉という順序に配列したら，そのあとで，もう一度，根の公式を使って因数分解をやっておく必要があろう——図❻のⒶ。そうしておかないと，二つの方法は異質のものとしてとらえられ，統一的な知識とはならない。

だから，結局，つぎの二つの方法があるといえよう。どちらがいいかについては一概にいえないだろうが，Ⓐのほうが余計に時間がかかることは事実であろう。筆者はⒷのほうがよいと思っている。なぜなら，この場合，因数分解の方法が根の公式よりやさしいとはいえないからである。第1に，整数の分解がやっかいである。とくにx^2の係数が1でないときは，ひどく複雑になるのである。たとえば，有理数の根をもつ場合でも，

$$12x^2+11x-15=0$$

のようなものになると，たくさんの試行錯誤をやってからでないと，因数分解はできないし，また，因数分解から根を出すときは，いわゆる零因子不存在の性質を使わねばならない。これに反して，根の公式になると，困難なのは完全平方をつくることだけで，あとは1次方程式の等式変形の技術とちがうところはない。教育的にどちらがやさしいか，そう簡単には定められないのである。この考えは，なかなか受け入れられないかもしれないが，多くの人に考えてもらいたいのである。

筆者は因数分解をとばして（完全平方だけは別として）できるだけ早く根の公式に進むほうがよいと思う。この考えに反対の人にしばしば出会ったが，よく話し合ってみると，その反対にはたいした根拠がないことがわかった。多くの場合，むかしの中学では因数分解をはじめにやらせたから，という一つの先入見にとらわれているのである。自分がむかし教わったとおりに子どもに教えようとする根強い惰性ほど現代化の障害となるも

のはない。

●——教材の結節点

この点についてゴドフレー，シドンズが意味深い注意を与えている。

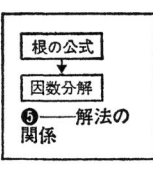

> 算数教育を通ずる一つの黄金律はつぎのことである。「不必要な法則を与えるな」ということであり，さらにつぎの二つをつけ加えてもよかろう。一つは「後になって忘れねばならぬものを与えるな」ということであり，もう一つは「後に出てくる一般の場合にふくまれるような特別な場合の法則を与えるな」である。
>
> これらの法則を破る著しい実例は，代数を教えるときによく現われるが，算数でも，小数の計算で，後で困った結果になる二つの実例がある。
>
> 「10でわるときは，最後の数字をとれ」
>
> 「ある数の 平方根をみつけるには，右のほうから 二つずつ組をつくれ」
>
> とくに第2の場合には，平方根よりあとで小数を学ぶので，小数点から二つずつ組をつくるという規則で学べるはずだから，弁解の余地がない。[2]

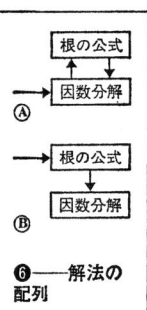

この注意は，おそらくゴドフレー，シドンズが考えていたよりはるかに大きな意味をもっているといえよう。つまり，少し一般化すると，はるかに簡単で，はるかに見通しがよく，覚えやすい法則があるときに，その手前のところで段階をもうけて習熟させ，そこで法則化して定着させることは愚かであるということになる。つまり，少し上まで登るとすば

---

[1]——遠山啓「因数分解再検討論」（本巻のⅢ章に収録）を参照。
この論文について中野昇氏（『算数と数学』1958年12月号）は，私が因数分解が日常生活にでてこないからそれを重要視しないかのように書いているが，誤解である。私は，数学の体系のなかでも因数分解の練習に熱中する必要はないといったのである。中学の教科課程で日常生活を持ち出したら，因数分解はおろか，数学など何も教えなくてよいという結論になろう。

[2]——Godfrey-Siddons "*The teaching of elementary mathematics*" Cambridge Univ. Press. 1931. 84—85ページ。

らしい見晴らし台があるときに，その手前で足ぶみしたりしてはならない，というわけである。
ところで，根の公式という教材は，代数のなかでのすばらしい展望をもつ見晴らし台の一つであることに異議はあるまい。このような見晴らし台に当たる教材を探し出し，その教材を集中的に学習させるようにすることに，教科課程現代化の一つの視点があるといえよう。

●――省略算をどう扱うか

この点について問題にしなければならぬことがある。たとえば，新指導要領(1958年版)の 小学3年の「A―数と計算」の(6)のイに「二位数，三位数に10, 20, 30などをかける計算」とあるが，これは"×二位数"を学ぶに先立って，このような特殊な場合を教えるのだから，問題である。何か特別な工夫を使って教えることになるだろうが，4年になって"×二位数"が本格的にでてくるときまでどうして待てないのだろうか。
このように，一般法則からはずれた特殊な省略算，簡便算に対する偏った趣味は無条件には受け入れがたいのである。ところが，このことをとくに強調しているのは和田義信氏である。

> 13+13+14+13+12+15 などと示された計算があるとする。これを忠実に，示された通りに加法で行うことも，能力であるとみられることはさきに述べたところである。これを，次の式で示すような方法で計算することもできる。
> 　　12×6+(1+1+2+1+3)
> また，12と14とを13とくらべて，差引なしとみて，13が2個とみなすのである。そして，次の式で示すような方法で計算することもできる。
> 　　13×6+2
> また，正の数，負の数の考えを用いて，次の式で示すような方法で計算することもできる。
> 　　13×6+(1−1+2)
>
> 一般に，このような方法で計算できると，その子供は創造

的な頭をもっているといわれている。ここであげている能力は，今までに述べてきたものにくらべて，ずっと程度の高いものであってみれば，これは当然なことである。しかしこの程度に高めなければ，本当に乗法が身についているとは言えないのである。[*1]

このような省略算の強調は算数教育にとって，むしろ，有害であると私は思う。一般法則による計算技術がじゅうぶん身につかないうちに，このように〝近道〟による計算を奨励することは一般法則を習得する上で障害が起こるおそれがある。〝うまい〟計算法を先に教えてしまうと，子どもたちは計算にとりかかるまえに〝何かうまい方法はないか〟と考えるようになるし，そのような場合は，どうせまれにしか起こらないのだから，かえって時間を空費することになる。そういう計算ができないからといって指導主事などに「しかしこの程度に高めなければ，本当に乗法が身についているとは言えないのである」などと高飛車に講評されたのでは，現場の先生はやり切れない。私はそうは考えない。

　　　　13＋13＋13＋13＋13＋13
を 13×6 として考えることが できるようになったら，乗法は 身についたといってよいと私は考える。こういう一般法則からはずれた省略算などは指導法のなかに書くことは悪くあるまいが，一国の算数教育を決定する指導要領に書くべきではあるまい。

●──合同と相似

そうはいっても，〝できるだけ早く一般法則に〟という原則も無条件に，あらゆる場合に押しとおしてはならない。それは数理の系統や，受け入れる子どもの能力などを念頭において考えねばならないからである。
たとえば，合同と相似の場合などがそうである。相似が一般で，合同が特殊であるが，ここで，いきなり相似にいって，そこから合同におりてくるという方法は適当ではない。なぜなら，この二つの概念はあまりに遠くかけはなれているからである。合同をとばして相似にいくことはと

---

*1──和田義信『数学のカリキュラム』(教育大学講座・22巻)186—187ページ。
戦後の生活単元学習が何をねらっていたかを知ろうとする人にとって，この論文は不可欠のものである。

てもできないのである。1951年指導要領は相似を先にやって，そのあとで特殊化によって合同をやるようになっていたが，これは誤りであった。なぜなら，合同は触覚の世界で成り立つ概念であるのに対して，相似は視覚の世界のものであり，質的に異なっているのである。新指導要領では少し改められて，合同から相似という順序になってはいるが，引き続いて学習するようになっているのは疑問である。

●──整数と分数

1953年に日教組が学力調査を行なったが，その前年に予備調査をやった。そのとき，一つの興味ある結果がでてきたのである。中学3年に課した分数の計算問題に，つぎのようなものがあった(カッコのなかは正答率)。

① $2-1\frac{2}{5}$ ──47.2%　　② $1\frac{2}{5}-\frac{4}{5}$ ──65.1%

③ $2\frac{5}{14}\times 7$ ──28.8%　　④ $3\frac{5}{9}\times 2\frac{1}{4}$ ──45.9%

⑤ $6\frac{3}{8}\div 3$ ──42.5%　　⑥ $10\div\frac{2}{5}$ ──31.9%

⑦ $\frac{5}{8}\div\frac{5}{24}$ ──54.3%

ここで分数(有理数)の乗除の なかでも，"分数×分数"，"分数÷分数"のほうが，"分数×整数"，"整数÷分数"などより正答率が高い，ということである。乗法についていえば，〈一般──特殊〉の関係はつぎのようになっているが──図❼，もっとも一般的な"分数×分数"のほうが計算がやさしいという結果になっている。その理由は計算の規則が単純であり，覚えやすいからであろう。なぜなら，

$$\frac{b}{a}\times\frac{d}{c}=\frac{bd}{ac}$$

にくらべると，$\frac{b}{a}\times d$ は，d を a にかけるか b にかけるか迷うにちがいないからである。分母と分子の完備している"分数×分数"のほうに形式の一様性と単純性が あるからである。つまり，"分数×整数"や"整数×分数"のような中間段階よりも"分数×分数"のほうが見晴らし台としては適しているのである。

そう考えると，"分数×整数"，"整数×分数"を"分数×分数"の 退化した法則とみることが，知識を統一する点からいうと，望ましいことになる。

つまり，$\frac{b}{a} \times d$ を $\frac{b}{a} \times \frac{d}{1}$ として一般法則に結びつけておく必要があろう。もちろん，"分数×分数"の予備定理(lemma)として，"分数×整数""分数÷整数"は必要になるが，それは1時間か2時間やればよいことであって，新指導要領のように，5年の1年間をかけて定着させるのは損である。

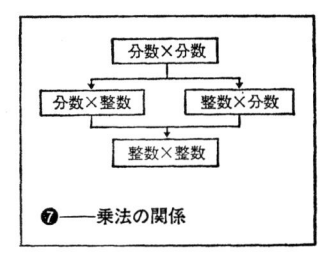

このように，一般法則からしだいに特殊化して知識を体系化するやりかたを，私は半ば戯れに"水道方式"とよんでいる。なぜなら，このやりかたが，水をできるだけ高い水源地に押し上げておいて，それをしだいに低いところに流してやる水道によく似ているからである。初等数学の全体の領域のなかで，適当な地点に水源地を設定してやることが教科課程の現代化に当たって忘れてならない論点であろう。

❼——乗法の関係

●——指導理論

旧指導要領が実施されてからもっともはげしい論争のマトとなったのは，分数の乗除を小学校から中学1年に追い出したことであった。それは"分数×分数"というすばらしい見晴らし台もしくは水源地を小学校から除くことを意味していたからであった。"分数×分数"は小学校では不可能であるという主張と，可能であるという主張が対立したのである。可能論者が実践例を出していったのに反して，不可能論者が実践例を一つも提出しなかったことはおもしろい点である。

このような一方的な結果になったのは，わが国の数学教育の研究方式に欠陥があるためである。文部省の実験学校というものはあるが，このような教科課程の最重要問題はそっちのけにし，たいして重要でもない誤算の研究になど憂き身をやつしていたのである。

不可能論者は実験結果をもとにして議論せず，ただ可能論者に向かって，"そんなに程度をあげてどうするのだ。きみたちは日本の子どもをみな数学者にしてしまうつもりか"などという愚にもつかない反論を加えてきたものである。すなわち，分数の乗除を小学校から追い出したのは，

---

*1——これは後で世田谷サークルの手で立証された。
有田逸郎・三輪辰郎『分数・小数の新しい指導』(明治図書)を参照。

実際，教えてみてどうしてもできないという事実に基づいたものではなかったのである。このことは，これからさきの議論をすすめていくうえで，とくに大切な点である。

水道方式と量の体系

●——"反水道方式"連合戦線

水道方式は数計算を指導する上での一方法であるが、この水道方式を叩きつぶすための連合戦線がつくられようとしている。これらの人びとにとっては、水道方式は門司に上陸したコレラのようなものであろう。コレラは、どうやら水際で撃退されたが、水道方式はどうだろうか。すくなくとも水際で追い出すことはできそうにない。

"反水道方式"連合戦線の先頭を切っていると自他ともに許しているさる教授は、8月(1962年)までに水道方式を撲滅してみせると豪語していたそうであるが、それは、どうやら8月の日本数学教育会(略称、日数教)大会のことであったらしい。ここで水道方式反対の決議にもちこみ、ジャーナリズムに公表しようという計画だったらしいが、これは、どうやら不発に終わったようである。

水道方式という小さいバクテリヤを血眼になって追い回している人間の何と多いことか。しかし、これは大きな棍棒では叩きつぶすことはできそうにない。それは目に見えない考え方のバクテリアだからである。

水道方式は、職制や権力ではつぶすことのできないものである。これをつぶしたかったら、理論と実験の統一した力をもっていなければ駄目である。そして、一番よいやり方は、水道方式よりも子どものできるようになる方法をつくり出してみせることだ。しかし、この点について反対論者の諸君は何一つやってはいない。「水道方式が悪いというなら、あなたのやり方はどういうのですか。具体案をおうかがいしたい」と反問

すると，彼らはいっせいに口をつぐんでしまう。

●——教科書からみた水道方式論争

しかし，このような論争も一皮めくってみると，その底には教科書の販売合戦が潜んでいる。水道方式の出現が教科書の作り方に大きな影響を与えることはいうまでもない。とくに計算問題の配列になると，従来まででデタラメであったのだから，なおさらそうである。水道方式がでてきたからには，従来のような行き当たりばったりの方式は，もう許されないだろう。

そこで，水道方式に反対している先生方は水道方式とは別の方式を何とか考え出す必要にせまられてくるはずである。もしそうだとしたら，どんな方式が現われてくるか，拝見するのが楽しみである。昭和40年に改訂版がいっせいに出てくるはずだが，どんなものがでてくるのだろうか。フタをあけてみると，大部分の教科書が水道方式になっていたということにならないでもない。現に，水道方式をとり入れようと，すでに準備をはじめている向きもあるとか。たくましい商魂ではある。

また，〝反水道〟を叫ぶ編者と対立を起こしている会社もあるとか。会社には〝水道〟もなければ〝反水道〟もない。もうかればよいのだから，3年後に方向転換の利かないようなやり方は困るというのであろう。昔，梶原景時の「逆櫓」というのがあった。それは船の前後に櫓をつけておいて，進むにも退くにも自由にできるようにしようというのである。いま，大部分の会社は，この逆櫓の態勢にあるとみたのはヒガ目であろうか。3年後に切りかえるまではそうっとしておこう，少なくとも消極的な反対をしておこうというのであろう。

しかし，他人が反対を買って出るのはありがたい。後から，やれやれと声援ぐらいはしておこうという向きも少なくないようだ。こういう利口な人びとは自分では正面から反対はしない。「水道方式のよいところと悪いところを皆で研究しましょう」という。こういっておけば，無事である。声高に反水道を叫んでいる人にくらべると，こういう人びとは役者が一枚上である。

いずれにせよ，水道方式は多数の人びとに賛否の態度決定をせまった。そういう意味で，近来，まれにみるできごとであった。

●──偶像破壊

数学教育の現代化という大きな仕事からみると，水道方式はその一部分にすぎない。そのことははじめから断わっておいたとおりである。

しかし，この水道方式はその原則が明確であるという点で，影響は数学教育のワクを越えて教育一般の分野に広がっていった。それは，まず科学の一般的な方法である分析・総合の方法を基礎としている。これは従来の教育学にはいりこんで研究の発展を阻害していた生活主義と真っ向うから対立した。

がんらい，"科学"と"生活"は対立概念ではない。それにもかかわらず，日本の教育のなかでは，この二つの名辞は相敵対する意味をもつものとしてとらえられてきた。教育のなかで"生活"というコトバを口にするとき，それは何らかの意味で科学や学問との対立意識が潜んでいた。そのような意味の"生活"は一つの全一体であって，分析を許さないものということが前提とされている。分析すれば，"生活"は破壊されてしまうのだという警戒心が先に立つ。このような考えかたは明確に規定されたものではなく，一つの漠然としたムードなのであるが，しかし，根強く日本の教育を支配している。

それに対して，分析・総合の方式を明確に打ち出したことは少なからぬ意味があり，それが生活主義の信奉者たちから反発を受けたのは当然であるといえる。この対立は根本的なものであって，現在における民間教育運動のもっとも重要な論争点となっている。

また，水道方式は，練習問題の展開方式には"一般から特殊へ"の方向をとっている。これも，今までの常識を破るものであった。これまで具体から出発するという原則を漫然と信奉していたために，具体即特殊であるから，"特殊から一般へ"が唯一の原則であるというドグマが支配していた。しかし，このことを詳しく検討してみると，重大な飛躍があることがはっきりしてきた。

たとえば，四辺形という範囲で考えてみることにしよう。一般四辺形と正方形をくらべてみると，一般四辺形が一般で，正方形は特殊である。この間，こういう珍説をきいた。それは世の中には正方形がたくさん存在しているから，正方形のほうが一般だというのである。これはまったく一般と特殊について何も知らない者の言い分であるが，こういう珍説

を吐く人も一人前に水道方式について批評がましいことをいうのだから，応待するほうでは骨がおれるのである。

さて，正方形のほうが特殊で，一般四辺形よりは多くの特徴をもっている。つまり，内包が多いのである(内包量ではない！)。このことはだれでも承認できることであろう。

そこで，われわれの図形認識のあり方が問題になってくる。もし直観的にとらえることを問題にするなら，特徴を多くもっていて，対称性のある正方形のほうがとらえやすいかもしれない。つまり，〝黙ってすわればピタリと当る〟式のあて方だったら，正方形のほうがとらえやすい。

しかし，分析・総合的なとらえかたであったら，上の関係は逆転する。特徴の多いということがこんどは障害になってくるのである。

眼前にある図形をみて，〝辺はいくつあるか〟ということだけを検討して，その数が〝4〟であることをたしかめたら，それだけで一般四辺形であるということは断定できる。ところが，正方形のほうは，さらにつぎのことを確かめなければならない。

① ——辺は等しいか
② ——角は等しいか

これらを検討してみて，全部条件に合致していたとき，はじめて正方形であるという断定が下せるのである。正方形のなかから，とくにその構成分子である辺や角をとりだして，それに注目することは分析的な方法であり，その構成分子の相互関係をしらべるのは総合的な方法である。つまり，直観的な見方で止めるつもりなら，特殊な正方形のほうが先にきたほうがよいだろうし，分析・総合的な方法をとるなら，一般四辺形からはじめて，しだいに特殊化していったほうがよいだろう。

ところで，いやしくも系統的な教育をやる以上，分析・総合的な方法を中心として展開していくべきであることは当然であろう。

以上のようなことはちょっと考えてみると当たり前のことであるが，この当たり前のことが通用しないのが日本の数学教育界なのだ。いまだに〝一般から特殊へ〟などという方法は一つとして成立し得ない，などといってがん張っている人がある有様である。

●——"ベテラン"教師の反感

水道方式はこのように当たり前のことを明確な言葉でのべたにすぎない。だから，先入見をもっていない人びとには素直に受け取られたのである。したがって，水道方式は算数教育に素人である若い先生や母親には水が低いほうに流れるように自然にしみ通っていった。ところが，"特殊から一般へ"だけが教育の唯一の原則であるというドグマで身動きができなくなっている"ベテラン"という人びとは，この当たり前のことがどうしても素直に受け取れないようである。

まず第1の誤解は，水道方式を主張している者は教育全体を"一般から特殊へ"の原則で押し切ろうとしていると思い込んでいることである。ところが，水道方式の推進者はそんなことは少しも言っていないのである。今から3年前にはじめて水道方式を定式化した私の論文[*1]には，つぎのように書いている。

> このような概念の建物のなかで，どこから学習をはじめ，どのような順序で教材を配列していくかということは重要な問題点である。その進みかたには**特殊から一般に進む上昇**と，**一般から特殊へと進む下降**とがあり得る。

> このように，上昇と下降とのうち，どちらをえらぶかは，理解のしやすさ，所要時間などから定まるものであって，すべての場合に通用する法則はなさそうである。

> そうはいっても，"できるだけ早く一般法則に"という原則も無条件にあらゆる場合に押しとおしてはならない。そこには数理の系統や，受け入れる子どもの能力などを念頭において考えなければならない。

> たとえば，合同と相似の場合などがそうである。相似が一般で，合同が特殊であるが，ここでいきなり相似にいって，そこから合同におりてくるという方法は適当ではない。

---

*1——遠山啓「一般と特殊」（本巻のⅢ章に収録）参照。

これは『数学教室』の1959年2月号にのっているので参照するとよい。なお，これは『教師のための数学入門・数量編』(国土社)に再録されている。ところが，水道方式を攻撃する連中は，こういう点は無視して，〝一般から特殊へ〟の一点張りだときめてかかって，それを攻撃しているのである。的外れの攻撃だから，こちらは痛くも痒くもないのである。くどいようだが，はっきり言っておこう。

①──展開方式には，〝一般から特殊へ〟と〝特殊から一般へ〟という二つの方向がある。どちらをとるかは教材によって定まる。
②──従来，〝特殊から一般へ〟の方式で展開していた計算問題の配列(とくに緑表紙以来)には〝一般から特殊へ〟を適用する。

以上は当たり前であって，先入見のない人びとにはすぐわかるはずのものであるが，〝ベテラン〟(いやな言葉だが)先生にはどうもわからないようである。このように，水道方式は単純で明確な原理にもとづいているので，それを一通り会得しさえしたら，だれでも実行でき，子どもをできるようにすることができる。このことが〝ベテラン〟先生たちの気に触った。自分たちが，長年のあいだ，苦労してためこんだ技術が根底からひっくり返ってしまったからである。

近ごろ，電気でメシをたく器械ができた。米の分量と水の分量を正確に測ってスイッチを入れさえすれば，メシがたけるのである。こういうものができると，メシたきの練習などする必要はないし，上手・下手はなくなってくる。むかしはカンとかコツとかがあって，薪の引き頃などはむずかしくて，上手・下手があった。だから，薪でメシをたくのを自慢にしていた人がいたとすると，電気メシたき器の出現は彼にとっては困ったことになったのである。彼の特殊技能や極意は有難味がなくなってしまったからである。

これまでの算数教育のベテランたちは薪でメシをたく名人のようなもので，水道方式はちょうど電気メシたき器に当たる。だから，このベテラン先生たちはほとんど例外なく水道方式が大きらいである。自分たちの特殊技能を台なしにしてしまったからである。こういう名人たちは主に大学の付属学校などにいるが，こういうところから水道方式の反対者がでてくるのはもっともである(もちろん，例外もある。広島の市岡正憲氏は付属の先

生だが，水道方式の有力な推進者である)。

新しいものがでてくると，こういう悲喜劇はかならずおこる。自動車がでてきたときには人力車がだめになったし，トーキーができたときには活動弁士が失業した。

こういうベテラン先生たちは，長いあいだ，特権の厚い壁のなかで安眠をむさぼっていた。計算指導の体系もゼロであったし，量や図形についても何一つ大切なことはやっていなかった。ただ，ごく少数の勉強家が外国の文献を読んで新しい方法をとり入れようとつとめたくらいのものである。しかし，自分たちの考えは皆無であった。今日，やや過大に評価されている大正から昭和にかけての改革運動も翻訳臭が濃厚であった。このような古い技術——正しくは技能——の偶像破壊を行なった点がその影響の一つである。

●——量とはなにか

水道方式の反対者たちは水道方式を攻撃するのにせいいっぱいで，他のことは目に入らないようであるが，水道方式の基礎には量の体系がある。水道方式は，これまでにあった計算を新しい立場で見直したものであるが，量の体系はほとんどこれまでに問題にされていなかった分野である。これまで，量といえば，数計算の一つの応用にすぎないもので，目盛よみとか量感などの末梢的なものにすぎなかった。このような状態を改めて，量概念を養っていくことに目標をおき，多種多様な量について順次的な指導を行なおうというのが量の体系である。したがって，古い立場の人びとはこれに全面的な反対をとなえているのが現状である。

量の体系のもとになるのは，

　　　　実在——→量——→数

という系統である。すなわち，つぎのとおりである。

①——数は量の抽象化であり，
②——量は実在，とくに物質の一指標である。

量の出発点は何であろうか。〈暑い——寒い〉ということは人間のもっとも基本的な感覚である。たんに"暑い"と"寒い"が区別できるだけではなく，そこにはすでに順序づけが現われてきている。色彩については"赤

い″と″青い″の区別がされているだけで，順序づけはないといってよい。もちろん，後になって光の波長によって順序づけることはできるが，それは感覚によるものではない。味覚や嗅覚のようなものはある程度まで区別はできるが，順序づけはできない。

これらの例からわかるように，われわれの感覚のなかには順序づけのできるものと，そうでないものがある。おそらく基本的な量は順序づけのできる感覚に根ざしているといえよう。順序という関係にとっては，

$$A<B, \quad B<C \quad \text{ならば}, \quad A<C$$

という推移律の成り立つことが重要である。しかし，ここではまだ実数への写像は考えられていない。

●——量の体系

このように順序づけのできる感覚から出発するとき，量は $<$ を判定するための比較からはじまる，といってよい。もちろん，比較しても，順序を一通りに定めることのできるものもあれば，複雑でたやすく定めることのできないものもある。しかし，だいたい小学校にでてくる量にはそのようなアイマイサはない。

ここで，たんに順序づけだけが定まっていて，実数値が与えられていないような量を 未測量と よぶことにしよう。この段階では，ともかく $<$ の比較はできるのであるが，それもごく原始的な方法であって，二つの棒の長さをくらべるのに，密着して並べてみることがこれに当たる。このような直接比較は理論的なものを必要とせず，感覚だけの範囲で可能である。食塩水の濃度は辛さによって直接比較ができるし，速度は二つの物体をならべて動かしてみればよい。しかし，直接比較では，まだ順序だけが問題になっており，数値はまだ介入してこない。

つぎにはより高度の比較であるが，これが間接比較に当たる。これは推移律の利用による比較である。

$$A \leq B, \quad B \leq C \quad \text{ならば}, \quad A \leq C$$

というのであって，Bがこのときの媒介物に当たる。反対する人びとのなかには推移律など当たり前だという人があるが，当たり前のことをはっきりおさえることが教育では大切なのである。大人にとっては当たり前であっても，子どもにとっては少しも当たり前ではないからである。

推移律を使わない直接比較は感覚的にできるが，推移律を使う間接比較は，もはや感覚的ではなく，かなりの程度に論理的なものであって，幼い子どもにはそれができないのである。間接比較はAとCが遠くはなれていても比較できるのであって，それは論理の力によってはじめてできるのである。

間接比較から，つぎの段階にいくときにはどうしても加法性ということを問題にせざるを得なくなる。加法性というのは二つの共通部分のない(disjoint)物体を合併したときに加法がもたらされるような量である。記号でかくと，

$$f(A \cup B) = f(A) + f(B) \quad (A \cap B = \phi)$$

この種の量では代表的なものは質量である。このような加法性をもつ量，つまり，加法的な量を外延量(extensive quantity)という。これはひろがりの量であって，分離量は，やはり，外延量であるといってよい。したがって，外延的な連続量は分離量のもつ加法性を連続量に拡大したものであるといってもよい。

これに反して，加法性をもっていない量を内包量(intensive quantity)と名づける。密度・温度・濃度・速度・単価・利率などがこれに当たる。内包量はある性質の強度をはかるためのものであって，ここでは順序が大きな役割を演じている。

したがって，分離量のばあいに直してみると，外延量は集合数(cardinal number)に相当し，内包量は順序数(ordinal number)に相当するといえよう。したがって，外延量は分類(classification)と密接につながり，内包量は系列化(seriation)と関連する。

外延量自身のなかにも，この二つの方向は存在すると考えてよい。たとえば，体積はそれ自身，構造をもっていない点で連続的な集合数のようなものである。これに対して，長さは順序をもっていて，順序という構造を本来もっているのである。カントルの集合論では，集合数のほうが本源的であって，順序数は，それに順序という構造を付加したものと考えられている。だから，分離量では集合数のほうが本源的なのである。そういう点では，順序数を出発点にとったクロネッカーと，そこから導き出された数え主義は正しくないと思われる（クロネッカーはカントルの終生の敵であったが，こういうところでも対立しているのである）。

以上のことを連続量にうつしてみると，集合数的な体積，とくに自由に変形できる量のほうが長さよりは基本的シェーマとしては適しているといわねばならぬ。液量は本来が集合数的で，メスシリンダーに入れたときに線型な構造をもつようになる。そういう点でも連続量の抽象的なシェーマとしては，2次元のタイルのほうが，1次元の直線よりはとらえやすいようである。線分表示は最終の目標ではあるが，あまり急ぐことのない理由はそこにある。

●──加減と乗除

実数は加減と乗除という二つの演算をもつ。数学的にいうと，それは加法群であって，同時に乗法群(0を除いて)である。このような二重構造をもつのは何故か。数というものが実在とどうかかわり合うかについてはまるで無関心な数学者がいるとしたら，そのような二重構造は公理によって定められているからだと答えるだろう。そして，それは別に誤りであるとは言えない。しかし，数が何らかの意味で，直接か間接かは問わないとしても，実在のある法則を表現しているという立場をとるなら，その解答は不十分であって，答えになっていないというほかはない。もし量という立場に立つなら，外延量から加減が導き出され，内包量から乗除が導き出されると考えてよい。

従来，このような観点が欠けていたので，加減乗除を一まとめにして，それを"四則"とよんでいたのである。したがって，そこから四則併進主義がでてきたのである。それは数の大きさを制限しておいて，その範囲内で四則を早く導入しようというやり方である。このやり方だと，四則混合の問題が早くから数多く現われてくることになる。

しかし，このような数に関する四則混合問題を量に還元して意味づけようとすれば，ほとんど具体的な対応物を有しないということになってしまう。これは言語教育でいうと，内容のない文章(文法的に誤っていないが)をやたらに読ませるというやり方に相当する。そのような意味で，量のあいだの法則を反映するものを求めると，それは内積であるといえよう。

$$a_1b_1+a_2b_2+\cdots\cdots+a_nb_n$$

これは不均等な内包量をもつ場合の第2用法に相当し，広範な展望をもつ。内積は幾何学的にはピタゴラス的な計量(Metrik)をもつ空間の出発

点であるし，また，行列の乗法の基礎でもある。また，これを無限小にもっていくと，

$$\int f(x)dx$$

の形の積分となる。さらに，dx のかわりに一般的な質量分布 $d\varphi(x)$ をとると，スティルチェス積分，

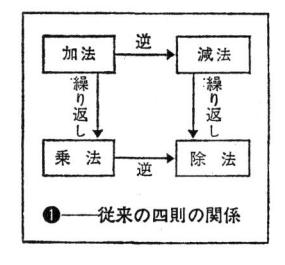

$$\int f(x)d\varphi(x)$$

が得られる。これらはすべて内積の拡張されたものに他ならない。そういう意味でも，小学校から内積を重要視することが必要であろう。

加減と乗除を区別するという立場に立つと，乗除の定義そのものがこれまでとは変わったものになってくる。

これまでは，すべての演算を加法から導き出すという方針がとられていた。数え主義によると，記憶された数詞の上を前進する数え足しが加法であり，その逆が減法，また，加法の繰り返しが乗法，その逆もしくは減法の繰り返しが除法ということになっていた——図❶。これは，やはり，本質的には四則併進主義にもとづくものである。

この考えを改めていこうというのである。つまり，乗法を加法のくり返しとしてではなく，加法から切り離して乗法を定義するのである。この定義の根底には均等分布がある。

たとえば，ウサギにはすべて1匹当たり2本の耳がある。つまり，均等分布である。ここで，〝1匹当たり2本の耳があるとき，その3匹分として 2×3〟を定義するのである。ここで2は1匹当たりの耳の数で内包量であり，3は3匹分という外延量である。この考えによって進んでいくと，×1，×0，×小数，×分数まで考えの切りかえを必要としないのである。

このような定義の切りかえが可能になるのは，けっして末梢的な技巧ではなくて，背後に量の体系があるからである。

● ——量と分数の計算体系

量の分数とは正反対なのは割合分数であり，これは分数の形式にもとづいている。

$$\text{分数} = \frac{\text{分母}}{\text{分子}}$$

つまり，分数を分子と分母という二つの自然数の対によって決定されるものとみるのである。しかし，これが小数となると，3.58のようなものは割合とは考えられない。強いてこじつけると，$\frac{358}{100}$であるが，これは小数の起源からみると，不自然である。

3.58 は 1 で測って余りがあり，その余りを 1 の10分の 1 で測ったとき，5 だけと余りがでる。その余りをさらに100分の 1 で測ったら，8 になったということになる。これを358と100の割合というのは直接ではない。つまり，割合分数でいうと，分数と小数は，その考え方がちがっていて，とりあつかい方がちがうのである。また，整数になると，割合と考えることは無理である。このように割合によると，整数・小数・分数はみな異質のものになって，それらが量の差によって区別されるということが希薄になってくる。つまり，数が量的なちがいではなく，質的なちがいを多くもってくることになってくる。

量の分数では，整数・小数・分数がみな量的なちがいによってだけ区別される。したがって，将来，無理数ができても，いっこうに困らない。たんに量的なちがいにすぎないからである。量をもとにしているから加減は外延量としてよいし，乗除は内包量とみてよい。つまり，量の分数で考えておけば，無理数，つまり，実数までとどくだけの射程をもっているのである。この点で，量の立場は"できるだけ一般法則を"という水道方式の原則とうまく適合するのである。

これが割合分数だと，無理数がでてくると，たちまち行きづまるはずである。割合分数を主張する人びとは小学校のことだけを念頭において，中学校になって無理数がでてきたとき，どうするかについては考えていないようであるが，それでは一貫した数学教育の体系を立てる点では不完全である。また，無理数のことを考えていないとすると，無責任である。

また，負数がでてきたらどうするかについても成案をもっていないようである。たとえば，$-\frac{2}{3}$ はどう考えるか。二つの自然数 2, 3 の対のマイナスはどう考えたらよいのか。これについても口をつぐんでいるようである。中学になったら，話は別だというのは，やはり，近視眼的である。量の立場からみると，負の量としてとらえることができるのであっ

て，困難はない。
　このように量の立場は実数への発展が円滑である。したがって，多次元の量への発展も困難はない。したがって，線型代数へと接続し得る。ところが，割合分数は，この点についてはまるで見通しをもたず，あきめくら同様である。また，量によると，連続変化を考えることがやさしい。ところが，割合分数によると，数そのものに質的な差があるために連続変化を考えることがむずかしい。したがって，数学のその後の発展にとって大きな障害が生まれてくる。
　結論的にいうと，"できるだけ早く一般法則を"という水道方式の原則にとって，実数への発展の容易な量の体系のほうが適当なのである。

文字の意味と水道方式

●——分析と総合

近ごろ，数学教育の世界には一種珍妙な考えかたが流行しているらしい。それはある条件のもとで成り立つ原則や原理を，その条件なしで無条件に主張する，という傾向である。

たとえば，それは水道方式についてもいえる。水道方式の原理は，もうよく知れわたっていると思うので，今さらくり返すのも無駄だと思うが，最近，水道方式とは似ても似つかぬものを水道方式と銘うって発表する人がでてきている。いくら千円のニセ札が横行しているとはいえ，こういう傾向は数学教育の世界には流行してもらいたくないものである。

水道方式は，大きく分けると，二つの考えかたが融合してできている。第1は，分析・総合の方法である。思考や計算の過程をもっとも単純な過程(素過程)に分解して，それをふたたび連結して複雑な過程(複合過程)をつくっていく。この方法は科学全体にわたっている普遍的な方法であって，とくに数学だけに固有な方法ではない。

たとえば，物理学で物体を分子・原子・陽子・電子……というように分解していくのも，化学で化合物を元素に分けるのも，生物学で生体を細胞まで分解することも分析的な方法の現われである。

このような分析的な方法は，物質そのものについて適用されるばかりではなく，操作や過程にも適用される。とくに数学ではそのとりあつかう対象が物質そのものでないことが多いために，操作や過程に，この方法が適用されることが多い。

分析されたものをふたたび構成するのが総合であり，それは分析の逆に当たり，順・逆，二つのこの方法はかたく結びついている。そのもっとも典型的な例は微分と積分であろう。その分析・総合の方法を小学校の数計算に適用したのが水道方式である。

水道方式で分析・総合を強調するのは，暗算中心の方式(緑表紙)との相違をはっきりさせるためである。暗算は数をケタに分解することに反対しており，その点で水道方式とまっこうから対立していることに注意しておきたい。

●―――一般と特殊

水道方式のもう一つの支柱は，一般・特殊の関係に対する新しい見方である。従来，教育の世界では〝特殊から一般へ〟の発展ということが無条件に正しいとされ，しかも，そのプロセスをできるだけ細かく緩慢にたどっていくのが教育学的に理想的なやり方であるとされていた。

しかし，水道方式はこの原則に疑いをさしはさんだのである。それは〝ある場合には一般から特殊への展開方法のほうが教育的により適切なこともある〟という見地に立っている。ここで〝ある場合には〟というのは，〝子どもの理解の能力や，その原理の典型性などを考慮した上で〟という意味である。このような条件を念頭においた上で，小学校の数計算では，今までの〝特殊から一般へ〟ではなく〝一般から特殊へ〟の原則のほうが教育的にすぐれている，という判断のもとにつくり出されたのが水道方式による計算体系なのである。

この第2の支柱である〝(ある場合には)一般から特殊へ〟という原則は科学一般の原則であるより，数学という学問において，とくに顕著な原則であるといえよう。

数学という学問(他の科学でもそうだが)のなかでは，つぎつぎと新しい事実が発見されていって，知識の量が増大していくが，たんにそれだけではない。増大された知識を見渡す角度もまた常に質的な変革をこうむる。そこではできるだけ一般的な観点から特殊な事実を見渡す方向に発展していく。より一般的な観点がかち取られるほど広い分野を一望のもとに見渡すことができるようになってくる。たとえば，オイレルの公式，

$$e^{ix} = \cos x + i \sin x$$

を知ることによって指数関数の世界と三角関数の世界を一望のもとに見渡すことができるようになる。これはたんに一つの例にすぎないのであって，このような観点の質的更新はたえず行なわれている。もちろん，このようなことは，数学だけではなく，数学の隣接科学である古典力学などでも，これと同じことが何回となく起こった。古典力学の建設者は，いうまでもなくニュートンであるが，彼のばあいには，運動方程式は，

$$m\frac{d^2x}{dt^2}=K$$

というもっとも素朴な形をとっていた。ところが，彼のあとにでてきたラグランジュ(1736—1813年)は，上の方程式を変形してラグランジュの方程式というものをつくり出した。それはラグランジュの関数Lというものを導入することによって，力学をより統一的に見渡すことができるようにした。これはニュートンの方程式とは数学的に同値ではあるが，より簡潔な形となっている。

さらに，ハミルトン(1805—1865年)はラグランジュの方程式を変形して，いわゆる正準方程式なるものをつくり出し，統一化をさらに促進させることができた。また，彼は"作用"という新しい関数を導入して，光学との類似性を発見した。

これらはすべてニュートンの方程式の変形にすぎないが，しかし，その観点はより一般的となり，見通しはいっそう明らかになり，展望はますます広くなってくる。これはけっしてたんなる形式主義ではない。だから，量子力学がでてきたときに，ハミルトンの方程式は，その出発点となることができたのである。

このように観点の変革によって，それまでの事実の集積がまったく新しい角度から眺め直されるような実例は，とくに数学や力学のように，形式性(形式主義ではない)の立ち勝っている科学においてはとくに著しい。この特徴をとらえて，それを教育上の指導原理にしようというのが水道方式の第2の原理である"一般から特殊へ"なのである。しかし，くり返して言っておくが，この原理は無条件に成立するのではない。

●───一般の定数

条件付きでしか成立しない原則を，条件抜きで主張すると，奇妙なことが起こるのは当然である。その一つの例は水道方式の第2の原則である

"一般から特殊へ"を無条件に拡大して，"何でも一般から"ということにして，それを"水道方式の発展"などと銘打って，宣伝，これつとめている向きがあるらしい。その一つに文字の指導についての一種奇妙な考え方がある。

がんらい，文字にはいろいろの意味がある。一般の定数，未知の定数，変数などがそれである。ところが，こういう区別をつけるのは無駄であるから，はじめから変数としての文字を教えたほうがよい，というのである。この考えは二重の意味でまちがっている。第1に，この考え方の背景には"何でも一般から"という誤った原則がある。第2に，変数としての文字は，一般の定数や未知の定数よりも一般的な概念だという考えである。

この第2の考え方を少し検討してみよう。はたして一般の定数としての文字は変数としての文字より特殊なものであろうか？　そうではない。この二つのものの関係はもっと複雑であって，〈特殊———一般〉という単純な関係ではない。これを説明するために，現代代数学における多項式環についてのべておこう。

まず加減乗の定義された何かのものの集合がある。その加減乗はいくつかの代数の規則を満足しているものとする(交換法則・結合法則・分配法則など)。このような集合を環という。

環という以上，それは一つの集合であるから，範囲ははっきりと明示されている。これをRで表わす。このRに対して，一般にはRに属していない不定元xを付加して，より広い環をつくる。この環は，具体的にはRの要素を係数とするxの多項式全体の集まりである。

$$\varphi(x) = a_0 x^n + a_1 x^{n-1} + \cdots\cdots + a_n$$

これを $R[x]$ で表わし，これを多項式環という。

多項式環の要素である多項式 $\varphi(x)$ の x は，まだ未知数でもなく，変数でもない。ただのシンボルにすぎない。xはRの値を代入することを予想していないし，また，方程式のなかの未知数という意味でもない。誤解を避けたかったら，x^n のかわりに u_n とかき，$x^m \cdot x^n = x^{m+n}$ という指数法則のかわりに，

$$u_m \cdot u_n = u_{m+n}$$

という乗法の規則をもつシンボルの集まりとみてもよい。

このような意味における文字を"一般の定数"とよんでいるのである。教育的には，"あれ"，"これ"，"彼"，"彼女"などという指示代名詞に似たものといってよいだろう。この意味の文字は導入としては適当であろうと思われる。変数としての文字を最初にもってくるのは教育的に困難なのである。

指示代名詞的な一般の定数の段階では文字計算の一般的なルールをやっておくことができる。

$$a+b=b+a \qquad ab=ba$$
$$(a+b)+c=a+(b+c) \qquad (ab)c=a(bc)$$
$$a(b+c)=ab+ac$$

これらのルールは指示代名詞的な段階でよく理解できる。そういう点では恒等式というものの意味についてよく考えておく必要がある。恒等式というコトバは逐語的には"恒に等しい式"というので，$\dot{x}$が$\dot{ど}\dot{う}\dot{変}\dot{わ}\dot{っ}\dot{て}\dot{も}$"恒に等しい"ということになる。ここでは変数的な意味になってくる。

しかし，事実はそうではない。たとえば，$(x+y)^2=x^2+2xy+y^2$ という恒等式では，x, y にどのような値を代入しても，等号が成立するということを直接，検証するのではなく，代数の基本法則によって，左辺から右辺に変形可能ということが問題なのである。

$$\begin{aligned}(x+y)^2 &= (x+y)x+(x+y)y &&\text{―――分配法則}\\ &=(x^2+yx)+(xy+y^2) &&\text{―――分配法則}\\ &=x^2+(yx+xy)+y^2 &&\text{―――結合法則}\\ &=x^2+(xy+xy)+y^2 &&\text{―――交換法則}\\ &=x^2+2xy+y^2 &&\text{―――分配法則}\end{aligned}$$

これだけの変形には分配・交換・結合の法則が使われている。したがって，恒等ということは"変形可能"ということにほかならない。

一般的な環では，"あらゆるxの値に対して恒に等しい"という意味と，変形可能の意味はかならずしも一致しない。関数として等しくても，式として等しくないばあいが存在するのである。たとえば，素数次の有限体 $GF(\overset{*1}{p})$ では，$x^p=x$ は，x にあらゆる値を代入しても恒に成立するが，式としては等しくないのである。式として等しいというのはすべての係数が一致するということである。環 R が有限のときには一致しない

ことがあるのである。

● ——未知の定数

方程式のなかにはいっている x は "未知の定数" という意味をもっている。この場合は大別して二つの方向に分けてみるとよいだろう。

① ——線型代数
② ——高次方程式(非線型)

連立1次方程式にかかわるものは線型代数の分野であるが、これは、やはり、未知の定数という考え方で進んでいくのがよいだろう。

連立1次方程式は一般的に、

$$\begin{cases} a_{11}x_1 + a_{12}x_2 + \cdots\cdots + a_{1n}x_n = b_1 \\ a_{21}x_1 + a_{22}x_2 + \cdots\cdots + a_{2n}x_n = b_2 \\ \cdots\cdots\cdots\cdots \\ a_{n1}x_1 + a_{n2}x_2 + \cdots\cdots + a_{nn}x_n = b_n \end{cases}$$

という形に書けるが、これは行列の書き方によると、

$$AX = B$$

ということになる。ただし、A, X, B はつぎのような行列、もしくはベクトルである。

$$A = \begin{bmatrix} a_{11} & a_{12} & \cdots\cdots & a_{1n} \\ a_{21} & a_{22} & \cdots\cdots & a_{2n} \\ \cdots\cdots\cdots\cdots\cdots\cdots \\ a_{n1} & a_{n2} & \cdots\cdots & a_{nn} \end{bmatrix} \quad X = \begin{bmatrix} x_1 \\ x_2 \\ \vdots \\ x_n \end{bmatrix} \quad B = \begin{bmatrix} b_1 \\ b_2 \\ \vdots \\ b_n \end{bmatrix}$$

ここで、A, X, B の意味づけであるが、これに対しては多次元の量という意味づけがもっとも理解しやすく、しかも、先の発展性もある。[*2] ここでは、1次元の量における度や率の三用法の拡張とみて、その延長上

[*1] —— $GF(p)$ は次数 p の有限体という意味である。
[*2] ——『数学教育』1962年10月号(明治図書)において、横地清氏はベクトルを多次元の量として導入することに反対している。その理由は、ある生徒が「先生、なぜ、そんな面倒なことを考えるのですか」という質問をしたからだという。
これだけの質問がでてきたら、教師は、もう全面的に方針をきりかえるべきであろうか。
横地氏は、ベクトルは幾何学的に導入すべきであると主張しているが、n 次元のベクトルでは無造作に「n 個の数の組 ($a_1, a_2, \cdots\cdots, a_n$) をベクトルという」として、幾何からはなれている。これでは何にもならない。3次元までを矢線で導入しておくと、4次元以上になると、生徒は無理に4次元空間を思い浮かべようとして徒労に終わる。
これをさけるために、はじめから数の組として定義しておくのである。

で考えたほうがよいだろう。A が内包量であるとき，X を求めること
$$AX=B$$
は第3用法になるし，A が外延量であるとき，それは第1用法になる。線型代数を小学校における量の体系の延長とみなすことは LP (線型計画法)などにも自然につながる。線型代数で水道方式を適用することはきわめて容易であって，形のととのったものから出発するという原則は自明であろう。ただ，問題は次元数である。とくにそれは行列式の定義にからまってくる。それに対してはグラスマンの外積代数が適切であると思う。

まず2次元の面積に関して外積を定義するのであるが——図❶，そのさい，面積の正負についてよく理解させておく必要がある。その上で外積の反対称性を説明する。
$$e_i e_k = -e_k e_i$$
同じく，ベキ零性，
$$e_i^2 = 0$$
がでてくる。つぎに3次元の体積によって，結合性，
$$(e_i e_k) e_l = e_i (e_k e_l)$$
の説明ができる。これは e_i, e_k, e_l という三つのベクトルを辺とする平行六面体の体積であるからである。ここまでは幾何学的に進んでいけるが，4次元以上になると，もはや形式に頼るほかはない。ここで，e_1, e_2, ……, e_n という基をもつベクトル，
$$e_1 a_1 + e_2 a_2 + \cdots + e_n a_n$$
のあいだの乗法によって行列式のあらゆる性質を見通しよく導き出すことができるのである。もちろん，クラーメルの公式も容易に求められる。中学から高校にかけての線型代数は，このあたりを限度とすれば十分であろう。

つぎに，2次以上の高次方程式は線型代数とはちがって，
$$a_0 x^n + a_1 x^{n-1} + \cdots + a_n = y$$
による $x \to y$ の写像の逆写像 $y \to x$ とみるほうが自然であろう。したがって，高次方程式は整関数のあとで来るべきものであろう。

● ── 変数

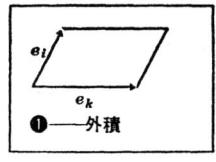

関数 $f(x)$ のなかにはいっている x という文字は，もちろん定数ではなく，変数である。ここで注意しておくべきことは代入という演算との関係である。$f(x)$ という式に $x=2$ を代入することは，一般的な定数 x を 2 という定数に特殊化 (specialise) することである。ここで，x は 1, 2, 3, …… という値をとり得ることを明らかにするために，代入計算は必要である。

❶ ── 外積

❷ ── 順序の構造

しかし，それは変数の分野には入れるべきではない。なぜなら，代入では，x と 1, 2, 3, …… の関係だけが問題とされているが，1, 2, 3, …… どうしの関係は少しも問題となっていず，1 が変化して 2 になり，2 が変化して 3 になるということは少しも問題になっていないからである。

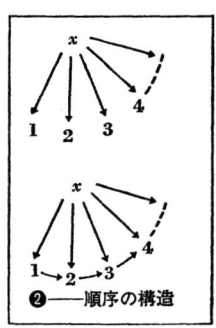

つまり，1, 2, 3, 4, …… のもっている順序という構造は，まだ表面にでてきていないのである──図❷。つまり，代入の段階では 1, 2, 3, …… の構造はまだ現われてきていないで，無構造の集合とみなされているのにくらべて，変数の段階では 1, 2, 3, …… の何らかの構造（とくに順序の）がはっきりとでてくるのである。

さて，関数の体系を考えるとき，いろいろの問題がある。そのさい，はじめから一般的な写像から出発すべきだという意見がある。関数を写像一般として定義することはディリクレにはじまるが，その意味は関数を，その表現手段から無関係に定義することであった。関数を写像一般として定義しても，それは多くの場合，〈量──→量〉でないので，きわめて恣意的な対応の例を無系統に列挙することしかできない。このような教材が教育的にどのような意味をもち得るか疑問である。

関数を〈量──→量〉としてとらえるのは，これとはちがった方向である。量と量のあいだの加法や減法，乗法や除法から出発していくと，当然，はじめに多項式の表現が問題になってくる。式表現は関数としては特殊であるが，このばあい，特殊から出発することは何の不都合もないのである。"何でも一般から"論の人びとであったら，これは軽蔑すべきことであるかもしれないが，こういう公式主義は，この際，すてるべきであ

る。

整関数，
$$f(x) = a_0 x^n + a_1 x^{n-1} + \cdots + a_n$$
は"何でも一般から"論の立場からは重要ではないかもしれないが，関数全体の系統の上からはきわめて大切な役割を演ずるのである。

まず，それは x^n というもっとも単純な関数の和として表わされているし，x が十分に小さいときには第1近似，第2近似……の順に配列されている。そういう点からみると，整関数の範囲内で微分をいちおう完成させておくほうがよいだろう。整関数には lim の操作がはいっていないので，微分積分はたやすく展開できる。そのなかでもとくに重要なのはテーラー展開である。

$$f(x) = f(a) + (x-a)f'(a) + \frac{(x-a)^2}{2!}f''(a) + \cdots \\ + \frac{(x-a)^n}{n!}f^{(n)}(a)$$

この証明は未定係数法を使ってもできるし，その他の方法でもむずかしくない。テーラー展開を早くやっておくと，剰余の定理などは自明である。また，誤差論などははっきりした形で説明できる。将来，数学教育の現代化が進んでいくと，中学3年あたりでテーラー展開をやることができるようになるかもしれない。

● ——方程式と不等式

方程式は不等式の退化であると主張する人もいる。しかし，それは正しいだろうか。なるほど，
$$A \geqq B \quad A \leqq B \quad ならば， \quad A = B$$
となるから，不等式から方程式という道すじも考えられないことはない。だが，ある具体的な問題のなかのいろいろの量を組み合わせて一つの方程式をつくるときに，だれでもまず不等関係に注目して，そこから不等式をつくり，それを退化させて方程式をつくったりするだろうか。だれでもそんなことはしないはずである。最初に探すのは何といっても相等関係であり，そのほうがはるかに発見しやすいのである。また，実数のように，はじめから大小の順序をもっている数の範囲では，

$$A \geqq B \quad A \leqq B$$

から $A=B$ を導き出すこともできるが，複素数のような数になると，こういうことは原理的に不可能なのである。不等式はけっして典型的で考えやすいものではないのである。よくあることだが，

$$A > B$$

という不等式を証明するのに，その中間にいろいろの項を入れて結論へもっていくことが多い。

$$A > C > D > E \cdots\cdots > F > B$$

ここで，不等式としては $A>B$ より $A>C$ のほうが鋭いのであるが，A と C は構造がよく似ていて，かえって考えやすいのである。これに反して，$A>B$ は鈍い不等式でありながら，構造がひどくかけはなれていてむずかしいことが多い。

水道方式の"一般から特殊へ"は，典型的でやさしいものから非典型的でむずかしいものに進んでいくときにだけ適用すべきものであって，これは〈不等式─→方程式〉に適用するのはまちがいである。

●──文字の水道方式

以上のべたように，文字そのものの持つ意味が一つでないとすると，それに応じて水道方式そのものも一つではなく，それぞれの意味にしたがって変わってくるはずである。

まず第1に，一般の定数の段階では文字式の計算の水道方式があるが，これは松尾豊氏や今井義一氏によってプランがつくられ，実験にうつされている。[1] これは線型のものと非線型のものに大別しておいたほうがよいだろう。線型の分野では内積，

$$a_1 b_1 + a_2 b_2 + \cdots\cdots + a_n b_n$$

が中心的な役割を演ずるであろうし，非線型では，指数法則，

$$a^m \cdot a^n = a^{m+n}$$

が重要であろう。

つぎに，これまであまり注目されなかったものに代入計算の水道方式がある。これには文字に数字を代入する単純なものもあるし，

---

*1──松尾豊「文字計算の指導」『数学教室』1962年2─5月号・国土社
今井義一「方程式の指導」『数学教室』1962年11月号─1963年3月号

$$x \longrightarrow 2$$

文字を他の文字でおきかえるものもある。

$$x \longrightarrow a$$

また，一つの文字をある式でおきかえるものもある。

$$x \longrightarrow \varphi(a,\ b,\ c, \cdots\cdots)$$

これらについて合理的な計算練習の体系がつくられることが望ましい。
つぎには未知の定数のうちで線型代数におけるものがほしい。これについては連立1次方程式を主として，1元1次方程式にはそれほど力を入れなくてもよいだろう。なぜなら，1元1次方程式は，多くのばあい，連立方程式を代入法で解くさいに，代入した形の式になっていることが多いからである。つまり，連立方程式を途中からはじめることになっているからである。

連立方程式になると，水道方式をつくることはやさしい。行列で，

$$AX=B$$

の形のもっとも一般的な形からはじめて退化型に進めばよいからである。
関数は，やはり，x^nを素過程として多項式を複合過程とみる方向に進み，できるだけ早く微分積分を導入し，テーラー展開や補間法をやっておく。非線型の高次方程式は逆写像としてとらえるほうが適切であろう。

因数分解再検討論

●――教材の再検討

いま，科学技術は大きな曲がり角にさしかかっている。原子力とオートメーションという新しい立役者の登場によって，そこでは第2次産業革命とも言われるほどの大きな変革が進行しつつある。もちろん，政治機構の相違にしたがって対処の仕方にはちがいがあるにしても，米・英・ソとも，それぞれの流儀で懸命な努力を傾けていることに変わりはない。しかも，原子力とオートメーションが今までとはちがった知識と技術をもった労働者と技師を要求していることも当然である。そのことは当然，教育に対しても反作用を及ぼさざるを得ないだろう。

一般的にいって，数学や理科の内容の引き上げが問題となってくる。そのことを数学教育は拒否することはできないだろう。

しかし，今までとかく"何をつけ加えるか"だけに論議が集中して，"何をけずるべきか"という点が忘れられがちであった。教材を新しくつけ加えるだけで，けずることをしなかったら，教科課程はいたずらに大きくなり，つめ込み教育は避けがたくなってくる。われわれは，これから"何をけずるか"という観点に立って今までの教材をいちいち再検討してみる必要がある。ここでは，主として因数分解に批判の眼を向けてみよう。

およそ数学の教師にでもなっている人だったら，中学時代に因数分解の問題をやって，うまく解いたときの愉快さを経験したことがあろう。とくに旧制中学では，因数分解はよくやったものである。それは，まことに"good old days"であった。しかし，いま，私はあえて，その懐かしい因数分解の格下げを主張しようと思うのである。以下に，その理由をのべよう。

まず第1の理由は，必要がないということである。多項式を既約因数に分解する必要はめったに起こらない。分数式を部分分数に展開するときなどには必要が起こるが，これも代数方程式をとけばよい。

2次多項式の因数分解は，2次方程式の一般解法を適用すれば，特別の工夫なしに解けるのであって，例の，タスキガケ式の解法などはたいして重要なものではないと思う。今まで因数分解をやって2次方程式を解いていたが，これは逆に2次方程式の根の公式をやってから，それを使って因数分解をやらせるほうが合理的であり，しかも，わかりやすいだろう。

たとえば，x^2-5x+6 の因数分解では，整数や有理数の範囲で解くことが暗黙の

うちに仮定されているが，この制限は人為的なものであって，自然は整数や有理数を偏愛しはしない。そうなるのは特別な場合であって，一般には無理数がどんどんでてくるのが普通である。

x^2-5x+6 は $(x-3)(x-2)$ と因数に分解するが，x^2-5x+5 は因数に分解しない，などということは数学教育の立場からいうとおかしい。これも，やはり，

$$\left(x-\frac{5+\sqrt{5}}{2}\right)\left(x-\frac{5-\sqrt{5}}{2}\right)$$

と分解できると考えるほうがよい。$\sqrt{5}$ の小数展開の仕方を知っている生徒に

$$\left(x-\frac{5+\sqrt{5}}{2}\right)\left(x-\frac{5-\sqrt{5}}{2}\right)$$

は分解したことにならぬというのではツジツマが合わない。

●——整数論的と解析的

ここで，二つの基本的な考え方の対立がでてくる。それは整数論的(arithmetical)な立場と解析的(analytical)な立場である。

一般的にいうと，この整数論的な教材がわが国の初等教育の中に必要以上に入ってきているような気がしてならない。これは藤沢利喜太郎の"数え主義"以来の根づよい伝統のせいではなかろうか。数え主義では分離量としての整数がとくに偏重されて，連続量は手薄になってくる。数え主義は整数の範囲内では整然たる系統をもち，強力な理論であるにはちがいないが，連続量がでてくると，壁につき当たる。そのことは"分数×分数"がでてくるとはっきりする。

"分数×分数"を"連続量×連続量"としてみることができないために，藤沢の黒表紙は，この難点をまったく形式的にきり抜けるほかはなかった。藤沢の定義は，今日，抽象代数学でやられるように，整域から商体をつくる方法と本質的には同じものである[*1]。

整数論的な観点の優越は，小学校ばかりではなく，中学校にも持ち越される。たとえば，藤沢の中等学校用の『算術小教科書』(明治40年)にも，そのことははっきり出ている。

私自身は整数論を専門とするものであるが，数学教育に整数論的な教材が強調されることには反対である。小中高までの数学教育は連続量と，その関数関係を幹とする解析的なものでなければならないと思う。そして，その頂点に位するのが微分積分であろう。

今から300年前に生まれた微分積分こそは近代的思考法の典型といってよく，これを知らないで近代的な思考法を身につけた，などと言えるものではない。はじめのうちは複雑で，とうてい測り知ることのできないと思われる自然を，まず細分(微分)し，ふたたびそれをつなぎ合わせる(積分)ことによって自然の秘密を探っていく，という方法がみごとに具体化されているのである。計算の技術には，そ

れほど熟達しなくてもよいが，考え方だけはどうしても高校生に理解してもらわねばならない。

そう考えてくると，因数分解の技術というものがどれほど必要なものか疑わしい。もちろん，因数分解を完全に追い出すことは正当ではない。ここでいいたいのは因数分解を自己目的とするな，ということである。いささか大胆な問題提起であるかもしれないが，読者諸君の活発な討論を期待する。

＊1——中谷太郎「明治以来の変遷」(『学校数学(算数)』〈明治図書講座〉明治図書)を参照。

IV──量と水道方式の算数1──数と計算

●──算数教育で一番悪いのは,はじめに教えたやり方を,途中で新しいやり方にきりかえることです。ちょうど汽車旅行のようなもので,乗り換えのときに迷ってしまうわけです。算数教育で望ましいのは,最初から最後まで通せるようにすること,つまり,直通列車に乗せてやることがだいじなのです。──140ページ「たし算」

●──かけ算を累加で定義すると,×小数,×分数がでてきたときに,考えの切りかえを必要とします。それ以前に,×1,×0は,たし算ではないので,子どもはとてもふしぎがるわけです。ところが,新しい定義だと,なんの抵抗もありません。それは……。──164ページ「かけ算」

●──いちばん簡単な計算,これを素過程といいます。野球でいう,〝投げる〟〝打つ〟〝走る〟にあたるものです。それらを組みあわせた一つの手続きを複合過程といいます。そういう点で,水道方式は芸事やスポーツの練習方式とおなじです。まず,素過程をしっかりと固め,つぎに典型的な複合過程を先にやり,型の崩れた過程に移っていきます。これを退化といいます。これが基本的な原則で,これを四則演算にあてはめていくわけです。──132ページ「水道方式の原理」

水道方式の原理

●──素過程と複合過程

芸事やスポーツを練習するのにはだいたい一定の方式があります。たとえば、ピアノを練習するにはバイエルの教本というものがあります。これは手の指の動かしかたをよく調べて、自然にそれが動いていくように仕組んであります。どんな指でも、平均に動くようにしてあります。タイプライターの練習にも一定の方式があります。我流で練習すると、最初は上達するかもしれませんが、あるところまでいくと、行きづまってしまいます。そして、我流のやりかたでタイプをやると、非常にむりをして、肩の筋肉が痛くなったりして、結局、行きづまります。

スポーツなんかでもそうで、基本練習というものがかならずあります。たとえば、野球だったら、"投げる"、"打つ"、"走る"といったような基本的な動作をしっかりやっているわけです。それからボートだったら、ちゃんとバック台というようなもので練習をします。それぞれかならず一定の方式があるわけです。野球の場合では、基本的なものは何かといいますと、"投げる"、"打つ"、"走る"といったような非常に簡単な動作に分解できます。それをじゅうぶん、しっかり身につけてから、だんだんそれを組み合わせたものをやっていくようにしてあります。だいたい芸事やスポーツの練習方式は、みんなそうなっているようです。

数を練習するのにもそういうことがあるはずです。水道方式は、その考えかたで計算練習の方式をつくったものです。さっきいった一番簡単な計算、これを水道方式では**素過程**と名づけています。だから、野球でい

うと，野球の素過程は"投げる""打つ""走る"というのになるわけです。ほかの芸事でも，やはり，そういうようなものがあると思います。そういうものを組み合わせた手続きを**複合過程**といいます。

そういう点で，水道方式はほかの芸事やスポーツの練習方式と同じであります。一般的なルールをいうと，まず第1に，素過程にあたるものは何かということをまずきめて，その素過程の練習をしっかりと固めていきます。それからつぎは，その素過程を組み合わせた複合過程の練習に移るわけですが，その時に一番一般的で典型的な組み合わせかたをする複合過程を先にやります。そして，だんだん型の崩れた過程へ移っていきます——図❶。この型が崩れていくことを，水道方式では**退化**といいます。この退化というのは，進化の反対という意味ではけっしてありません。"型崩れ"という意味です。

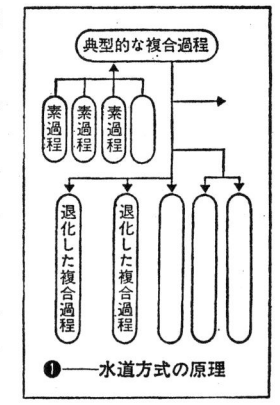

これが水道方式の基本的な原則です。この原則は非常に簡単なものです。ところが，今まで暗算を中心としたやりかたでは，ここのところが違っていたわけです。というのは，だいたいにおいて型崩れのものを先にやって，だんだん型の整ったものをあとでやるというようになっていました。これが根本的に違っている点です。

だいたい，以上が水道方式の基本原則です。これをたし算・ひき算・かけ算・わり算，あるいは分数や小数の計算，あるいは中学へ行くと代数の文字計算，こういったものにあてはめていったものが水道方式です。ここでは，小学校の数の計算について説明しましょう。

● ——タイル・数字・数詞の三者関係

たし算についていいますと，2年生でだいたい何百何十何，つまり，三ケタの数のたし算までをいちおうやることになっています。この計算は，今までのやりかたでは2年生ではやれそうもありませんが，水道方式でやると，じゅうぶんやれます。

さて，三位数のたし算に水道方式を適用するさい，素過程に当たるもの

は何かというと，まず第1に，位取りの原理です。この位取りの原理はタイルで解決できます。

具体的にはどういうように教えるかを考えてみましょう。〝234〟という算用数字を理解するさいには，まず，その数の読みかた，つまり，〝二百三十四〟という漢数字で表わすようなよびかたができなくてはなりません。それから，〝百〟のタイルが2つと〝十〟が3つ，〝一〟が4つという，タイルによる表わしかた，それから，〝234〟という算用数字，この三つのものの間の結びつきをしっかりととらえることが必要です——図❷。

具体的にいうと，たとえば，先生が黒板に〝234〟と書いて，子どもにタイルで200, 30, 4 と机の上に並べさせるとか，あるいは，帳面にタイルを書かせるということは，つまり，算用数字とタイルの結びつきをしっかりさせることなのです。

逆に，先生がタイルの絵を黒板にかいて，それを算用数字で，〝234〟と書かせる，という必要もあります。あるいは，先生が〝二百三十四〟と口で読んだのを，タイルで並べさせるとか，あるいは逆に〝234〟とタイルを並べて，子どもにそれを読ませるとかします。

これは三つのものの間の関係をいろいろやっていくことなのです。これはしっかりとやらなければいけません。そうすると，子どもたちは，〝234〟と書いた時の〝2〟は広い正方形だし，その〝3〟は細長いタイルだし，〝4〟は小さいタイルだというようなことがはっきりわかります。〝234〟という大きさを，そのものずばりでつかむことができます。

●——位取りの原理

それから，〝204〟などは，タイルでやると，大きなタイルが2つと，それから小さいのが4つ，それから細長いのは1つもないから，〝0〟を間に書くのだということがはっきりわかります。

ここで〝無の0〟が〝位取りの0〟と結びついてくるわけです。いわゆる細長いタイル，つまり，十の位はないのだということ，つまり，〝無の0〟がそのまま〝位取りの0〟になっていきます。これまで位取りの原理と〝無の0〟を区別していましたが，タイルでやると，まったく区別する必要がないわけです。〝無の0〟がそのまま〝位取りの0〟になっています。これにはかなりの時間を費やして指導します。

それから，二位数のたし算へ移ってもいいし，あるいはいきなり三位数へ移って，あとで二位数へ持ってくる方法もありますが，常識的には，まず二位数をやってからということでもいいでしょう。

そうすると，23と41を加えるという計算は，タイルでやると，結局，細長いタイルが2本と小さいのが3つの塊と，細長いのが4本と小さいのが1つの塊を合わせることになり，子どもは同じ形のもの同士を加えるということを自然に考えつくわけです――図❸。細長いものは細長いの同士加える，小さいのは小さいの同士加える。これは子どもがだれでも考えつくことなのです。

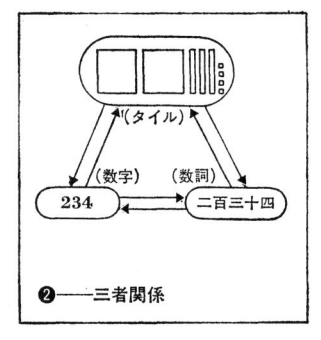

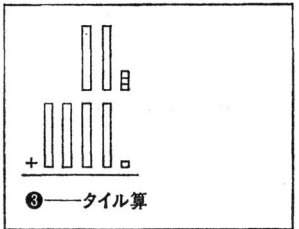

❷――三者関係

❸――タイル算

ところで，それを式に書くと，そのまま23と41を重ねて加えるということが出てきます。つまり，重ねてやる計算のルールを，子どもはタイルによって自分で発見できるわけです。この説明がなかなか今までできなかったのですが，タイルだと容易にできます。

ここで説明しておかなくてはならないのは，今までは20と40をたすというような計算を盛んにやらせていましたが，これは，じつはタイルでやると何でもないことなのです。つまり，タイルだと，2本と4本を加えるということで，2たす4と同じなのです。答えは6本になる。6本だから60になるということが，筆算形式にしないで，タイルだけで解決してしまうわけです。だから，そのことから今いった23と41をたすという位の全部揃った計算がすぐわかります。

水道方式では，このように，位が全部揃っていて，欠けたところがなくて，くり上がりのない計算をまずやります。これが一番典型的で，一般的な複合過程といわれるものです。それから，だんだん"0"が出てきたり，位が欠けている計算，つまり，23と5をたすとか，23と50をたすとかいったものに移っていくのです。

三位数の場合も同じです。だいたい，いきなり三位数に移っても，子ど

もはできます。これは二位数の場合と同じで，同じ種類の形のものを加えると，"百"は"百"，"十"は"十"，"一"は"一"同士加えるということが出てくるわけです。ほとんど困難はないわけです。この場合も，ケタが全部揃っていて，0がない，くり上がりもないものを先にやります。そして，だんだんくり上がりがあり，0があり，ケタが欠けてるものに移っていきます。こういうものは退化した型といわれています。これが今までの計算方式と非常に違っている点です。

●──計算の型分け

それから，水道方式ではこういった計算も全部型分けして，一定の順序に配列しているわけです。たとえば，三位数同士のたし算では，全部の問題はいくつあるかというと，二位数以下の場合もふくめて100万個あります。この100万個の問題を全部しらみつぶしにやらせるということはとうていできません。1日に100題ずつ問題をやらせても，1万日かかります。これは年数でいうと，30年になります。だから，全部やらせるということは不可能でありますし，また，その必要もありません。

どうしたら，100万個の問題をやらせないで，100万個の問題ができるようになるか。そのためにはどうするかというと，100万個の問題を，似た問題のグループに分け，そして，それをやさしさの順序に配列します。そうしてできたのが水道方式で，その順序は，さっきいったように，一番典型的で一般的な複合過程からはじめて，だんだん退化していって，型崩れに及ぼしていくというやりかたです。

これがちょうど，大都会の水道設備に似ていることから，水道方式という名前が出てきたのです。水道の設備は，どこか郊外の高いところに水源地，もしくは貯水池があります。そこへ水を集めておいて，大きな鉄管で各台所まで引いてきます。その鉄管は途中でたくさん枝分かれをしています。いったん高いところに水を上げておけば，自然に各家庭の台所まで来ます。それが，ちょうど今いった計算練習の型分けと配列のありさまに似ています。

だから，その場合，水源地に当たるのが，222と222をたすという型の問題，つまり，位が全部揃っていて，つまり，ケタが全部揃っていて，0がない，くり上がりもない問題が水源地に当たります。それから，く

り上がりがあったり，途中のケタが欠けていたり，0があったりする問題は型崩れに当たります。これは水道の鉄管がだんだん枝分かれしていった状態です。

こういうふうに，100万個の問題を非常にこまかく分類しておくと，一つの型からつぎの型にいく間の飛躍がごくわずかです。子どもの側からいうと，ちょっと工夫すれば，つぎのほうへ移れるようになっています。こういうことが今までの計算練習にはありませんでした。飛躍が非常に大きいために，ある子どもはそこを飛び越すことができなかったのです。ところが，水道方式では，その型が非常に綿密に分類してあるために，どんな子どもでも，その間を一人で飛び越せます。つまり，石段を登る時の一つ一つの石段の差が非常に小さいのです。段差をこまかく分けてあるからです。

●──水源地と型崩れ

だから，子どもたちはだいたいにおいて，素過程をしっかり押え，水源地に当たる問題をしっかり押えておくと，あとは自力で進んでいけます。ちょうど，これは水道で水源地から水が自然に流れるようなものであって，ほとんど指導を加える必要はありません。先生は，そのために指導上らくをするわけです。したがって，子どもの自発性を極度に利用することができます。

今までのやりかただと，逆に型崩れからやっていますから，一つ一つ別の型へ移る時に，いちいち先生が指導しなければなりません。これは子どもにとってはぜんぜん新しいもので，子どもの頭の中ではいろいろな計算がばらばらの形でつまってしまいます。水道方式では，すべての計算が水源地とつながった問題として頭の中へ入るので，子どもは一つおぼえておけばいいというわけです。一つの型をしっかりおぼえておくと，あとは全部つながっているわけです。そこのところが水道方式の威力のもとです。これだと，おぼえることがきわめて少なくてすみます。

だから，水道方式ではだいたい20パーセントくらい正答率が上がるということが，どこの実験でも出ています。型崩れの問題ほど効果が上がるので，型の崩れた問題になると，30パーセントくらいの違いがあります。これはどうしてかというと，だいたい今まで劣等生といわれて，算数は

歯が立たないと思われていた子どもたちができるようになるからで，それは，そういう子どもたちにもじゅうぶん自分の足で飛び越せる石段がきちんとできているからです。これはたし算ばかりではなくて，ひき算・かけ算・わり算も，全部同じ考えかたでいきます。

たし算

●――"数えたし"の欠陥

水道方式は,たし算を例にとると,複雑な計算のすじみち(計算過程)を一番単純な計算のすじみち(素過程)に分ける。そして,その素過程をしっかりと練習して,そのあとで,その素過程を組み合わせた計算過程(複合過程)をやらせるのですが,その複合過程の中で,一番一般的な,形の整った複合過程をじゅうぶんに押えてから,だんだん特殊な型,あるいは型の崩れた問題に移っていきます。

その際,まず,たし算の素過程は何かというと,前に述べた位取りの原理がその一つです。しかし,もう一つは,10以下の一ケタの数のたし算(基数の加法)をどうするか,これが素過程になります。位取りの原理はタイルで解決しますが,基数の加法も,やはり,タイルでやります。しかし,この基数の加法をやる段階では,まだ具体的なものから数を抽象する段階ですから,タイルのほかにも,具体的なおはじきとか碁石を使ってもさしつかえありません。数の概念がいちおう固まったら,タイルだけを使うようにします。

さて,基数の加法,つまり,一ケタの数の加法ですが,これはくり上がりのないときは,だいたい,今までと変わりはありません。3+4 とか 5+2 とかいったようなものは,だいたい今までどおりです。しかし,くり上がりが出てくると,水道方式では,今までと考えかたが違ってきます。

これまでは,基数のくり上がりのある加法は,数えたしによるものが多

かったわけです。数えたしというのは，子どもに数のことばを暗記させておいて，じゅうぶん暗記したあとで，7+6 というのは，8，9，10，11，12，13と数えたしていくというやりかたです。このやりかたは，じつは明治の後期に出てきた藤沢利喜太郎の〝数え主義〟の考えかたにもとづいたものです。数え主義では，前にのべたように，まず子どもに数のことばを暗記させ，たたき込みます。そして，数えたしたり，数えひいたりすることでたし算やひき算をやらせようとしたわけです。

このやりかたは，ある程度のところまでは成功します。ところが，あとで困ったことが起こります。というのは，6をたしたり，7をたしたりするくらいだと，数えたしでも間にあいますが，25をたしたり，38をたしたり，大きな数をたすようになってくると，もういきづまってしまいます。どんな人でも，こんな大きな数をたすのに，数えたしの方法は使わないはずです。使うと，答えをまちがえてしまいます。

数えたしでやりますと，大きな数になると，どうしてもきりかえをやらなければならなくなります。そうすると，そこで子どもは迷ってしまうわけです。算数教育で一番悪いのは，はじめに教えたやりかたをきりかえて，新しいやりかたにかえることです。それで子どもは迷うわけです。これは，ちょうど汽車旅行をするのに，ひんぱんにのりかえをして行くようなもので，旅行した経験のない人は，のりかえのところでまちがったほうへ行ってしまうことが多いのです。算数教育でも同様です。

算数教育で望ましいのは，最初に教えたことを最後まで通せるようにするということです。つまり，のりかえのいらない直通列車にのせてやることが大事です。ところが，数えたしのやりかたではいきづまって，のりかえがどうしても必要になります。だから，このやりかたは先へ行くと，欠陥が起こってくるわけです。

数え主義の欠陥はそのほかにもありますが，今の問題に限っていうと，以上のような欠陥があります。

●──位取りの原理と補数

こういう欠陥をなくそうとすると，もっとべつの考えかたが必要になります。それには，最初から子どもに数えたしでないやりかたをさせることが必要です。

たとえば，8＋5 という計算は，数えたしだと，9，10，11，12，13とやりますが，そのやりかたは，今いったように，よくないのです。どうしたらいいかというと，10という数をはっきりと子どもに意識させます。これは前に述べたように，位取りの原理を子どもにはっきりと最初から教えるというやりかたからきています。つまり，10という数が，数の中で，ある特別な数であるということ，つまり，われわれが使っているのは十進法ですが，これは十ずつまとめて束にしていくというやりかたです。そのやりかたを最初から子どもにわからせることが大事です。

ここで，8に5をたす時には，いったん10にしてから，あと余った数がいくらかという考えかたになるわけです。10が大事な節になるわけです。この節を強く意識させるやりかたです。数え主義によると，子どもは数のことばをずっと暗記しているので，10には気づかずに通り過ぎてしまいます。気づかずに通り過ぎてしまうから，最初はらくなようですが，あとへいくと，困るわけです。だから，最初から10が特別な数であるということをはっきりとわからせる指導法が大事になってきます。

そうすると，8を10にするにはいくつたりないかということを考えさせます。つまり，8に何を補ったら10になるか，ということを考えさせます。そうすると，明らかに2です。5のうちから2だけ分けて8にたすと，10になり，いっぱいになります。残りは 5－2 で3だけ残りますから，10がいっぱいになって，残りが3だから，答えは13。このことをはっきりと子どもに最初から意識させるやりかたがいいやりかたです。

そうすると，くり上がりを計算する前に非常に大事なのは10の補数，つまり，何を補ったら10になるかという数の組み合わせを知っていることです。8の補数は2，9の補数は1，6の補数は4，3の補数は7，こういうことを子どもにはっきりとつかませます。これはじゅうぶん時間をかけて，しっかりとわからせることが必要です。

そのつぎには，さっきのたし算でいったように，5から2をひいていますから，そういうくり下がりのないひき算も大事になるわけです。それだけのことをやってから，くり上がりのあるたし算に移るわけです。そうすると，くり上がりのあるたし算の前に，くり下がりのないひき算がどうしても必要になります。

具体的にやるのには，"本箱の方法"というのを使います。これは，10と

いうワクをはっきりと意識させるために，10冊の本の入る本箱を考えさせます。そして，8冊だけ本が入っています。これに5冊だけもってくると，残りのあいている2冊分のところを埋めて，3冊余ります。だから，13になります——図❶。この本箱の方法というのが今の考えかたにぴったりしているわけです。これをやってみますと，子どもは最初からずっと先まで使える方法を知ることができます。考えのきりかえを必要としません。

●——おなじ計算の型を集める

くり上がりのないたし算と，くり上がりのあるたし算の両方をやったら，つぎは20と30をたして50になるということも知っておかなければなりません。これは，今まではたし算の計算の中に入れて，20と30を重ねて，これをたてにたす計算をやっていましたが，水道方式はそうはしません。これはタイルの段階で考えさせるのです。つまり，タイルだと，十のタイルであるところの1つの細長いタイル，これが2つで20になります。3つで30になります。そうすると，子どもの頭の中では，結局，2本と3本をたすことなのです。そうすると，これは5本になります。これは，すなわち，50であります。これはタイルの段階でやっておきますと，2+3 と同じに考えることができます。ただ細長いだけで，基数のたし算をそのまま応用することができます。

200+300 も同様です。これは広いタイル，つまり百のタイルが2枚と百のタイルが3枚ですから，5枚になります。だから，500ということがすぐいえるわけです。

結果において，これは 2+3 を知っていれば，みなできてしまうわけです。たいして骨が折れませんので，これだけはともかくも準備しておきます。そうしておいて，三位数にいきなり移ってもできますが，まず，ここでは二位数のたし算に移ることにします。これは，前に説明したように，タイルで説明します。

こういうもののたし算ですから，子どもは当然，同じ型のもの同士を集めるということを自然に考えつきます。そうすると，一の位は一の位，十の位は十の位へ加えればいいということが子どもには簡単に発見できます。こういう発見ができるところがタイルのすぐれた点なのです。ほ

かの教具だと，なかなかこういう発見は子どもにはできません。

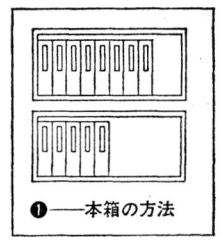

●──〝つめこみ〟と暗算

水道方式では計画的に計算体系ができておりますので，そこからなんとなく〝つめこみ〟教育だというように誤解している人がありますが，これはたいへんなまちがいです。今までの考えだと，23と45をたすなどという計算は，あまり子どもに理由をわからせずに，こうやればできるんだというようにやるわけだったのですが，タイルを使うと，子ども自身に発見させることができます。だから，水道方式は，今までのどんな指導法よりもつめこみではないのです。子どもの考えで，自分で考えることができます。ただ何も与えないでおいて考えろといってもできません。タイルというものを与えるから発見できるのです。23と45をたすという計算を，重ねてたす理由までがわかってしまいます──図❷。ここのところがほかの今までのやりかたと違うのです。

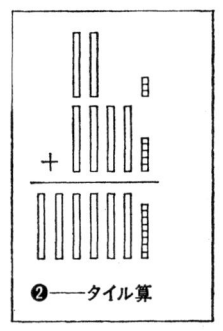

❶──本箱の方法

❷──タイル算

23と45をたすということを，たとえば，暗算だと，つまり，暗算中心を主張する人びとは，

　　　　23＋45　は　23＋40＝63──→63＋5＝68

という順序でやるように教えますが，これは水道方式とはたいへん違います。水道方式と練習のさせかたがさかさまになるわけです。なぜこういうやりかたが使われたかというと，これは暗算を中心にしていくやりかたの影響なのです。

暗算は，本当はどうやってもいいのですが，暗算中心主義の算数教育は，23と45をたすのに，あくまでも23に40をたして63，それから5をたして68という答えを出します。これを頭からたすので〝頭加法〟といいます。暗算は，本当はこうやらなくてもいいのですが，頭からたすのが暗算だと考えている人たちは，ともかくも，暗算はこうやるものだと思い込んでいるようです。

暗算は，これでもできることはできますが，困ったことには，筆算の練

Ⅳ─量と水道方式の算数 1

習のやりかたを今の暗算のやりかたでやろうとする，まちがった傾向が出てきました。暗算に熱心のあまり，暗算を先にやることはいちおういいとしても，暗算のやりかたを筆算にもってきたということはたいへんなまちがいだと思います。

● ──計算の型を一貫させる

ここのところを水道方式ははっきりいけないとして，水道方式独自のやりかたを考えだしたわけです。それが今いった23と45をたすというのからはじめるというやりかたです。だんだん0が出てきたり，位が欠けていたり，くり上がりが出てくるものは，そのあとでやるというやりかたになっているわけです。子どもは，23と45をたすような計算をしっかりおぼえると，あとは子どもだけの工夫で0が出てきたり，位が欠けていたりするものを処理できます。最初からこれをやると，わからなくなります。

というのは，23と45をたすという計算では，一の位と十の位は両方ともたし算なのです。同じ計算をやればいいので，小さい四角と細長いタイルとは，同じようにたし算をすればいいのです。ところが，23と5をたすのは，一の位はたし算ですが，十の位はたし算ではないのです。0をたすのもたし算といえるかもしれませんが，子どもにとっては，最初は，0をたすたし算はたいへん特殊なものです。だから，2がそのまま答えになるというので，違うわけです。一の位と十の位の計算が異質なのでむずかしいのです。

なんでも同じ考え方でどこもやればいいというものがいちばんやさしいのです。これは人間の本性のようなもので，町を歩く時に，同じ歩調で歩くようにさせれば，たいへんらくに歩けます。ほとんど意識しないで歩いていくことができます。しかし，たとえば，10歩目にはコンパスを半分にして歩けといわれたら，これはたいへんむずかしいわけです。同じ歩調でないからです。それと同じような考えかたで，水道方式は同じ型の計算でやるものからはじめるのです。

水道方式は，23と45をたすというのを式に書いてやって，だんだん0が出てきたり，位が欠けているもの，あるいはくり上がりのあるものをやっていって，20と3などをたすのはあとから出てきます。こうやってき

て，紙がないような時には，"紙に書かないでもできるだろう。これは頭の中でやりましょう"というところで暗算にきりかえます。つまり，やさしくて，紙に書くのはばかばかしいというので，頭の中でやってしまいましょうというかたちになります。だから，水道方式でも暗算をやりますが，それは筆算と同じやりかたを頭の中でやるというふうに変わってきます。

暗算主義に対して，水道方式のたし算は，あとで表をつけますが，今いったような順序で計算問題をやっていくわけです。その順序が表になっています。この表に沿って問題を出していけば，ほとんどの子どもは，いちいち教えなくても，自力で問題が解けます。だから，先生は非常にらくをします。子どもは，つめこみではなくて，自分の脳みそを働かしながらやれるというので，力がつくわけです。違った型の間の変化のしかたがきわめてわずかであるように，型が分けてありますから，子どもはちょっとした努力でつぎの型へ移ることができます。今までのは，こういう型分けがでたらめであったために，子どもが飛び越せないような変わりかたをしている場合が多かったのです。三位数も，まったく同じようにやります。ただ，三位数の場合は，型がよけい多くなってくるだけの違いです。原理は同じです。

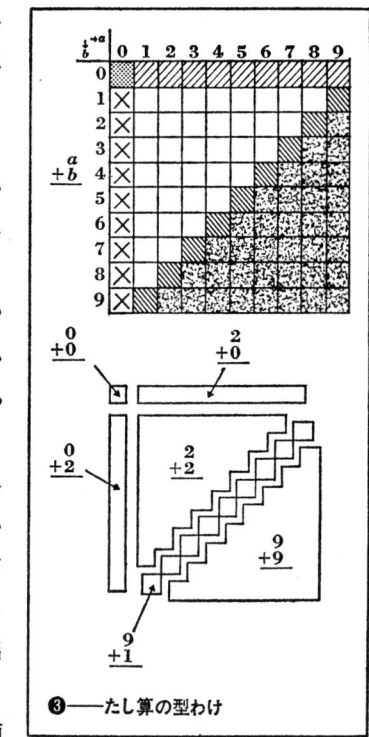

❸——たし算の型わけ

●——2-9分類法

水道方式は計算問題の型を分けるのに"2-9分類法"というのを使います。これは，問題の数字に主として2と9という数字だけを使って，その型を代表させるからです。たとえば，$\begin{array}{r}222\\+222\\\hline\end{array}$と書いてあれば，これは，この計算だけではなくて，位が全部そろっていて，0がなくて，くり上

がりがないことを意味しています。そういう問題全体をひとまとめにしたグループを意味しているわけです。この型の問題は全部で46656題あります。だから，$\begin{array}{r}222\\+\ 222\\\hline\end{array}$ はそれだけの問題全体を代表していることになります。こう書いておけば，見ただけですぐわかります。

また，$\begin{array}{r}229\\+\ 229\\\hline\end{array}$ とあったら，これは位が全部そろっていて，0がないのですが，一のケタにくり上がりがあるということを意味しています。9と9をたすというのは，くり上がりを代表しているわけです。このように，2と9を使うと，問題の型がひと目でわかります。この2-9分類法ができたということが，計算問題の型分けをたいへんわかりよくしました。

一ケタのたし算ですが，これは全部で100題あります。それを分けると，

$$\begin{array}{r}0\\+\ 0\\\hline\end{array}\quad\begin{array}{r}3\\+\ 0\\\hline\end{array}$$

のように，0のでてくるのが19題，0がでてこなくて，くり上がりのないのが，つぎのように36題です。

$$\begin{array}{r}1\\+\ 1\\\hline\end{array}\ \begin{array}{r}2\\+\ 1\\\hline\end{array}\ \begin{array}{r}3\\+\ 1\\\hline\end{array}\ \begin{array}{r}4\\+\ 1\\\hline\end{array}\ \begin{array}{r}5\\+\ 1\\\hline\end{array}\ \begin{array}{r}6\\+\ 1\\\hline\end{array}\ \begin{array}{r}7\\+\ 1\\\hline\end{array}\ \begin{array}{r}8\\+\ 1\\\hline\end{array}$$

$$\begin{array}{r}1\\+\ 2\\\hline\end{array}\ \begin{array}{r}2\\+\ 2\\\hline\end{array}\ \begin{array}{r}3\\+\ 2\\\hline\end{array}\ \begin{array}{r}4\\+\ 2\\\hline\end{array}\ \begin{array}{r}5\\+\ 2\\\hline\end{array}\ \begin{array}{r}6\\+\ 2\\\hline\end{array}\ \begin{array}{r}7\\+\ 2\\\hline\end{array}$$

$$\begin{array}{r}1\\+\ 3\\\hline\end{array}\ \begin{array}{r}2\\+\ 3\\\hline\end{array}\ \begin{array}{r}3\\+\ 3\\\hline\end{array}\ \begin{array}{r}4\\+\ 3\\\hline\end{array}\ \begin{array}{r}5\\+\ 3\\\hline\end{array}\ \begin{array}{r}6\\+\ 3\\\hline\end{array}$$

$$\begin{array}{r}1\\+\ 4\\\hline\end{array}\ \begin{array}{r}2\\+\ 4\\\hline\end{array}\ \begin{array}{r}3\\+\ 4\\\hline\end{array}\ \begin{array}{r}4\\+\ 4\\\hline\end{array}\ \begin{array}{r}5\\+\ 4\\\hline\end{array}$$

....

ちょうど10になるのが9題です。

$$\begin{array}{r}9\\+\ 1\\\hline\end{array}\ \begin{array}{r}8\\+\ 2\\\hline\end{array}\ \begin{array}{r}7\\+\ 3\\\hline\end{array}\ \begin{array}{r}6\\+\ 4\\\hline\end{array}\ \begin{array}{r}5\\+\ 5\\\hline\end{array}\ \begin{array}{r}4\\+\ 6\\\hline\end{array}\ \begin{array}{r}3\\+\ 7\\\hline\end{array}\ \begin{array}{r}2\\+\ 8\\\hline\end{array}$$

$$\begin{array}{r}1\\+\ 9\\\hline\end{array}$$

くり上がりがあって，答えが10を越すものが，やはり，36題あります。

$$\begin{array}{r}9\\+\ 2\\\hline\end{array}\ \begin{array}{r}9\\+\ 3\\\hline\end{array}\ \begin{array}{r}9\\+\ 4\\\hline\end{array}\ \begin{array}{r}9\\+\ 5\\\hline\end{array}\ \begin{array}{r}9\\+\ 6\\\hline\end{array}\ \begin{array}{r}9\\+\ 7\\\hline\end{array}\ \begin{array}{r}9\\+\ 8\\\hline\end{array}\ \begin{array}{r}9\\+\ 9\\\hline\end{array}$$

$$\begin{array}{r}8\\+\ 3\\\hline\end{array}\ \begin{array}{r}8\\+\ 4\\\hline\end{array}\ \begin{array}{r}8\\+\ 5\\\hline\end{array}\ \begin{array}{r}8\\+\ 6\\\hline\end{array}\ \begin{array}{r}8\\+\ 7\\\hline\end{array}\ \begin{array}{r}8\\+\ 8\\\hline\end{array}\ \begin{array}{r}8\\+\ 9\\\hline\end{array}$$

$$\begin{array}{r}7\\+\ 4\\\hline\end{array}\ \begin{array}{r}7\\+\ 5\\\hline\end{array}\ \begin{array}{r}7\\+\ 6\\\hline\end{array}\ \begin{array}{r}7\\+\ 7\\\hline\end{array}\ \begin{array}{r}7\\+\ 8\\\hline\end{array}\ \begin{array}{r}7\\+\ 9\\\hline\end{array}$$

$$\begin{array}{r}6\\+5\\\hline\end{array}\quad\begin{array}{r}6\\+6\\\hline\end{array}\quad\begin{array}{r}6\\+7\\\hline\end{array}\quad\begin{array}{r}6\\+8\\\hline\end{array}\quad\begin{array}{r}6\\+9\\\hline\end{array}$$

....

全部を一つの表にすると，❸のようになります。この表をつくっておいて，どの問題でもできるようにしてやる必要があります。問題を数多くやらせているうちに，自分の子どもはどの型の問題に弱いかがわかったら，その型の問題をくりかえしてやらせるようにしたらいいでしょう。また，市販のワーク・ブックなどでも，この表に照らしてみると，良否がわかります。ある型の問題だけに偏って多くでてくるようなのはよくありません。

この表によって問題をやらせると，ある型の問題だけを偏って多くやらせ，別の型の問題は全然やらせないという心配はなくなります。この表は"偏食"を防ぐのに役立ちます。また，この表に照らしてみると，教科書やワーク・ブックの良否が判定できます。問題はだいたいこの表の順序にやらせてください。

● ―― 三位数＋三位数の型わけ ―― 49,0500題 $\langle \sigma_{1000} - 100^2 \rangle$

❶ ―― 三位数＋三位数 ―― くりあがりなし ―― 10,8900題 $\langle \sigma_8 \times \sigma_{10}{}^2 \rangle$

$\begin{array}{r}222\\+222\\\hline\end{array}$ …… $\sigma_8 \times \sigma_8 \times \sigma_8$ …… 4,6656　　　$\begin{array}{r}200\\+222\\\hline\end{array}$ …… $\sigma_8 \times 9 \times 9$ …… 2916

$\begin{array}{r}222\\+220\\\hline\end{array}$ …… $\sigma_8 \times \sigma_8 \times 9$ …… 1,1664　　　$\begin{array}{r}220\\+220\\\hline\end{array}$ …… $\sigma_8 \times \sigma_8 \times 1$ …… 1296

$\begin{array}{r}220\\+222\\\hline\end{array}$ …… $\sigma_8 \times \sigma_8 \times 9$ …… 1,1664　　　$\begin{array}{r}202\\+202\\\hline\end{array}$ …… $\sigma_8 \times 1 \times \sigma_8$ …… 1296

$\begin{array}{r}222\\+202\\\hline\end{array}$ …… $\sigma_8 \times 9 \times \sigma_8$ …… 1,1664　　　$\begin{array}{r}220\\+200\\\hline\end{array}$ …… $\sigma_8 \times 9 \times 1$ …… 342

$\begin{array}{r}202\\+222\\\hline\end{array}$ …… $\sigma_8 \times 9 \times \sigma_8$ …… 1,1664　　　$\begin{array}{r}202\\+200\\\hline\end{array}$ …… $\sigma_8 \times 1 \times 9$ …… 342

$\begin{array}{r}202\\+220\\\hline\end{array}$ …… $\sigma_8 \times 9 \times 9$ …… 2916　　　$\begin{array}{r}200\\+220\\\hline\end{array}$ …… $\sigma_8 \times 9 \times 1$ …… 342

$\begin{array}{r}220\\+202\\\hline\end{array}$ …… $\sigma_8 \times 9 \times 9$ …… 2916　　　$\begin{array}{r}200\\+202\\\hline\end{array}$ …… $\sigma_8 \times 1 \times 9$ …… 342

$\begin{array}{r}222\\+200\\\hline\end{array}$ …… $\sigma_8 \times 9 \times 9$ …… 2916　　　$\begin{array}{r}200\\+200\\\hline\end{array}$ …… $\sigma_8 \times 1 \times 1$ …… 36

Ⅳ—量と水道方式の算数 1

❷────三位数＋三位数──くりあがり1回──14,2200題⟨$\sigma_8 \times \sigma_9^2 + \sigma_7 \times \sigma_9 \times \sigma_{10}$⟩

$\begin{array}{r}229\\+229\\\hline\end{array}$ ……$\sigma_8 \times \sigma_7 \times \sigma_8$ …3,6288 $\begin{array}{r}292\\+292\\\hline\end{array}$ ……$\sigma_7 \times \sigma_8 \times \sigma_8$ …3,6288

$\begin{array}{r}229\\+209\\\hline\end{array}$ ……$\sigma_8 \times 8 \times \sigma_8$ ……1,0368 $\begin{array}{r}292\\+290\\\hline\end{array}$ ……$\sigma_7 \times \sigma_8 \times 9$ ……9072

$\begin{array}{r}209\\+229\\\hline\end{array}$ ……$\sigma_8 \times 8 \times \sigma_8$ ……1,0368 $\begin{array}{r}290\\+292\\\hline\end{array}$ ……$\sigma_7 \times \sigma_8 \times 9$ ……9072

$\begin{array}{r}209\\+209\\\hline\end{array}$ ……$\sigma_8 \times 1 \times \sigma_8$ ………1296 $\begin{array}{r}290\\+290\\\hline\end{array}$ ……$\sigma_7 \times \sigma_8 \times 1$ ………1008

$\begin{array}{r}229\\+221\\\hline\end{array}$ ……$\sigma_8 \times \sigma_7 \times 9$ ………9072 $\begin{array}{r}292\\+212\\\hline\end{array}$ ……$\sigma_7 \times 9 \times \sigma_8$ ………9072

$\begin{array}{r}229\\+201\\\hline\end{array}$ ……$\sigma_8 \times 8 \times 9$ ………2592 $\begin{array}{r}292\\+210\\\hline\end{array}$ ……$\sigma_7 \times 9 \times 9$ ………2268

$\begin{array}{r}209\\+221\\\hline\end{array}$ ……$\sigma_8 \times 8 \times 9$ ………2592 $\begin{array}{r}290\\+212\\\hline\end{array}$ ……$\sigma_7 \times 9 \times 9$ ………2268

$\begin{array}{r}209\\+201\\\hline\end{array}$ ……$\sigma_8 \times 1 \times 9$ ……… 324 $\begin{array}{r}290\\+210\\\hline\end{array}$ ……$\sigma_7 \times 9 \times 1$ ……… 252

❸────三位数＋三位数──くりあがり2回──6,9300題⟨$\sigma_7 \times \sigma_9 \times \sigma_{10}$⟩

$\begin{array}{r}299\\+299\\\hline\end{array}$ ……$\sigma_7 \times \sigma_8 \times \sigma_8$ …3,6288 $\begin{array}{r}299\\+209\\\hline\end{array}$ ……$\sigma_7 \times 1 \times \sigma_8$ ……1008

$\begin{array}{r}299\\+219\\\hline\end{array}$ ……$\sigma_7 \times 9 \times \sigma_8$ ………9072 $\begin{array}{r}209\\+299\\\hline\end{array}$ ……$\sigma_7 \times 1 \times \sigma_8$ ……1008

$\begin{array}{r}299\\+291\\\hline\end{array}$ ……$\sigma_7 \times \sigma_8 \times 9$ ………9072 $\begin{array}{r}289\\+211\\\hline\end{array}$ ……$\sigma_7 \times 8 \times 9$ ………2016

$\begin{array}{r}299\\+211\\\hline\end{array}$ ……$\sigma_7 \times 9 \times 9$ ………2268 $\begin{array}{r}299\\+201\\\hline\end{array}$ ……$\sigma_7 \times 1 \times 9$ ……… 252

$\begin{array}{r}289\\+219\\\hline\end{array}$ ……$\sigma_7 \times 8 \times \sigma_8$ ………8064 $\begin{array}{r}209\\+291\\\hline\end{array}$ ……$\sigma_7 \times 1 \times 9$ ……… 252

❹────三位数＋二位数──くりあがりなし──4,4550題⟨$2 \times 9 \times \sigma_9 \times \sigma_{10}$⟩

$\begin{array}{r}222\\+22\\\hline\end{array}$ ……$9 \times \sigma_8 \times \sigma_8$ ……1,1664 $\begin{array}{r}22\\+202\\\hline\end{array}$ ……$9 \times 9 \times \sigma_8$ ………2916

$\begin{array}{r}22\\+222\\\hline\end{array}$ ……$9 \times \sigma_8 \times \sigma_8$ ……1,1664 $\begin{array}{r}222\\+20\\\hline\end{array}$ ……$9 \times \sigma_8 \times 9$ ………2916

$\begin{array}{r}220\\+22\\\hline\end{array}$ ……$9 \times \sigma_8 \times 9$ ………2916 $\begin{array}{r}20\\+222\\\hline\end{array}$ ……$9 \times \sigma_8 \times 9$ ………2916

$\begin{array}{r}202\\+22\\\hline\end{array}$ ……$9 \times 9 \times \sigma_8$ ………2916 $\begin{array}{r}220\\+20\\\hline\end{array}$ ……$9 \times \sigma_8 \times 1$ ……… 324

$\begin{array}{r}22\\+220\\\hline\end{array}$ ……$9 \times \sigma_8 \times 9$ ………2916 $\begin{array}{r}202\\+20\\\hline\end{array}$ ……$9 \times 9 \times 9$ ………… 729

$$\begin{array}{r}200\\+22\\\hline\end{array}\ \cdots\cdots 9\times 9\times 9\cdots\cdots\ 729 \qquad \begin{array}{r}20\\+202\\\hline\end{array}\ \cdots\cdots 9\times 9\times 9\cdots\cdots\ 729$$

$$\begin{array}{r}20\\+220\\\hline\end{array}\ \cdots\cdots 9\times \sigma_8\times 1\cdots\cdots\ 324 \qquad \begin{array}{r}200\\+20\\\hline\end{array}\ \cdots\cdots 9\times 9\times 1\cdots\cdots\ 81$$

$$\begin{array}{r}22\\+200\\\hline\end{array}\ \cdots\cdots 9\times 9\times 9\cdots\cdots\ 729 \qquad \begin{array}{r}20\\+200\\\hline\end{array}\ \cdots\cdots 9\times 9\times 1\cdots\cdots\ 81$$

❺————三位数＋二位数——くりあがり1回——6,8760題⟨2×9×σ_8×σ_9＋2×8×σ_8×σ_{10}⟩

$$\begin{array}{r}229\\+29\\\hline\end{array}\ \cdots\cdots 9\times \sigma_7\times \sigma_8\cdots\cdots 9072 \qquad \begin{array}{r}290\\+92\\\hline\end{array}\ \cdots\cdots 8\times \sigma_8\times 9\cdots\cdots 2592$$

$$\begin{array}{r}29\\+229\\\hline\end{array}\ \cdots\cdots 9\times \sigma_7\times \sigma_8\cdots\cdots 9072 \qquad \begin{array}{r}92\\+290\\\hline\end{array}\ \cdots\cdots 8\times \sigma_8\times 9\cdots\cdots 2592$$

$$\begin{array}{r}229\\+21\\\hline\end{array}\ \cdots\cdots 9\times \sigma_7\times 9\cdots\cdots 2268 \qquad \begin{array}{r}290\\+12\\\hline\end{array}\ \cdots\cdots 8\times 9\times 9\cdots\cdots\ 648$$

$$\begin{array}{r}29\\+221\\\hline\end{array}\ \cdots\cdots 9\times \sigma_7\times 9\cdots\cdots 2268 \qquad \begin{array}{r}92\\+210\\\hline\end{array}\ \cdots\cdots 8\times 9\times 9\cdots\cdots\ 648$$

$$\begin{array}{r}209\\+29\\\hline\end{array}\ \cdots\cdots 9\times 8\times \sigma_8\cdots\cdots 2592 \qquad \begin{array}{r}292\\+90\\\hline\end{array}\ \cdots\cdots 8\times \sigma_8\times 9\cdots\cdots 2592$$

$$\begin{array}{r}29\\+209\\\hline\end{array}\ \cdots\cdots 9\times 8\times \sigma_8\cdots\cdots 2592 \qquad \begin{array}{r}90\\+292\\\hline\end{array}\ \cdots\cdots 8\times \sigma_8\times 9\cdots\cdots 2592$$

$$\begin{array}{r}209\\+21\\\hline\end{array}\ \cdots\cdots 9\times 8\times 9\cdots\cdots\ 648 \qquad \begin{array}{r}292\\+10\\\hline\end{array}\ \cdots\cdots 8\times 9\times 9\cdots\cdots\ 648$$

$$\begin{array}{r}29\\+201\\\hline\end{array}\ \cdots\cdots 9\times 8\times 9\cdots\cdots\ 648 \qquad \begin{array}{r}90\\+212\\\hline\end{array}\ \cdots\cdots 8\times 9\times 9\cdots\cdots\ 648$$

$$\begin{array}{r}292\\+92\\\hline\end{array}\ \cdots\cdots 8\times \sigma_8\times \sigma_8\cdots\cdots 1,0368 \qquad \begin{array}{r}290\\+90\\\hline\end{array}\ \cdots\cdots 8\times \sigma_8\times 1\cdots\cdots\ 288$$

$$\begin{array}{r}92\\+292\\\hline\end{array}\ \cdots\cdots 8\times \sigma_8\times \sigma_8\cdots\cdots 1,0368 \qquad \begin{array}{r}90\\+290\\\hline\end{array}\ \cdots\cdots 8\times \sigma_8\times 1\cdots\cdots\ 288$$

$$\begin{array}{r}292\\+12\\\hline\end{array}\ \cdots\cdots 8\times 9\times \sigma_8\cdots\cdots 2592 \qquad \begin{array}{r}290\\+10\\\hline\end{array}\ \cdots\cdots 8\times 9\times 1\cdots\cdots 72$$

$$\begin{array}{r}92\\+212\\\hline\end{array}\ \cdots\cdots 8\times 9\times \sigma_8\cdots\cdots 2592 \qquad \begin{array}{r}90\\+210\\\hline\end{array}\ \cdots\cdots 8\times 9\times 1\cdots\cdots 72$$

❻————三位数＋二位数——くりあがり2回——3,8880題⟨2×8×(σ_{10}−1)×σ_9⟩

$$\begin{array}{r}299\\+99\\\hline\end{array}\ \cdots\cdots 8\times \sigma_8\times \sigma_8\cdots\cdots 1,0368 \qquad \begin{array}{r}299\\+91\\\hline\end{array}\ \cdots\cdots 8\times \sigma_8\times 9\cdots\cdots 2592$$

$$\begin{array}{r}99\\+299\\\hline\end{array}\ \cdots\cdots 8\times \sigma_8\times \sigma_8\cdots\cdots 1,0368 \qquad \begin{array}{r}99\\+291\\\hline\end{array}\ \cdots\cdots 8\times \sigma_8\times 9\cdots\cdots 2592$$

$$\begin{array}{r}299\\+19\\\hline\end{array}\ \cdots\cdots 8\times 9\times \sigma_8\cdots\cdots 2592 \qquad \begin{array}{r}299\\+19\\\hline\end{array}\ \cdots\cdots 8\times 9\times 9\cdots\cdots\ 648$$

$$\begin{array}{r}19\\+299\\\hline\end{array}\ \cdots\cdots 8\times 9\times \sigma_8\cdots\cdots 2592 \qquad \begin{array}{r}99\\+211\\\hline\end{array}\ \cdots\cdots 8\times 9\times 9\cdots\cdots\ 648$$

IV―量と水道方式の算数1

$$\begin{array}{r}289\\+19\\\hline\end{array}\ \cdots\cdots 8\times8\times\sigma_8\cdots\cdots 2304 \qquad \begin{array}{r}289\\+11\\\hline\end{array}\ \cdots\cdots 8\times8\times9\cdots\cdots576$$

$$\begin{array}{r}89\\+219\\\hline\end{array}\ \cdots\cdots 8\times8\times\sigma_8\cdots\cdots 2304 \qquad \begin{array}{r}89\\+211\\\hline\end{array}\ \cdots\cdots 8\times8\times9\cdots\cdots576$$

$$\begin{array}{r}99\\+209\\\hline\end{array}\ \cdots\cdots 8\times1\times\sigma_8\cdots\cdots288 \qquad \begin{array}{r}99\\+201\\\hline\end{array}\ \cdots\cdots 8\times1\times9\cdots\cdots72$$

$$\begin{array}{r}209\\+99\\\hline\end{array}\ \cdots\cdots 8\times1\times\sigma_8\cdots\cdots288 \qquad \begin{array}{r}209\\+91\\\hline\end{array}\ \cdots\cdots 8\times1\times9\cdots\cdots72$$

❼──三位数＋一位数──くりあがりなし──9900題〈$2\times9\times10\times\sigma_{10}$〉

$$\begin{array}{r}222\\+2\\\hline\end{array}\ \cdots\cdots 9\times9\times\sigma_8\cdots\cdots 2961 \qquad \begin{array}{r}222\\+0\\\hline\end{array}\ \cdots\cdots 9\times9\times9\cdots\cdots729$$

$$\begin{array}{r}2\\+222\\\hline\end{array}\ \cdots\cdots 9\times9\times\sigma_8\cdots\cdots 2961 \qquad \begin{array}{r}0\\+222\\\hline\end{array}\ \cdots\cdots 9\times9\times9\cdots\cdots729$$

$$\begin{array}{r}220\\+2\\\hline\end{array}\ \cdots\cdots 9\times9\times9\cdots\cdots729 \qquad \begin{array}{r}220\\+0\\\hline\end{array}\ \cdots\cdots 9\times9\times1\cdots\cdots81$$

$$\begin{array}{r}202\\+2\\\hline\end{array}\ \cdots\cdots 9\times1\times\sigma_8\cdots\cdots324 \qquad \begin{array}{r}0\\+220\\\hline\end{array}\ \cdots\cdots 9\times9\times1\cdots\cdots81$$

$$\begin{array}{r}2\\+220\\\hline\end{array}\ \cdots\cdots 9\times9\times9\cdots\cdots729 \qquad \begin{array}{r}202\\+0\\\hline\end{array}\ \cdots\cdots 9\times1\times9\cdots\cdots81$$

$$\begin{array}{r}2\\+202\\\hline\end{array}\ \cdots\cdots 9\times1\times\sigma_8\cdots\cdots324 \qquad \begin{array}{r}0\\+202\\\hline\end{array}\ \cdots\cdots 9\times1\times9\cdots\cdots81$$

$$\begin{array}{r}200\\+2\\\hline\end{array}\ \cdots\cdots 9\times1\times9\cdots\cdots81 \qquad \begin{array}{r}200\\+0\\\hline\end{array}\ \cdots\cdots 9\times1\times1\cdots\cdots9$$

$$\begin{array}{r}2\\+200\\\hline\end{array}\ \cdots\cdots 9\times1\times9\cdots\cdots81 \qquad \begin{array}{r}0\\+220\\\hline\end{array}\ \cdots\cdots 9\times1\times1\cdots\cdots9$$

❽──三位数＋一位数──くりあがり1回──7290題〈$2\times9^2\times\sigma_9$〉

$$\begin{array}{r}229\\+9\\\hline\end{array}\ \cdots\cdots 9\times8\times\sigma_8\cdots\cdots 2592 \qquad \begin{array}{r}209\\+9\\\hline\end{array}\ \cdots\cdots 9\times1\times\sigma_8\cdots\cdots324$$

$$\begin{array}{r}9\\+229\\\hline\end{array}\ \cdots\cdots 9\times8\times\sigma_8\cdots\cdots 2592 \qquad \begin{array}{r}9\\+209\\\hline\end{array}\ \cdots\cdots 9\times1\times\sigma_8\cdots\cdots324$$

$$\begin{array}{r}229\\+1\\\hline\end{array}\ \cdots\cdots 9\times8\times9\cdots\cdots648 \qquad \begin{array}{r}209\\+1\\\hline\end{array}\ \cdots\cdots 9\times1\times9\cdots\cdots81$$

$$\begin{array}{r}9\\+221\\\hline\end{array}\ \cdots\cdots 9\times8\times9\cdots\cdots648 \qquad \begin{array}{r}9\\+201\\\hline\end{array}\ \cdots\cdots 9\times1\times9\cdots\cdots81$$

❾──三位数＋一位数──くりあがり2回──720題〈$2\times8\times\sigma_9$〉

$$\begin{array}{r}299\\+9\\\hline\end{array}\ \cdots\cdots 8\times1\times\sigma_8\cdots\cdots288 \qquad \begin{array}{r}9\\+291\\\hline\end{array}\ \cdots\cdots 8\times1\times9\cdots\cdots72$$

$$\begin{array}{r}9\\+299\\\hline\end{array}\ \cdots\cdots 8\times1\times\sigma_8\cdots\cdots288 \qquad \begin{array}{r}299\\+1\\\hline\end{array}\ \cdots\cdots 8\times1\times9\cdots\cdots72$$

ひき算

●――補加法

ひき算はたし算と似たようなものですから、似たような方式で問題を分類して配列してあります。ただ、ひき算は、たし算よりもめんどうな点があります。たし算は二つの数を合併するということでいいのですが、ひき算になると、いろいろなものが出てきます。

まず、日本ではやりませんが、"補加法"というやりかたがあります。これはどういうのかというと、5－2 を、つぎのように考えます。

$$5 = 2 + \square$$

2に何を補ったら5になるか、これを 5－2 の意味だと考える。補い加える方法ですから、補加法といいます。ヨーロッパの買い物の習慣などがこうなっております。100円のお金を出して、70円のものを買った時には、向こうの商人は、70円の品物に30円を加えて、100円と等しくしておいて100円ととりかえる、というやりかたでおつりの30円を計算します。これは、結果においては同じ答えが出ますが、ひき算というよりもたし算の逆です。ある意味ではたいへん幼稚なやりかたです。ヨーロッパの教科書では、ふつうのひき算のほかに、この補加法という特別なやりかたをわざわざ指導している本もあります。やはり、ヨーロッパの習慣がそうだから、そういうものを教えておこうというわけです。

しかし、日本では、こういう習慣はありません。日本人の商人はちゃんとひき算をやって答えを出しています。つまり、日本では、たし算とひき算がいちおうべつの計算として確立しているのです。あとでそれを逆

算として結びつけてあるのです。そう考えますと，
　　　5＝2＋□
というような問題を，日本の子どもはやたらにやる必要はないわけです。日本の子どもには，やはり，ひき算というものを独立におぼえさせて，そのあとでたし算と結びつけるというほうが実際的です。
　ところが，日本の教科書には，
　　　5＝2＋□
あるいは，極端なのは，
　　　5は2と□
と書いてあるのですが，私は，これは子どもにはたいへんむずかしいと考えられるし，また，そんな問題をやる必要はないのです。なぜなら，補加法が日本にはないからです。日本でこういう問題をやたらにやらせるのは，算数教育のやりかたをうわべだけまねをして，日本へとり入れようとした考えかたのなごりだと思います。

●──求残から求差へ

また，ひき算には二つの意味があります。それは"求残"と"求差"です。求残というのは，おはじき5つからおはじき3つをとり去った残りを求めるという意味です。求差というのは，花びんが5つあって，花が3本ある時に，差はいくつかを求めるのです。花びんは花よりもいくつだけ多いか，その差を求める，これが求差です。この二つは，明らかに違った意味をもっています。少なくとも，子どもにとっては意味が違っています。もちろん，求残のほうがやさしいのです。ところが，日本の教科書では，この二つを区別しないで，でたらめにまぜ合わせたような考えかたが強いのです。

求差というのは，花びんと花の例でいうと，花びんに花をさした時に，花のさせない残りの花びんはいくらかという問題になります。それは，まず花の集まりと花びんの集まりを二つ考えて，その二つの集まりの間に1対1対応をつける，つまり，花びんに花をさすということです。1つの花びんに1つの花をさす。1対1対応をつけておいて，花のさしてある花びんを花びん全体からひくということです。つまり，求差というのは，1対1対応と求残を組み合わせたものです。だから，考えかたと

しては求残よりはむずかしいわけです。こういうことも，これからは，はっきり区別していかなければなりません。

これは実際あった話ですが，「男の子が5人と女の子が3人いたとします。男の子は女の子よりも何人多いでしょうか」というのに，先生が5－3＝2 とやったら，子どもは，「男の子から女の子はひけません」といったのです。これは，子どもがひき算というのは求残ばかりだと考えていたからです。ところが，求差の問題がごっちゃに入っていたために，こういうまちがいを生じたのです。だから，求残をじゅうぶんやってから求差をやる必要があります。

●───助数詞

日本語には助数詞という特別なものがあります。これは1, 2, 3, ……のほかに，1個，2個，3個，……と"個"をつけたり，1枚，2枚，3枚，……と"枚"をつけたり，1匹，2匹，3匹，……としてみたり，こういうように，数に対して，さらに"個""枚""匹"といったようなものをつける，これが助数詞です。ヨーロッパ語にはこれはありません。これは日本語と中国語の特徴です。

ところが，これを算数教育で，どうとり扱うかということは，小学校低学年の指導上，大きな問題になります。教科書の中には，いつまでたっても，"1枚＋2枚＝3枚"というように，枚という字をつけたり，匹をつけたりしている教科書が多いのですが，これは問題だと思います。これは結論的にいうと，いらないと思うのです。

子どもはそういう計算をやる段階になると，ネコ1匹と紙1枚というのは1対1対応がつくということをじゅうぶん知っているはずなのです。だから，その"1"は，1対1対応のつく"1"ということも知っているわけです。だから，これに枚とか匹という助数詞をつけることは，せっかく高まった子どもの考えかたを幼稚な段階にひきもどす結果になります。すでにネコ1匹の"1"も，紙1枚の"1"も，じつは同じ"1"なんだということがわかっているのです。これをわざわざ枚とか匹で区別することはひきもどしになります。

この助数詞をやたらにつけると，やっかいなことがたくさん起こります。これはさっき求差の問題でいったのですが，花びん5つから花3本をひ

くという場合に残りはいくらかというと、"5こ－3ぼん"という式を，子どもは自然に立てます。こういう点でもまずいのです。

それから，この助数詞は，前の数の影響を受けて変化することが多いわけです。たとえば，"匹"などというのは，"1ぴき＋2ひき＝3びき"と書くと，"ぴき""ひき""びき"と三種類に使いわけて書かなければなりません。これは子どもにとってはたいへんやっかいな仕事だと思います。このようなものを式の中につける必要はないのです。

ただ，応用問題で，答えを要求しているものにはつけないと，やはり，具合が悪いでしょう。これは日本人に生まれた以上，仕方がありません。答えにだけはつけるが，式にはこういう助数詞はつけない方針のほうがいいのです。

●──減加法と減々法

くり下がりのあるひき算では，たとえば，13－5 という時に，二とおりのやりかたがあります。それは減加法と減々法です。

減加法というのは，13から5をひく時に，一位の3からは5がひけないから，十位の10から5をひくと，5が残ります。そして，3がもとからあるから，3をたして8になる。こういうやりかたが減加法です。

減々法というのは，13から5をひく時に，一位の3から5をひきますが，ひいてもまだ2だけひきたりませんから，その2をあとで10からひいて，8がでるという考えかたです。このように，考えかたが違うわけです。

減加法は，式で書くと，
$$13-5=(10-5)+3=8$$
になるし，減々法は，
$$13-5=10-(5-3)=8$$
というようになります。

この両方をはじめから並べて指導するやりかたもあります。しかし，この二つのやりかたを並行してやるということは，子どもに混乱を起こします。どちらを先にやったほうがいいでしょうか。もちろん，あとで，子どもが片方のやりかたが好きになれば，それはかまいません。しかし，最初は，一つのやりかたで考えるようにしたほうがいいと思います。

だいたいヨーロッパでは減々法を使っているのが多いようです。しかし，

私は，減加法のほうが入りやすくてやさしいと思います。どうしてかというと，読んで字のごとく，減加法はひき算とたし算を使いますが，減々法はひき算を2回使うわけです。たし算とひき算のどちらがやさしいかというと，やはり，たし算のほうがやさしいです。だから，そういう意味からも，減加法のほうがやさしいと思われます。

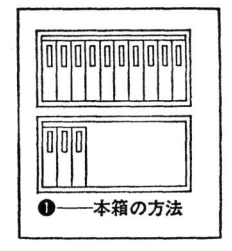

　減々法では，13−5 の場合，その5というのを頭の中で動かしているわけですが，その動かしている数を，もう一回，動かすことになります。それで，子どもはおそらくまごつくだろうと思います。ところが，減加法のほうは，10から5をひいて答えの5が出たら，動かない10から引いて答えの5が出てきたのですから，これと，もとからある3をたす。ですから，そちらのほうがやさしいと思います。

　だいたいにおいて，少しできの悪い子どもは，減々法はとっつきにくく，減加法だったら，どんな子どもにもわかるようです。もちろん，できる子がだんだん減々法ができるようになったら，それはけっこうなことです。そうなれば，自由にまかせておいてよいでしょう。

　たとえば，13から4をひくなどは，たいていの子どもは減々法でやるようになります。それは一の位の3と，ひく数の4とが1つしか違わないので，自然に減々法を考えるのです。一位の数と，ひく数が非常に接近していると，減々法にいきやすいようです。こういうのはけっこうだと思いますが，問題は最初の指導です。

　これの指導も，たし算のときの本箱の方法を使います——図❶。本箱の一つのワクに10冊入る，隣りのワクに，もう10冊入るとしておいて，13冊の本が並んでいる場合は，10冊のワクにいっぱい入って，隣りのワクに3冊入っています。その時に減々法では余っているほうからひいていくわけです。ところが，減加法は10のほうから崩していくわけですから，上から下へ並んでいるとすると，上のほうからとっていきます。算数というものは，大きくなると，もう，そんなものはどっちでもいい，区別しなくてもけっこうですが，最初に勉強する子どもにとっては，減々法か減加法かは大きな影響を及ぼす大事な問題点なのです。

❶——本箱の方法

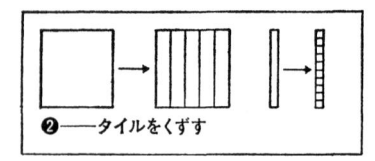

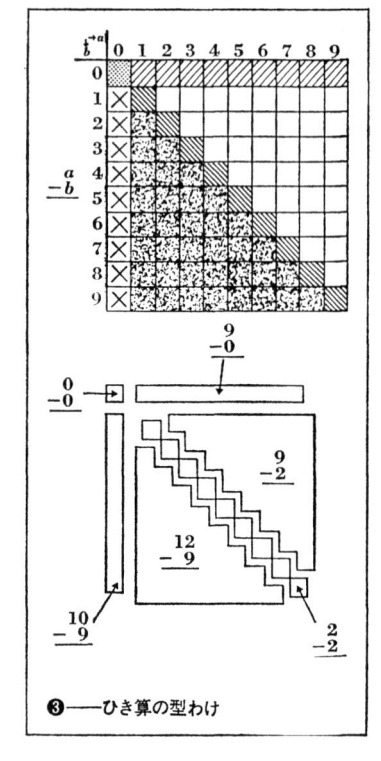

●──2段くり下がりのあるひき算

もう一つ，ひき算で問題になるのは，"2段くり下がり"といわれるものです。

2-9分類法の分類でいうと，922から299をひくときは，これは"2回くり下がり"です。一の位と十の位がくり下がっているわけです。これはそんなにむずかしくありません。

ところが，"2段くり下がり"というのは，902から229をひくという計算です。これは子どもにとってはむずかしいのです。2から9をひきたいけれども，ひけない。隣りの十のケタから借りてこようとすると，そこには何もありません。0です。そこで，もう一つ大きな百のケタから借りてこなければいけません。だから，この考えかたがむずかしいわけです。タイルでやると，百を十に崩して，十を，もう1回崩すという，2回崩す操作があるわけです。これは子どもにとっては非常にむずかしく，できない子どもにとってはたいへん骨の折れる計算です。考えかたがむずかしいからです。

これは，子どもが十の位のお父さんからおこづかいをもらおうと思ったら，お父さんはちょうどもっていなかった。お父さんが今度，百の位のおじいさんにお金をもらって，また，それを子どもに貸してやるというので，こういう型の計算を"おじいさん型"のひき算とよんでいる人もいます。

この計算を指導する時には，タイルはたいへん都合がいいのです。タイルは百とか十が目に見えて，大きさがそのままずばりとなっているために，百を崩して十にして，その十を，さらに崩すということが，タイル

では目の前に見ることができます——図❷。

ところが，これがお金だと，100円の銀貨を10円に両替えして，その10円の銅貨を，さらに1円のアルミ貨にかえるということをしなければいけません。これは子どもにとってはやっかいな考えかたです。それから色板に至っては，まったく混乱してわからなくなります。色板は，要するに，100に当たる青板を10枚の黄色い板に分けて，その黄色い板の1枚を，さらに赤板10枚に分けて考えるのですから，複雑で，わけがわからなくなります。

この2段くり下がりの指導になると，タイルの威力が本当によくわかります。ほかの手段では落第です。この〝おじいさん型〟のひき算はタイルでやらないとうまくいかないと，現場の先生がたがいっています。

●――ひき算の素過程

ひき算はたし算の逆ですから，素過程の表もたし算と同じようなものです。表にすると，❸のようなものです。右上はくり下がりなしで，左下はくり下がりのあるひき算です。0でないのは，やはり，36ずつあり，中央は，$\begin{array}{r}2\\-2\\\hline\end{array}$ のように，答えが0になるものです。使い方はたし算と同じです。この表で偏食を防ぐことができ，おかあさんが自分で問題をつくることもできます。

●――三位数－三位数の型わけ――49,5450題 $\langle \sigma_{1000} - \sigma_{100} \rangle$

❶――三位数－三位数－くりあがりなし――13,6125題 $\langle \sigma_9 \times \sigma_{10}^2 \rangle$

$\begin{array}{r}999\\-222\\\hline\end{array}$ ……$\sigma_8 \times \sigma_8 \times \sigma_8$ …4,6656

$\begin{array}{r}992\\-222\\\hline\end{array}$ ……$\sigma_8 \times \sigma_8 \times 9$ ……1,1664

$\begin{array}{r}990\\-220\\\hline\end{array}$ ……$\sigma_8 \times \sigma_8 \times 1$ ………1296

$\begin{array}{r}929\\-222\\\hline\end{array}$ ……$\sigma_8 \times 9 \times \sigma_8$ ……1,1664

$\begin{array}{r}909\\-202\\\hline\end{array}$ ……$\sigma_8 \times 1 \times \sigma_8$ ………1296

$\begin{array}{r}992\\-202\\\hline\end{array}$ ……$\sigma_8 \times 9 \times 9$ ………2916

$\begin{array}{r}990\\-200\\\hline\end{array}$ ……$\sigma_8 \times 9 \times 1$ ……… 324

$\begin{array}{r}929\\-220\\\hline\end{array}$ ……$\sigma_8 \times 9 \times 9$ ………2916

$\begin{array}{r}909\\-200\\\hline\end{array}$ ……$\sigma_8 \times 1 \times 9$ ……… 324

$\begin{array}{r}922\\-222\\\hline\end{array}$ ……$\sigma_8 \times 9 \times 9$ ………2916

$\begin{array}{r}920\\-220\\\hline\end{array}$ ……$\sigma_8 \times 9 \times 1$ ……… 324

$\begin{array}{r}902\\-202\\\hline\end{array}$ ……$\sigma_8 \times 1 \times 9$ ……… 324

$\begin{array}{r}900\\-200\\\hline\end{array}$ ……$\sigma_8 \times 1 \times 1$ ……… 36

$\begin{array}{r}999\\-220\\\hline\end{array}$ ……$\sigma_8 \times \sigma_8 \times 9$ ……1,1664

$\begin{array}{r}999\\-\ 202\\\hline\end{array}$	$\sigma_8\times9\times\sigma_8$	1,1664
$\begin{array}{r}999\\-\ 200\\\hline\end{array}$	$\sigma_8\times9\times9$	2916
$\begin{array}{r}299\\-\ 222\\\hline\end{array}$	$9\times\sigma_8\times\sigma_8$	1,1664
$\begin{array}{r}299\\-\ 220\\\hline\end{array}$	$9\times\sigma_8\times9$	2916
$\begin{array}{r}299\\-\ 202\\\hline\end{array}$	$9\times9\times\sigma_8$	2916
$\begin{array}{r}299\\-\ 200\\\hline\end{array}$	$9\times9\times9$	729
$\begin{array}{r}292\\-\ 222\\\hline\end{array}$	$9\times\sigma_8\times9$	2916
$\begin{array}{r}292\\-\ 202\\\hline\end{array}$	$9\times9\times9$	729
$\begin{array}{r}290\\-\ 220\\\hline\end{array}$	$9\times\sigma_8\times1$	324
$\begin{array}{r}290\\-\ 200\\\hline\end{array}$	$9\times9\times1$	81
$\begin{array}{r}229\\-\ 222\\\hline\end{array}$	$9\times9\times\sigma_8$	2916
$\begin{array}{r}229\\-\ 220\\\hline\end{array}$	$9\times9\times9$	729
$\begin{array}{r}209\\-\ 202\\\hline\end{array}$	$9\times1\times\sigma_8$	324
$\begin{array}{r}209\\-\ 200\\\hline\end{array}$	$9\times1\times9$	81
$\begin{array}{r}222\\-\ 222\\\hline\end{array}$	$9\times9\times9$	729
$\begin{array}{r}220\\-\ 220\\\hline\end{array}$	$9\times9\times1$	81
$\begin{array}{r}202\\-\ 202\\\hline\end{array}$	$9\times1\times9$	81
$\begin{array}{r}200\\-\ 200\\\hline\end{array}$	$9\times1\times1$	9

❷——三位数－三位数—くりさがり1回——18,0225題〈$\sigma_9{}^3+\sigma_8\times\sigma_9\times\sigma_{10}$〉

$\begin{array}{r}992\\-\ 229\\\hline\end{array}$	$\sigma_8\times\sigma_7\times\sigma_8$	3,6288
$\begin{array}{r}992\\-\ 209\\\hline\end{array}$	$\sigma_8\times8\times\sigma_8$	1,0368
$\begin{array}{r}929\\-\ 292\\\hline\end{array}$	$\sigma_7\times\sigma_8\times\sigma_8$	3,6288
$\begin{array}{r}929\\-\ 290\\\hline\end{array}$	$\sigma_7\times\sigma_8\times9$	9072
$\begin{array}{r}990\\-\ 229\\\hline\end{array}$	$\sigma_8\times\sigma_7\times9$	9072
$\begin{array}{r}990\\-\ 209\\\hline\end{array}$	$\sigma_8\times8\times9$	2592
$\begin{array}{r}909\\-\ 292\\\hline\end{array}$	$\sigma_7\times9\times\sigma_8$	9072
$\begin{array}{r}909\\-\ 290\\\hline\end{array}$	$\sigma_7\times9\times9$	2268
$\begin{array}{r}922\\-\ 292\\\hline\end{array}$	$\sigma_7\times\sigma_8\times9$	9072
$\begin{array}{r}920\\-\ 290\\\hline\end{array}$	$\sigma_7\times\sigma_8\times1$	1008
$\begin{array}{r}902\\-\ 292\\\hline\end{array}$	$\sigma_7\times9\times9$	2268
$\begin{array}{r}900\\-\ 290\\\hline\end{array}$	$\sigma_7\times9\times1$	252
$\begin{array}{r}932\\-\ 229\\\hline\end{array}$	$\sigma_8\times8\times\sigma_8$	1,0368
$\begin{array}{r}930\\-\ 229\\\hline\end{array}$	$\sigma_8\times8\times9$	2592
$\begin{array}{r}912\\-\ 209\\\hline\end{array}$	$\sigma_8\times1\times\sigma_8$	1296
$\begin{array}{r}910\\-\ 209\\\hline\end{array}$	$\sigma_8\times1\times9$	324
$\begin{array}{r}292\\-\ 229\\\hline\end{array}$	$8\times\sigma_7\times\sigma_8$	9072
$\begin{array}{r}292\\-\ 209\\\hline\end{array}$	$9\times8\times\sigma_8$	2592
$\begin{array}{r}290\\-\ 229\\\hline\end{array}$	$9\times\sigma_7\times9$	2268
$\begin{array}{r}290\\-\ 209\\\hline\end{array}$	$9\times8\times9$	648
$\begin{array}{r}329\\-\ 292\\\hline\end{array}$	$8\times\sigma_8\times\sigma_8$	1,0368
$\begin{array}{r}329\\-\ 290\\\hline\end{array}$	$8\times\sigma_8\times8$	2592

$$\begin{array}{r}309\\-292\\\hline\end{array}\cdots 8\times 9\times\sigma_8\cdots 2592 \qquad \begin{array}{r}300\\-290\\\hline\end{array}\cdots 8\times 9\times 1\cdots 72$$

$$\begin{array}{r}309\\-290\\\hline\end{array}\cdots 8\times 9\times 9\cdots 648 \qquad \begin{array}{r}232\\-229\\\hline\end{array}\cdots 9\times 8\times\sigma_8\cdots 2592$$

$$\begin{array}{r}322\\-292\\\hline\end{array}\cdots 8\times\sigma_8\times 9\cdots 2592 \qquad \begin{array}{r}230\\-229\\\hline\end{array}\cdots 9\times 8\times 9\cdots 648$$

$$\begin{array}{r}320\\-290\\\hline\end{array}\cdots 8\times\sigma_8\times 9\cdots 288 \qquad \begin{array}{r}212\\-209\\\hline\end{array}\cdots 9\times 1\times\sigma_8\cdots 324$$

$$\begin{array}{r}302\\-292\\\hline\end{array}\cdots 8\times 9\times 9\cdots 648 \qquad \begin{array}{r}210\\-209\\\hline\end{array}\cdots 9\times 1\times 9\cdots 81$$

❸──三位数ー三位数──くりさがり2回──8,9100題⟨$\sigma_8\times\sigma_9\times\sigma_{10}$⟩

$$\begin{array}{r}922\\-299\\\hline\end{array}\cdots\sigma_7\times\sigma_8\times\sigma_8\cdots 3,6288 \qquad \begin{array}{r}902\\-209\\\hline\end{array}\cdots\sigma_7\times 1\times\sigma_8\cdots 1008$$

$$\begin{array}{r}920\\-299\\\hline\end{array}\cdots\sigma_7\times\sigma_8\times 9\cdots 9072 \qquad \begin{array}{r}900\\-209\\\hline\end{array}\cdots\sigma_7\times 1\times 9\cdots 252$$

$$\begin{array}{r}922\\-229\\\hline\end{array}\cdots\sigma_7\times 9\times\sigma_8\cdots 9072 \qquad \begin{array}{r}902\\-299\\\hline\end{array}\cdots\sigma_7\times 1\times\sigma_8\cdots 1008$$

$$\begin{array}{r}920\\-229\\\hline\end{array}\cdots\sigma_7\times 9\times 9\cdots 2268 \qquad \begin{array}{r}900\\-299\\\hline\end{array}\cdots\sigma_7\times 1\times 9\cdots 252$$

$$\begin{array}{r}322\\-299\\\hline\end{array}\cdots 8\times\sigma_8\times\sigma_8\cdots 1,0368 \qquad \begin{array}{r}302\\-229\\\hline\end{array}\cdots 8\times 8\times\sigma_8\cdots 2304$$

$$\begin{array}{r}320\\-299\\\hline\end{array}\cdots 8\times\sigma_8\times 9\cdots 2592 \qquad \begin{array}{r}300\\-229\\\hline\end{array}\cdots 8\times 8\times 9\cdots 576$$

$$\begin{array}{r}322\\-229\\\hline\end{array}\cdots 8\times 9\times\sigma_8\cdots 2592 \qquad \begin{array}{r}302\\-209\\\hline\end{array}\cdots 8\times 1\times\sigma_8\cdots 288$$

$$\begin{array}{r}320\\-229\\\hline\end{array}\cdots 8\times 9\times 9\cdots 648 \qquad \begin{array}{r}300\\-209\\\hline\end{array}\cdots 8\times 1\times 9\cdots 72$$

$$\begin{array}{r}902\\-229\\\hline\end{array}\cdots\sigma_7\times 8\times\sigma_8\cdots 8064 \qquad \begin{array}{r}302\\-299\\\hline\end{array}\cdots 8\times 1\times\sigma_8\cdots 288$$

$$\begin{array}{r}900\\-229\\\hline\end{array}\cdots\sigma_7\times 8\times 9\cdots 2016 \qquad \begin{array}{r}300\\-299\\\hline\end{array}\cdots 8\times 1\times 9\cdots 72$$

❹──三位数ー二位数──くりさがりなし──2,2275題⟨$9\times\sigma_9\times\sigma_{10}$⟩

$$\begin{array}{r}999\\-22\\\hline\end{array}\cdots 9\times\sigma_8\times\sigma_8\cdots 1,1664 \qquad \begin{array}{r}929\\-22\\\hline\end{array}\cdots 9\times 9\times\sigma_8\cdots 2916$$

$$\begin{array}{r}999\\-20\\\hline\end{array}\cdots 9\times\sigma_8\times 9\cdots 2916 \qquad \begin{array}{r}929\\-20\\\hline\end{array}\cdots 9\times 9\times 9\cdots 729$$

$$\begin{array}{r}992\\-22\\\hline\end{array}\cdots 9\times\sigma_8\times 9\cdots 2916 \qquad \begin{array}{r}922\\-22\\\hline\end{array}\cdots 9\times 9\times 9\cdots 729$$

$$\begin{array}{r}990\\-20\\\hline\end{array}\cdots 9\times\sigma_8\times 1\cdots 324 \qquad \begin{array}{r}920\\-20\\\hline\end{array}\cdots 9\times 9\times 1\cdots 81$$

Ⅳ—量と水道方式の算数 1

❺ ──── 三位数－二位数──くりさがり 1 回──── 36855題 ⟨9×σ_8×σ_9＋9×σ_9×σ_{10}⟩

$\begin{array}{r}992\\-29\\\hline\end{array}$ ……9×σ_7×σ_8……9072
$\begin{array}{r}932\\-29\\\hline\end{array}$ ……9×8×σ_8………2592

$\begin{array}{r}990\\-29\\\hline\end{array}$ ……9×σ_7×9………2268
$\begin{array}{r}930\\-29\\\hline\end{array}$ ……9×8×9………648

$\begin{array}{r}929\\-92\\\hline\end{array}$ ……8×σ_8×σ_8……1,0368
$\begin{array}{r}129\\-92\\\hline\end{array}$ ……1×σ_8×σ_8………1296

$\begin{array}{r}929\\-90\\\hline\end{array}$ ……8×σ_8×9………2592
$\begin{array}{r}129\\-90\\\hline\end{array}$ ……1×σ_8×9………324

$\begin{array}{r}909\\-92\\\hline\end{array}$ ……8×9×σ_8………2592
$\begin{array}{r}109\\-92\\\hline\end{array}$ ……1×9×σ_8………324

$\begin{array}{r}909\\-90\\\hline\end{array}$ ……8×9×9………648
$\begin{array}{r}109\\-90\\\hline\end{array}$ ……1×9×9………81

$\begin{array}{r}922\\-92\\\hline\end{array}$ ……8×σ_8×9………2592
$\begin{array}{r}122\\-92\\\hline\end{array}$ ……1×σ_8×9………324

$\begin{array}{r}920\\-90\\\hline\end{array}$ ……8×σ_8×1………288
$\begin{array}{r}120\\-90\\\hline\end{array}$ ……1×σ_8×1………36

$\begin{array}{r}902\\-92\\\hline\end{array}$ ……8×9×9………648
$\begin{array}{r}102\\-92\\\hline\end{array}$ ……1×9×9………81

$\begin{array}{r}900\\-90\\\hline\end{array}$ ……8×9×1………72
$\begin{array}{r}100\\-90\\\hline\end{array}$ ……1×9×1………9

❻ ──── 三位数－二位数──くりさがり 2 回──── 2,1870題 ⟨9×(σ_{10}－1)×σ_9⟩

$\begin{array}{r}922\\-99\\\hline\end{array}$ ……8×σ_8×σ_8……1,0368
$\begin{array}{r}902\\-29\\\hline\end{array}$ ……8×8×σ_8………2364

$\begin{array}{r}920\\-99\\\hline\end{array}$ ……8×σ_8×9………2592
$\begin{array}{r}900\\-29\\\hline\end{array}$ ……8×8×9………576

$\begin{array}{r}920\\-29\\\hline\end{array}$ ……8×9×σ_8………2592
$\begin{array}{r}902\\-99\\\hline\end{array}$ ……8×1×σ_8………288

$\begin{array}{r}920\\-29\\\hline\end{array}$ ……8×9×9………648
$\begin{array}{r}900\\-99\\\hline\end{array}$ ……8×1×9………72

$\begin{array}{r}122\\-99\\\hline\end{array}$ ……1×σ_8×σ_8………1296
$\begin{array}{r}102\\-29\\\hline\end{array}$ ……1×8×σ_8………288

$\begin{array}{r}120\\-99\\\hline\end{array}$ ……1×σ_8×9………324
$\begin{array}{r}100\\-29\\\hline\end{array}$ ……1×8×9………72

$\begin{array}{r}122\\-29\\\hline\end{array}$ ……1×9×σ_8………324
$\begin{array}{r}102\\-99\\\hline\end{array}$ ……1×1×σ_8………36

$\begin{array}{r}120\\-29\\\hline\end{array}$ ……1×9×9………81
$\begin{array}{r}100\\-99\\\hline\end{array}$ ……1×1×9………9

❼ ──── 三位数 − 一位数 ──── 9000題

$$\begin{array}{r}999\\-2\end{array}$$ ……$9\times 9\times\sigma_8$ ………2916
$$\begin{array}{r}992\\-9\end{array}$$ ……$9\times 8\times\sigma_8$ ………2592

$$\begin{array}{r}909\\-2\end{array}$$ ……$9\times 1\times\sigma_8$ ……… 324
$$\begin{array}{r}990\\-9\end{array}$$ ……$9\times 8\times 9$………… 648

$$\begin{array}{r}992\\-2\end{array}$$ ……$9\times 9\times 9$………… 729
$$\begin{array}{r}912\\-9\end{array}$$ ……$9\times 1\times\sigma_8$ ……… 324

$$\begin{array}{r}902\\-2\end{array}$$ ……$9\times 1\times 9$……………81
$$\begin{array}{r}910\\-9\end{array}$$ ……$9\times 1\times 9$……………81

$$\begin{array}{r}999\\-0\end{array}$$ ……$9\times 9\times 9$………… 729
$$\begin{array}{r}902\\-9\end{array}$$ ……$8\times 1\times\sigma_8$ ……… 288

$$\begin{array}{r}990\\-0\end{array}$$ ……$9\times 9\times 1$……………81
$$\begin{array}{r}900\\-9\end{array}$$ ……$8\times 1\times 9$……………72

$$\begin{array}{r}909\\-0\end{array}$$ ……$9\times 1\times 9$……………81
$$\begin{array}{r}102\\-9\end{array}$$ ……$1\times 1\times\sigma_8$ …………36

$$\begin{array}{r}900\\-0\end{array}$$ ……$9\times 1\times 1$…………… 9
$$\begin{array}{r}100\\-9\end{array}$$ ……$1\times 1\times 9$…………… 9

Ⅳ─量と水道方式の算数1

かけ算

●──かけ算の意味を考えなおす

かけ算の意味などを今さらいうのはおかしいと思う人があるかもしれません。かけ算は大昔から意味がきまっているではないかというかもしれません。だが，ちょっと待ってください。じつはかけ算の意味には，もう一回，考えてみなければならない問題があるのです。おそらくみなさんは，かけ算というのはたし算のくり返しとして教わったでしょう。すなわち，

$$2 \times 3 = 2+2+2$$

として教わっているでしょう。つまり，同じ数をたす時，つまり，たし算のくり返しがかけ算だと相場がきまっていました。

ところが，じつはその定義に重大な問題が含まれているのです。かけ算をたし算のくり返しとして定義すると，あとへいって困ることがあります。それは何かというと，×小数，×分数になってくると，この定義ではだめです。つまり，たし算のくり返しではなくなるのです。たとえば，$\times \frac{2}{3}$ というのは，ある数を3でわって2をかけることなのですから，わり算とかけ算との組み合わさったものであって，けっしてたし算のくり返しではありません。

これは6年になって出てきますが，じつはここで子どもたちはひどく迷ってしまうのです。2年でかけ算を教わる時はたし算のくり返しとして教わったので，それを忠実におぼえて計算をやってきて，そうだとばかり思いこんでいたら，今度は，×分数になると，とたんに変わってくる，

同じかけ算なのに，どうしてこんなに変わるのかと考えるのです。子どもにかわって子どもの疑問を考えてやれば，そういうことになります。算数で，×分数，÷分数が一番むずかしいといわれるのは，じつはそこです。そこがむずかしいのではなくて，最初に教わったことをひっくり返して，考えのきりかえをやることがむずかしいのです。それなら，もう少し最初にかえって，2年でかけ算の意味をきめる時に，違った考えかたができないだろうかという問題がおこってきます。ところが，そういう方法があるのです。

●──かけ算の新しい定義

まず，かけ算をたし算からきり離して説明することです。そんなことができるのかといわれるかもしれませんが，それはできるのです。たとえば，2×3 は，例でいうと，ウサギは耳を1匹で2本ずつ持っています。どのウサギも耳を2本ずつ持っていますが，〝3匹分のウサギの耳の数〟として 2×3 を定義する，つまり，×3 の3は〝3匹分〟という意味です。こういう定義をしますと，6という答えがともかくも出てきます。しかし，その時に，子どもはかならずしも 2+2+2 とは考えません。これは実際，教えてみるとわかりますが，どの子も 2+2+2 でやるわけではなくて，3+3 でやってる子どももいます。子どもにきくと，左の耳だけでは3本，右の耳が3本だから，3+3 と考えています。ある子どもは絵をかいて，1本ずつ勘定するのもいます。これもけっして累加ではありません。要するに，どの考えかたでもいいのです。ともかくも，答えがちゃんときまります。そうすると，〝かけ算＝累加〟という考えかたを避けることができます。

あとで分数になってくると，つぎのように やればいいのです。〝1ヤール 300 円の布を $\frac{2}{3}$ ヤール分かうといくらか〟，その時は，前と同じに，$\times\frac{2}{3}$ という式をかけばいいのです。この場合，何の抵抗もありません。これは $\times\frac{2}{3}$ というものがヤールの量として目に見えているからです。累加では，×3 の3は，たし算の回数です。回数というのはなかなか頭に思い浮かべることができません。ところが，ウサギ3匹だと，3匹というものが目に見えているから，たいへんおぼえやすいことになります。この定義でいくと，×分数にはいった時に考えのきりかえを必要としま

せん。前のと同じです。たし算のくり返しと考えていないのですから，少しも抵抗がありません。

他にも，5，6年に行って，×分数が出る前に，すでにこの方法がすぐれていることが出てきます。それは，×1 と ×0 です。

今までは，×1 と ×0 をうまく定義できなかったのです。たし算のくり返しとしてやると，2×1 というのはたし算を1回もしていないのです。2はそのままなのです。それから 2×0 も，ぜんぜんたし算をしていません。子どもはたし算のくり返しだと教わったのに，×0 と ×1 はぜんぜんたし算ではないのですから，とてもふしぎがるわけです。ところが，新しい考えかただと，〝1匹分〟〝0匹分〟で定義するのですから，何のふしぎもありません。このように，すでに2年の段階から，このやりかたのすぐれていることがわかります。

●——量とかけ算

このやりかたを，われわれは〝量×量〟といっております。それは，かける数がすぐ目に見える量だからです。要するに，かけ算とたし算は最初のうちこそ似たようなものですが，先へいくと，うんと違った計算なので，別のものになります。そういう性格を持っています。×分数，×小数になってくると，まるで違ったものになってきます。

行き先のちがう列車でも，はじめは同じレールの上を走っていることがあります。ところが，あるところまでくると，分かれることがあります。これは，たとえていうと，東京の上野駅からいろいろな方向の汽車が出ていますが，東北線と信越線は，大宮までは同じ線路の上を走っていますが，大宮からは分かれてしまいます。行き先が別の方向になります。その時に，今までのやりかたは，かりに新潟へ行くのに，上野で仙台行きの汽車にのせておいて，大宮でのりかえさせるようなものです。だから，大宮で迷子になります。ところが，新しい考え方では，それを見越して上野でのる時に新潟行きに最初からのせるようなものです。だから，乗り換えなしの直行で行けます。つまり，同じレールを走っている時でも，行き先の違った汽車にのせる，こういうやりかたで，かけ算やわり算を定義しておきます。つまり，×と÷は，＋と－とは非常に異質の計算だと考える考えかたでいくのです。

これはあとで量の体系をお話する時にはっきりわかります。われわれは量を外延量と内包量に分けますが、外延量というのは、だいたいたし算・ひき算に関係した量であるし、内包量はかけ算・わり算と関係しています。だから、明らかに違った根拠をもっているので、たし算・ひき算と、かけ算・わり算は区別して教えるという考えかたがでてきたのです。これは今までの考えかたと違います。

今までのやりかたは、すべてをたし算から導き出していくやりかたです。ひき算はたし算の逆、かけ算はたし算のくり返し、わり算はひき算のくり返しというような考えかたでいくわけです。これのやり方は広く用いられていますが、改めたほうがよいでしょう。

さて、かけ算の素過程に当たるものは何か。もちろん、これは基数、つまり、0から9までの数のかけ算です。これはかけ算九九です。

かけ算九九はどういうふうにして教えるか。今の指導要領(1958年版)では2年でかけ算九九を教えますが、かけ算九九の全部を教えないという方針をとっております。2年で一部分やり、3年で全部を完成するというやりかたをとっていますが、こういうふうに、かけ算九九を一まとめでなくて、ばらばらにきり離して教えるというやりかたは、たいへんまずいと思います。学年が変わると、よく先生の受け持ちが変わることが多いのですが、九九の前のほうはある先生がやって、残りはまたべつの先生がやるというのは非常に困ります。やりかたが違うかもしれませんから、まずいと思います。これは、ぜひ2年で一まとめにやって、いちおう完成するようにしたいものです。

●——九九の歴史

九九というのは、少し歴史的にいいますと、古代のエジプトにはありませんでした。エジプト人は九九というものを使わないで、二進法でかけ算をやりました。どういうやり方かというと、13×9は、まず13をどんどん2倍していきます。1倍、2倍、4倍して13、26、52……を作っていきます。8倍は104と出ますと、×9は×1と×8を加えればいいのです。1倍の13と8倍の104を加えると、117。13×9をそういうやりかたで計算しています。つまり、かけるほうの数を二進法に分解するというやりかたです。これがエジプト人の考えかたです。だから、九九は

エジプトでは必要ありませんでした。ただ，2倍する計算とたし算ができればよかったのです。

ヨーロッパでかけ算九九をはじめて使ったのはギリシア人です。ギリシア人で，九九の表をはじめて作ったのはピタゴラスだという伝説があります。だから，九九の表のことをギリシア人は〝ピタゴラスの表〟といっていました。ヨーロッパでも，その後，同じようにピタゴラスの表というよびかたが長い間，使われました。

九九はかけ算の素過程ですから，これを組み合わせていくと，どんなにケタの多いかけ算でもできるわけです。だから，非常に重要な計算になるわけです。

東洋でも，九九は昔からあって，たとえば，中国では敦煌の遺跡の中に九九の表が発見されたといいます。日本では奈良朝時代から九九が使われていたようです。そのころの九九は，今日でいうと，〝半九九〟です。つまり，小さい数に大きい数をかけるという表だけです。つまり，3×7＝21 があって，7×3＝21 はなかったのです。だから，1から考えると，45の九九があればいいのです。×1はいらないとすると，もっと少なくていいわけです。

それに対して，7×3＝21 のようなものを入れた九九を〝総九九〟といいますが，これは81あります。これは教えるのが多くなりますが，そのかわりに便利なことは便利です。順序をひっくり返さなくてもいいからです。日本の算数の歴史からいうと，総九九を教えるようになったのは，たしか大正15年からです。これは，主としてわり算で商を立てる時に便利だということも大きな理由だったようです。

九九という名前がついたのは，中国および奈良朝時代の表が，今日とは違って，9×9＝81 から始まっているからです。つまり，大きいほうから始まっています。ところが，ヨーロッパは，1×1 から始まっています。だから，ドイツ語なんかでは九九のことを〝アインマール・アイン〟(Einmal-eins) (1×1) といいます。

● ——半九九と総九九

こういう歴史をもっていますが，まず半九九と総九九はどっちがいいのかという問題があります。教育上，どっちがいいのか，なかなかきめに

くい問題です。長短があります。半九九はおぼえるのが少なくてすみます。45だけおぼえればいいのです。総九九は81おぼえなければいけません。そのかわり，総九九を全部おぼえたら，たいへん使いよいわけです。半九九は使う時にひっくり返して使わなければならないことが多いのです。この二つの比較研究は昔から行なわれていますが，どっちという結論はなかなかつきません。

ところが，最近，おもしろい研究が出ています。それは，総九九を教えても，子どもが成長していくと，半九九だけ，つまり，$3 \times 7 = 21$ だけ使って，$7 \times 3 = 21$ はだんだん使わなくなるという結果になるようです。つまり，$7 \times 3 = 21$ というのはなかなか使いにくいようです。だいたい人間の頭の中では小さい数から大きな数へという順序に並んでいるのに，$7 \times 3 = 21$ は，大きい数から小さい数へ並んでいて，人間の自然の傾向に反しているのも一つの原因ではないかと思われます。

こういう調査もありますが，いろいろな点からみて，どっちが教育上いいという結論は，そう簡単には出ないようです。

● ――九九と日本語

ヨーロッパの算数教育では九九をしっかり指導しないようです。なぜかわかりませんが，ヨーロッパでは，九九というものは，日本の九九と違って，ゴロが悪いのです。日本の九九はたいへん調子よくおぼえられ，簡潔で，うまく節に合わせることができて，歌のようになっています。奈良朝時代には九九のことを〝口ずさび〟――〝口遊〟――といったくらいですから，調子のいい歌です。

もう一つは，日本語の数詞が完全な十進法になっているということです。ヨーロッパの数詞は，とくに10から20の間が非常に複雑になっているために，歌になりにくいのです。11は日本語では〝十一〟ですが，英語では，ten-one ではなく，eleven, ドイツ語では，zehn eins ではなく，elf です。だから，一般の人がなかなか九九をよくおぼえられません。日本に来ていたアメリカの兵隊でも，5円のナシを7つ買うというような時に，$5 \times 7 = 35$ と計算しないで，$5 + 5 + 5$……というような累加計算をしてやっている人が多かったというのですが，これは九九を知らないからです。九九は日本語の長所を生かしたものですから，日本人は得意です。だか

ら，九九はじゅうぶん徹底させるようにしたほうがいいと思います。

●──九九の練習

九九というのはじゅうぶん練習して，完全におぼえてしまわないといけませんが，その練習のしかたについて，これまでいろいろな方法がありました。まず何の段から始めるかということが問題になります。

いちばんやさしいのは2の段と5の段だというので，それから始めて，だんだんむずかしい段に及ぼしていくというやりかたが考えられていました。しかし，これだと，2の段などは九九を使わないでも，たし算に直してできてしまいます。これではかえって九九の効能はないというわけで，近ごろはいちばんむずかしい段から始めるという，ほかのやりかたも提唱されるようになりました。そのほうがいいという報告もあります。最初にむずかしい段でやっていくと，2の段，5の段というのはやらなくても自然にできてしまうというのです。これに対しては，まだ結論は出ていません。しかし，これもまた，将来，算数教育での研究の問題になると思います。

むずかしい段は九九を使わないと，うまくいきません。たし算に直すことがなかなかできないからです。いちばんむずかしい段に最初にぶつからせるというわけです。むずかしい段というのは，6の段，7の段，8の段です。これは数の配列が不規則であるということが原因でしょう。そうなると，9の段はかえってやさしいのです。つまり，9，18，27となっています。これは十のケタは一つずつふえ，一のケタは一つずつ減っているからです。規則正しいので，かえっておぼえやすいのです。6，7，8の段はいちばんむずかしいようです。

九九をどうやって練習させるかというのですが，これも歌を棒暗記するというやりかたはあまりうまくないようです。とくにこの場合には，ことばの混同が起こります。たとえば，4と7を混同します。とくに地方によっては，こういう発音があいまいなところがあります。先生が「四・七はいくらですか」といって，4×7というふうにことばで問題を出して，ことばで答えさせるというやりかたは混同が起こりやすいのです。そこで，タイルを使ってやらせる方法が考えられてきています。

それは10×10の大きなタイルを作っておいて，それをカギ型の紙か板

を使って一部分だけを見せるようにします。たとえば，縦が2で，横が3であるような部分だけを見せます。そうすると，2×3の九九を適用することが，それを見せただけで子どもにわかりますから，子どもは2×3＝6といえばいいわけです。この方法はことばによる混同が起こらないし，マル暗記ではないのですぐれています。子どもは，2×3という九九を適用するというところから考えていくことになります。この場合には2×3を適用すればいい，と子どもの理解がしっかり徹底してきます。

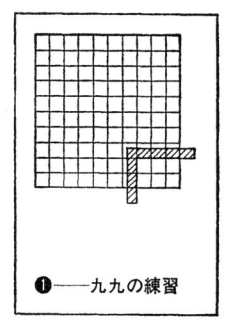

❶——九九の練習

これは，家庭でやろうと思えば，すぐできます。壁に10×10のタイルをはっておいて，夕飯が終わった時に，ちょっとお母さんがカギ型の厚紙を使っていろいろな九九をやらせるのです——図❶。10分ぐらいやりますと，ずいぶんできるようになるだろうと思います。ちょっとした工夫で，家庭で学習を補ってやることができます。マル暗記のやりかたは，子どもは頭を使わないで，ただ流行歌式におぼえるので，あまりいい方法とはいえません。

●——かけ算の水道方式

かけ算の素過程は九九ですが，この九九を組み合わせていったのがかけ算の複合過程です。かけ算は，一位数×一位数，つまり，九九から，二位数×一位数，三位数×一位数くらいまでやっておいて，それから二位数×二位数に移ります。二位数×二位数は，やはり，タイルで説明します。この時のかけ算の水道方式は，やはり，いちばん一般的な計算からだんだん特殊な型の崩れたものへ移っていきます。この点は，たし算・ひき算と同様です。これのこまかい型はつぎのようなものです。

❶——素過程

かけ算の素過程である九九も，もっと細かく分けると，つぎのようになります。

① $\begin{array}{r}2\\\times 3\\\hline\end{array}$ のように，かけた答えが10より小さくて，一ケタの数にな

❷——かけ算の型わけ

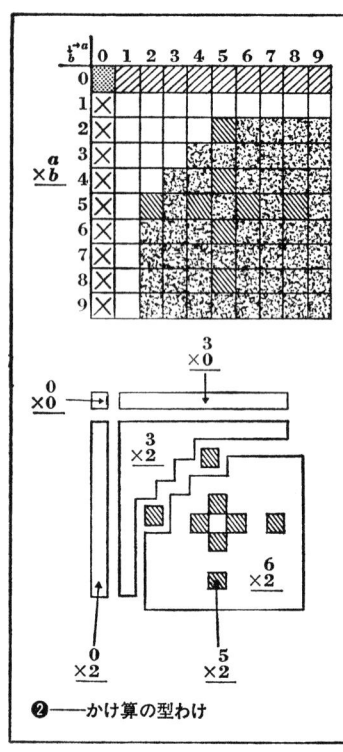

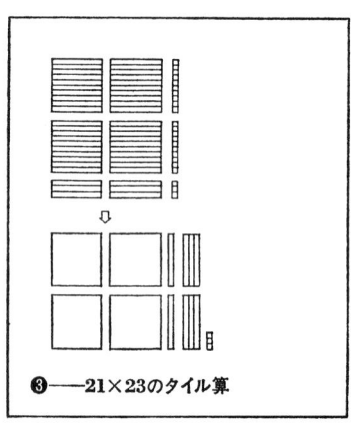

❸——21×23のタイル算

るもの。これは"二・三が六"のように、"が"が入ってきます。調子をよくするためです。しかし，0はでてきません。これは全部で23あります。

② —— $\begin{array}{r}3\\ \times 0\end{array}$ のように，被乗数は0でなくて，乗数に0のでてくるもの。これは9あります。

③ —— $\begin{array}{r}0\\ \times 2\end{array}$ のように被乗数が0で，乗数が0でないもの。これも9です。

④ ——両方とも0になるものは， $\begin{array}{r}0\\ \times 0\end{array}$ だけです。

⑤ —— $\begin{array}{r}6\\ \times 2\end{array}$ のように，10以上になるが，一の位は0でないもの。これは全部で50あります。

⑥ ——答えの一位が0になるもので， $\begin{array}{r}2\\ \times 5\end{array}$ のようなもの。8あります。

これらを表にすると，❷のようになります。これだけ細かい区別をしておくと，筆算には十分です。二位数×二位数は二位数×一位数を2段に重ねたものですから，問題も二つを組み合わせたものを出してやれば，あとはたし算になってきます。

❷——二位数×一位数

二つの素過程を組み合わせると，二位数×一位数ができますが，これはつぎのような型に分かれます。

① —— $\begin{array}{r}33\\ \times2\end{array}$ ……くり上がりなし。

② —— $\begin{array}{r}30\\ \times2\end{array}$ ……一位が0となるもの。

③ ── ×$\begin{array}{r}63\\2\end{array}$ ……十位がくり上がるもの。

④ ── ×$\begin{array}{r}60\\2\end{array}$ ……十位がくり上がり，一位が0となるもの。

⑤ ── ×$\begin{array}{r}50\\2\end{array}$ ……一位も十位も0となるもの。

⑥ ── ×$\begin{array}{r}36\\2\end{array}$ ……一位のくり上がるもの。

⑦ ── ×$\begin{array}{r}34\\3\end{array}$ ……一位がくり上がって，そのために十位が，さらにくり上がるもの。

⑧ ── ×$\begin{array}{r}35\\2\end{array}$ ……一位が0となって，くり上がるもの。

⑨ ── ×$\begin{array}{r}25\\4\end{array}$ ……一位と十位がともにくり上がって，0となるもの。

⑩ ── ×$\begin{array}{r}66\\2\end{array}$ ……一位も十位もくり上がるもの。

⑪ ── ×$\begin{array}{r}67\\3\end{array}$ ……⑩で，とくに十位が0となるもの。

⑫ ── ×$\begin{array}{r}65\\2\end{array}$ ……⑩で，一位が0となるもの。

⑬ ── ×$\begin{array}{r}75\\4\end{array}$ ……⑩で，一位も十位も0となるもの。

以上のような型がありますので，とりこぼしのないように練習をさせる必要があります。

❸────三位数×一位数

これは二位数×一位数と同じ考え方でいきますが，やや複雑になりますので，ここでは省略しておきます。興味のある方は参考書を読んでください。

❹────二位数×二位数

たとえば，×$\begin{array}{r}21\\23\end{array}$ の計算を説明するには，やはり，タイルを使います。たし算とちがって，こんどはタイルを横にします──図❸。これで，

$$\begin{array}{r}21\\\times\;23\\\hline 63\\42\\\hline 483\end{array}$$

という計算規則を導くことができます。

わり算

●――等分除と包含除

わり算というのは，かけ算の逆ですが，もちろん，かけ算よりはむずかしい計算です。まず，わり算にはいろいろな違った意味があります。これについて説明しておく必要があります。

従来，わり算には二つの意味があるとされていました。これは等分除と包含除です。等分除は，"6÷2"を，6個のものを2つのグループに等しく分けることだとみることです。つまり，分割するということです。包含除というのは，6個のものを2個ずつの集まりに分けたらいくつできるか，つまり，6の中に2がいくつ含まれているかの答えです。等分除と包含除は，こういうふうに意味が違っているとされていました。

従来，これを区別するために，たとえば，6本の鉛筆を2つに等分する時には，"6本÷2"という式を立てさせるし，6本の中に2本はいくつ入っているかという包含除の時は，"6本÷2本"と別に式を立てさせました。つまり，わる数に"本"というものをつけたり，つけなかったりすることで区別したわけです。

しかし，このやりかたは，あまりいいやりかたとはいえません。これについて，もっとべつの考えかたを述べてみたいと思います。

●――等分除・包含除と分離量・連続量

それは，まず等分除・包含除のほかに，分離量と連続量に分けることです。ですから，わり算の意味が二つではなくて，四つになるわけです。

分離量の等分除と包含除，連続量の等分除と包含除です——❶。こういうふうに，四つに分けて考えたほうが算数教育をやる上では合理的です。というのは，分離量の段階では等分除・包含除はあまりやかましく区別しないほうがいいのです。ところが，連続量では，等分除と包含除は非常に違った計算になります。

	分離量	連続量
等分除	分離量の等分除	連続量の等分除
包含除	分離量の包含除	連続量の包含除

❶——除法の分類

たとえば，$6l$ の水を2つに等分するという場合と，$6l$ の中に $2l$ はいくつ入っているかという計算，つまり，"$6l÷2$"と"$6l÷2l$"とはたいへん意味が違います。"$6l÷2$"は，2つに等分することはいつでもできます。しかし，"$6l÷2l$"の包含除の時は余りが出てくることがあるわけです。そういう点で違いがあるわけです。

ところが，分離量の場合には，等分除・包含除はお互いに意味が融通できます。たとえば，6個のおだんごを2つに等分するというとき，すなわち，6個のおだんごを2人の人間に分けるという意味ですが，これは，そういう意味からすると，等分除です。実際に6個のおだんごを計算しないで分けようとすると，トランプを配る時と同じ配りかたをすればいいわけです。まず太郎と次郎に1つずつ分ける，つぎも太郎・次郎，太郎・次郎と分けていきます。そうすると，1回に2つになるわけです。1回分が2つになって，2回分で4つになり，3回分で6つになります。そうすると，1回分2個というかたまりが6個の中にいくつ入っているかと見ればよいことになります。そうなってくると，これは包含除にもなります。

つまり，トランプを配るという方法を考えると，ある意味では等分除になるし，ある意味では包含除にもなります。だから，分離量の時は，等分除と包含除は両方とも，考えようによって，どっちにでも入るという形にしておいたほうがいいのです。だから，前にのべたように，分離量にはこういう助数詞をつけないでおいて，両方とも $6÷2$ と表わしておいたほうがいいわけです。

●——トランプ配りの方法

このトランプ配りの方法というのは，子どもにしっかりとつかませてお

く必要があります。子どもはこれをよく知っています。カルタを配るときでもトランプ配りの方法というのは知っています。

このやりかたについて，今度の戦争の時に，ある話を聞いたことがあります。南方で土木工事をやるために原住民を使いました。ある日，仕事が終わった時に，親方に全部の賃金をまとめて渡して，親方に分けさせました。その親方は，もちろん，算数を知りません。わり算を知らないのです。どう分けたかといいますと，8人に分けるとしたら，まず，お金を全部，だいたい8つのかたまりにおおまかに分けます。そうしておいて，小さい山と大きい山ができますから，大きい山から小さい山へ何回も移して，だんだん平均して，どの山も同じくらいとなったところで8人に分けました。これは，いわゆる試行錯誤による分けかたです。

この親方は，わり算を知っていれば，もっとうまくできたでしょう。ところが，わり算を知らなくても，トランプ配りのやりかたを知っていれば，等分除ができたはずです。ところが，彼はトランプ配りのやりかたさえも知らなかったということになるわけです。だから，トランプ配りのやりかたは，原始的ではあるが，確実にできるやりかたです。

そうすると，さっきいった4種類のわり算では，だいたい二つの発展のしかたがあるわけです——図❷。それは連続量の等分除からはじめて，それを分離量の等分除へもってくる。つぎは分離量の包含除へもってきて，最後に連続量の包含除へ発展する。こういうやりかたと，今度はまったく逆に，連続量の包含除から分離量の包含除へ行って，それから分離量の等分除へ行って，連続量の等分除へという，こういう二つの方法が考えられます。

これまでは，わり算というものを，そういうように系統化することがされていなかったために，じゅうぶんうまく指導の順序が立てられていませんでした。

● ——〝たてる〟〝かける〟〝ひく〟〝おろす〟

わり算の水道方式をやる時は，まず，わり算の素過程を考えなければなりません。わり算の素過程は，まず九九をさかさまに適用するということです。つまり，42÷6 のときは，6×7＝42 を思い出して，7という商を立てます。つまり，九九をさかさまに使うという練習を，まずやら

なければなりません。

これがじゅうぶんできたら，今度はわりきれない場合，余りのある場合をやります。たとえば，45÷6といったようなもので，7を立てて，3が残るといった計算をじゅうぶんやらなければなりません。それを今度は組み合わせると，〝何百何十何〟を一位の数でわるという複合過程のわり算ができます。これは〝長除法〟といわれているものです。

```
連続量の        分離量の
等分除   ⇦    等分除
                ⇧   ⇩
連続量の   ⇨   分離量の
包含除    ⇦   包含除
❷──わり算の発展
```

がんらい，わり算は，それまでの計算を全部使っています。たし算・ひき算・かけ算・わり算の全部を使っていますので，これらが全部できなければ，わり算はできません。だから，わり算は計算の一つのしめくくりになるわけです。つまり，それまでの計算を全部利用しなければなりません。

そのときに，長除法を素過程に分けてみますと，たとえば，358を6でわるという計算は，どういうようにやるかというと，まず，35を6でわって，5を立てて，5×6＝30，かけ算をして30がでます。35から30をひいて5が残ります。ひき算して余りが出ます。それから8をおろして，58を6でわる計算に移るわけです。

```
       5 9
  6) 3 5 8
     3 0
     ─────
       5 8
       5 4
       ───
         4
```

だから，計算の一節はつぎのようになっています。まず5をたてます。つぎは6と5をかけます。そのかけたものをひきます。それから，つぎのケタをおろすのです。だから，簡単にいうと，〝たてる〟〝かける〟〝ひく〟〝おろす〟という4拍子になるわけです。この4拍子が，つぎはまた，同じようにくり返されます。つぎは58を6でわるというので，また今度は，〝たてる〟〝かける〟〝ひく〟〝おろす〟になります。この4拍子を何回でもつぎつぎにくり返していけば，どんなに大きな数のわり算でもできるわけです。だから，この4拍子は大切なことになります。

$$
\begin{array}{r}4)\overline{65}\end{array} \rightarrow \begin{array}{r}1\\4)\overline{65}\end{array} \rightarrow \begin{array}{r}1\\4)\overline{65}\\4\end{array} \rightarrow \begin{array}{r}1\\4)\overline{65}\\\underline{4}\\2\end{array} \rightarrow \begin{array}{r}1\\4)\overline{65}\\\underline{4}\\25\end{array} \rightarrow
$$

　　　　　（商1を　）　（商1に除数）　（6から4）　（5をお）
　　　　　　たてる　　　　4をかける　　　をひく　　　　ろす
　　　　　　　　　　　　　乗法　　　　　減法　　　　　加法

$$
\rightarrow \begin{array}{r}16\\4)\overline{65}\\\underline{4}\\25\end{array} \rightarrow \begin{array}{r}16\\4)\overline{65}\\\underline{4}\\25\\24\end{array} \rightarrow \begin{array}{r}16\\4)\overline{65}\\\underline{4}\\25\\\underline{24}\\1\end{array}
$$

　　　（商6を　）　（商6に除数）　（25から24）
　　　　たてる　　　　4をかける　　　をひく
　　　　　　　　　　　乗法　　　　　減法

そのさい，いちばん先に水道方式の複合過程の典型的なもの，つまり，水源地に当たるものは何かというと，この4拍子が全部そろっているものです。つまり，立てて商ができないのは例外，もしくは型崩れと見ます。かけなくてもいいものもあります。4拍子のどれかが欠けているものは型崩れだと見ます。だから，ひいて余りがなくなってしまうのも例外のようなものです。〝たてる〟〝かける〟〝ひく〟〝おろす〟のうち，〝おろす〟だけがなくて，0なんかだったら，これも例外，先の場合は8をおろしてできるのですが，その時，0があると，型崩れです。つまり，その全部がそろっているものを最初に練習します。

型分けするのに，たし算・ひき算の2-9分類のようにはうまくいきませんが，これが今までのわり算と，やはり，違う点です。これまで，わり算は型崩れから先にやって，だんだん水源地へ行くやりかたをとっていましたが，われわれは，これを4拍子の完全にそろったものからだんだん欠けているものに移ります。これが水道方式の長除法のやりかたです。

余りのあるものを先にやるというと，今までの算数教育をやっていた人は，とんでもないばかなやりかただというかもしれません。しかし，長除法の素過程は余りのあるものからやるのです。そこを混同しないようにしてください。

●——わり算の型分け

わり算の素過程は，つぎのような七つの型になります。これらの型をも

れなく おさえておく 必要があります。÷3 ばかりではなく, ÷2, ÷4, ……についても同じです。

① 3)0̄ 0 / 0 ② 3)1̄ 0 / 1 ③ 3)6̄ 6 / 0 ④ 3)7̄ 6 / 1

⑤ 3)1̄2 12 / 0 ⑥ 3)1̄3 12 / 1 ⑦ 3)1̄0 9 / 1

これまでは素過程のおさえ方が不十分であったので，先にいってから誤りがでてきました。

複合過程は，これだけの素過程を組み合わせるのですが，そこで，4拍子の全部がそろっている典型的なものは，つぎのようなものです。

```
      6 7 8
 2)1 3 5 7
    1 2
    ─────
      1 5
      1 4
      ─────
        1 7
        1 6
        ─────
          1
```

÷2 では，すべての数字が奇数であったら，すべてそういうものになります。÷5 については，すべての数字が0と5以外のものであったらよいのです。5)34682 などがそうです。÷3 では，ちょっとめんどうですが，三位数で，2回の素過程を組み合わせたものは，

　　　112, 113, 131, 133, 221, 223, 232, 233

などがそうです。たとえば，

```
       3 7
 3)1 1 2
    9
    ─────
      2 2
      2 1
      ─────
        1
```

は4拍子が全部そろっています。これから新しい問題をつくるには，それぞれの数字に3を加えていけばできます。112の十位に3を加えると，142になりますが，これまた4拍子の全部そろったものです。112からこのようにしてつくり出されるものはたくさんあります。113, 131, ……からも 同じようにしてつくれます。÷4, ÷6, ……になると，もっと

たくさんでてきます。

● ——仮商のたてかた
÷二位数は，÷一位数とだいぶ違った点が出てきます。それはどの点かというと，まず4拍子のうちの最初の"たてる"に困難があるわけです。たとえば，

$$67\overline{)3284}$$

では，一位数でわる時には九九をそのまま適用できたのですが，二位数の九九というものはないものですから，"たてる"時に何をもとにしてたてたらいいか，わかりません。そこで，"たてる"で一位数の時にはなかった新しい困難が出てきます。

水道方式では，67の7を隠して6と考えて，九九を適用してみます。二位数の十の位だけに注目して一の位はしばらく無視しておきます。67で3284をわる時は，両方見比べて，3284と並んでいる数字を頭からとってみて，はじめて67より大きくなるケタを探します。そうすると，328という数字のところで，はじめて67より大きくなります。32では，まだ67よりも小さいですから，つぎのケタまでいきます。そして，その8という数字の頭にしるしをつけます。このしるしの上から書きはじめるのだという意味です。

そして，67の7を指で隠します。同じく8のほうも隠します。そして，32を6でわる計算をします。そこで，32を6でわると，5が，まずたちます。これは仮の商です。ところが，最初にたてた仮の商はそのまま通用しません。実際に5倍してみますと，335になって，328を越してしまいます。5は多すぎるわけです。だから，減らしていかなければいけません。

そのつぎに4をたてると，ここではじめて268というのがでてきて，これを比べてみますと，はじめて328より268のほうが小さくなるのです。要するに，上からだんだんやってきて，はじめて少なくなったところでストップするわけです。これで4という数字が本当の商になります。この場合には，最初にたてた5という仮の商は修正しなければいけません。この場合は1回修正して4まで直せばよかったわけです。

つまり，一位数の時にはなかったのは，"たてる"段階で修正が必要にな

ってくることです。これだけが違うわけです。つまり，商の修正です。これをいかにして処理するかということが，÷二位数の水道方式の急所で，これが今までの指導法と違うところです。

●——仮商は"下がり九九"で
今までの考えかただと，67でわる時には，これを60にしないで，70にしていたわけです。70，つまり，÷67 を ÷70 に直して考えました。ただ，67は60に近いか70に近いかといえば，70に近いものですから，大きいほうに直していたのです。67，68，69はすべて70にしていたわけです。これはたしかに，おとなが見ると70に近い数で，70と考えてやったほうが修正の回数はおそらく少なくなるのです。

ところが，子どもにとっては，これはたいへんむずかしいことなのです。70と書き直せばまだいいのですが，子どもは書いてない数の7を頭の中に思い浮かべてやらなければなりません。これが，できない生徒にとっては非常な困難となるのです。これはおとなの考えであって，子どもには適しません。子どもにとっては修正の回数は１回くらい多くなっても，67の6をにらみながらやったほうがやさしいのです。

もう一つは，大きい数の70でわってみますと，そこで出た最初の仮の商というのは少な過ぎるわけです。だいたいにおいて少ない数からだんだんふやしていくわけです。そうすると，どういうことが起こるかというと，ひいた時にわった数よりも大きな数が出る心配があるわけです。それを子どもは気づかないという心配があります。もっと大きな商がたつと，差が減って，差のほうがわる数よりも少なくなります。そういうことをいつも注意していなければなりませんが，それは，子どもにとってはなかなかたいへんな負担です。

われわれのやりかただと，大きいほうから小さくしていきますので，はじめて少なくなったところでストップすればいいのですから，簡単です。これまでのやり方では小さい数から上げていくのですから，上げたりないところでやめてしまう心配があります。こういう点から，67を70として指導するやりかたは，いろいろな困難が起こってきます。

Ⅳ—量と水道方式の算数 1

● ――問題の難易は仮商の修正回数を基準に

もう一つ起こる困難は、つぎの例を考えてみるとわかります。

```
        4
67 ) 3 3 6
     2 6 8
       6 8
```

ここで、本当は5がたつわけです。しかし、子どもは70でわったと思っているので、68という余りがでても、70よりは小さいというので安心してしまうおそれがあります。実際、授業を見た経験で、そういう子どもがかなりいました。

要するに、書いてない数を思い浮かべながらやるということはたいへん困難です。だから、水道方式では、67、68、69のような70に近い数でも、60へひき戻してやらせます。これのほうがやさしくて、最初の指導としてはいいのです。子どもがあとで力がついてきて、こんなものは70としてやるというように、自分流のやりかたでやるのは、もちろん、かまいません。しかし、最初の指導としては60にひき戻します。

この点が、水道方式が今までの指導と非常に違う点です。子どもにとってはまったくどの計算も同じ考えでいけるわけです。ある場合には70にくり上げ、ある場合には60にくり下げてやるというあいまいさが残らないわけです。このやりかたで考えますと、問題の困難の苦労が今までと違ってきます。修正の回数が少ないものほどやさしい問題で、修正の回数の多いものほどむずかしい問題だという考えかたに変わってきます。だから、わる数が大きいか小さいかよりは、修正の回数が多いか少ないかできまります。

● ――十代の数によるわり算と〝7掛け法〟

そうなりますと、問題の配列が今までと変わってきて、たとえば、〝十いくつ〟、つまり、10と20の間の数でわるという場合は非常にむずかしい問題になってきます。どうしてかというと、18でわるような時は、われわれの場合は10に戻すからです。そうすると、ほとんど20に近い19や18を10にひき戻すのですから、仮の商は実際の商の2倍くらいの値がたち得るわけです。そうすると、仮の商をたてて、だんだん減らしてくるさいの回数が非常に多くなります。70を60にしたのでは、そう違わない

わけです。ところが，20に近いものを10にすると，非常に違ってきます。だから，"十いくつ"によるわり算というのは，いちばんむずかしい問題になります。今までは"十いくつ"というのは，数が小さいから，やさしいと考えていました。だから，こういう問題を最初にやっていたのです。"十いくつ"のことを英語では"ティーンズ・ナンバー"(teens number)と，いいます。"十いくつ"の数は，サーティーンとかフォーティーンとかとティーンという字がつくから，ティーンズ・ナンバーといいます。この"十代の数"によるわり算というのはあとでやることになっています。計算体系を非常に慎重に配列した問題集なんかは，今まででもそういうならべかたをしているのがあります。

たとえば，意外なことですが，古い黒表紙の教科書も，じつは"十いくつ"によるわり算はまとめてあとでやっています。それはこういう点に気がついていたのではないかと思います。

もう一つ，"十いくつ"によるわり算というのは，仮の商から本当の商までいく間に，修正の回数が多いことが起こりますので，早く仮の商をたてる方法があります。それは，かりに"7掛け法"とでもいうべき方法です。たとえば，435を17でわるというような時には，43の4の数に7をかけます。そうすると，4×7＝28 ですから，その出た答えの十位の数，すなわち，28の2をまずたててみて，それから出発するわけです。つまり，わられる数の一番はじめの数字に7をかけて，その時の答えの十位の数をたてるのです。そうすると，その数から2回くらい修正しただけで本当の値が出ます。これを7掛け法とよんでいます。おとなでも，これを使うと，たいへん便利です。子どもも，少し慣れたら，このやりかたを教えると，興味をもつでしょう。

Ⅴ——量と水道方式の算数2——量と図形

●——小学校の算数で最大の難所は，小数・分数のかけ算とわり算です。
それは，計算がむずかしいだけでなく，考え方がむずかしいからです。
これは，日本の子どもばかりでなく，世界の，どの国の子どもにとっても
難所であるらしく，世界中の算数教育の研究家がいろいろと知恵を
絞っています。——204ページ「小数と分数」

●——正比例は算数教育の一つの急所です。と同時に，将来，関数に
発展する出発点にもなります。正比例関係は自然現象や社会現象に，
じつにたくさん現われてきます。速度にも微分にも三角法にも，
基礎にはかならず比例があるといってもいいのです。だから，これを正しく
理解できるか否かは，それ以後の数学の勉強に決定的な影響を
およぼすといえます。——221ページ「比例と比」

●——その問題を方程式に立ててみるのです。もし，その式の中に，
xが二か所以上にでてきたら，もはや，算数で解くことは
むずかしい問題だといえます。——229ページ「応用問題」

量の系統

●────量こそ算数の土台

算数教育のいちばんもとになるのは量の考えを順序正しく,しっかりと指導していくことです。

私たちの生活の中にはたくさんの量が現われてきます。たとえば,朝起きてラジオのスイッチをまわすとき,590キロサイクルというように波長を合わせます。この590キロサイクルというのは量です。また,8時に学校へ行くということであったら,この8時というのも量です。きょうは寒い,氷点下2度だという時の,この温度も量です。それから,950ミリバールの台風がやって来るという場合の,この950ミリバールというのも量です。その他,あの人は 165cm の身長があるといったら,この 165cm というのは量です。体重が 62kg あるといったら,この 62kg というのも量です。また,家の土地の面積が 205m² だといったら,この 205m² というのも,やはり,量です。このように,私たちの生活の中には量がたくさん現われてきて,私たちはその量でものを考え,その考えによって判断をします。

量の考えを子どもたちにしっかりと理解させ,これがじゅうぶん使えるようにすることは,算数教育のいちばん大事な任務の一つであります。ここには590とか205とかいう数が出てきましたが,この数は平方メートルとかサイクルとかいうものとくっついて出てきているわけです。だから,純粋の数が出てくるよりは,そういうサイクルとか平方メートルとかいうものとくっついて出てくることが多いのです。つまり,数がそ

のまま出てくることは少なくて，量として出てくることが多いのです。このことを考えるならば，量を理解し，量をうまく処理するということが大事であることがわかります。

ところが，日本の算数教育では，この量という考えがたいへんおろそかにされていました。その理由の一つは，明治の終わりから国定教科書として使われた黒表紙の教科書が量をほとんど無視して作られていたからです。黒表紙の教科書を作ったといわれる藤沢利喜太郎は，算数教育の原理は量を追い出すことであるというふうにいっています。彼のいったことを引用してみますと，つぎのようになっています。

　　　　此レ等ノ算術書ニ載セタル数学ノ定義ヲ観察スル，多少用
　　　　語ノ相違アレド，先ヅ量トハ増減シ得ルモノナリト前ヘ置
　　　　キシタル後チ
　　　　数学ハ量ノコトヲ論スル学問ナリ
　　　　ト云フモノノ如シ，此レハ誤リニシテ数学ハ量ノコトヲ論
　　　　スル学問ニアラザルナリ[*1]

といっています。量を算数教育から追い出すことを，彼は大きな建て前にしていたわけです。ですから，黒表紙の教科書には量の考えを順序正しく養っていくということはされていなかったのです。それが日本の算数教育の長い間の伝統になってしまったために，量ということは算数教育ではおろそかにされるようになりました。

ところが，これはたいへんなまちがいであって，藤沢とは反対に，量こそが算数教育のもとにならなくてはなりません。いろいろな量の中で，いちばんもとになる量といったら何かというと，長さ・体積・重さ・時間・価格（ねだん），こういうものですが，こういうものを，まずしっかりと子どもにわからせなくてはなりません。

●――分離量と連続量

今の教えかたでは，２年生で長さが出てきます。この長さというのは，いわゆる連続量です。つながっている量です。つまり，長さはいくらで

---

*1――藤沢利喜太郎『算数條目及教授法』132ページ・丸善＋三省堂・1892年

もつなげることができ，いくらでもこまかく分けることができます。こういうものを連続量といいます。ところが，へやのなかのいすの数という時のいすは，いくらでもこまかく分けることはできません。いすを二つに分けたら，いすではなくなります。こういうものを分離量といいます。そして，こういうものをかぞえた時は整数になるわけです。だから，量は大きく分けると，分離量と連続量の二つに分かれます。

子どもたちに量を理解させるには，最初には，もちろん，分離量が出てきます。分離量がやさしいのは，〝1〟がきまっているからです。いすの数といった時のいすの〝1〟はだれが勘定しても1つです。ところが，連続量になると，そうはいきません。〝1〟というものがはっきりしていません。

●――単位導入の4段階指導

分離量は〝1つ〟〝2つ〟と勘定しますが，連続量はそのようにかぞえることはできません。バケツの中の水のかさは〝1つ〟〝2つ〟と水をかぞえることはできません。どうしても1ℓなら1ℓという単位をきめて，それがいくつ入っているかということできめていきます。つまり，連続量は単位をきめて，それではかるわけです。分離量は〝1〟がきまっていましたが，連続量は〝1〟に当たる単位を後からきめなければなりません。はじめからこの単位はきまってはいません。そうすると，単位がどうして出てきたかということを子どもにわからせなければなりません。

ところが，今までの算数の教科書では，いきなり単位が出てきて，〝これだけが1ℓですよ〟というように天下りにきめて，〝その1ℓが3つ集まったら，3ℓですよ〟と子どもに押しつけていました。子どもはなぜ1ℓというものをもってきたかということがさっぱりわかりませんでした。そこで，なぜ単位が必要になったかを子どもに教えるにはどうしたらいいでしょうか。

単位が出てくるまでには，大まかに分けると，四つの段階があります。長さを例にとってみます。もし，ものさしがなかったら，二つの棒の長さを比べるのにはどうしたらいいでしょうか。二つの棒を同じところへもってきて，並べてみます。並べて，余ったほうが長いと判断するわけです。また，二人の子どもが，どっちが背が高いかという時には，背比

べをすればいいのです。背比べをしてきめるのだったら，ものさしはいりません。このような比べかたを，**直接比較**といいます。

ところが，いつでも直接比較ができるとは限りません。極端な例をとれば，東京にある松の木と，大阪にある杉の木の高さを比べるには，一方の木を汽車で運んで同じところへもってくることでもしなければ，直接比較はできません。こういう場合には持ち運びの自由にできる第三の長さ，たとえば，ヒモのようなものをもってきて，それを東京の松の木と比べてみて，そのヒモをもって大阪まで運んで行って，そのヒモと杉の木を比較すればよろしい。これは，そのヒモというなかだちを使って比較するのですから，**間接比較**といっていいでしょう。

太郎・次郎のどちらが高いかという時に，一方が病気で家にねていて，直接比較ができないというような時には，三郎というものが太郎と背比べをして，それから三郎が次郎と背比べして比べるということができます。三郎が太郎よりも低くて，三郎が次郎よりも高いということであったら，次郎が太郎よりも低いということがわかるので，これは間接比較です。これだったら，遠いところにあるものでも比べることができます。

ところが，その仲立ちにする長さが，わりに短いものであるとすると，今度はそのいくつ分かということで比べなければなりません。鉛筆のようなものをもってきて比べるという時に，太郎は，その鉛筆の12倍，次郎は11倍であったら，次郎が太郎よりも背が低いということがいえます。このときの鉛筆は単位の始まりで，これを**個別単位**ということができます。

実際には，2本の棒を比較するのに，鉛筆のような短いものではかるのではなくて，手の幅や腕の幅ではかっていって，その時の幅が一方は15あり，他方は13あったら，15のほうが長いということがいえます。あるいは，学校の校舎の幅と運動場の幅ではどっちが長いか，というようなことを比べるのには歩幅を使います。歩いてみて，一方は50歩あり，他方は60歩あったら，60歩のほうが長いということがいえます。これは個別単位であります。

ところが，この個別単位は，歩幅だったら，人によって幅が違います。個々別々であります。それでは具合が悪いから，メートルのような普遍的な単位が出てきます。これを**普遍単位**といったらいいと思います。す

なわち，このようにしてメートルという単位が出てきました。これは世界のどこでも使っている単位であります。

以上は，人間の歴史の中で，メートルという単位が出てきたすじみちを大まかに分けたものですが，これを子どもにわかってもらう必要があります。これは長さばかりでなくて，キログラムという重さの単位が出てくる時も，やはり，同じような指導をする必要があります。それから体積もそうです。やはり，直接比較・間接比較・個別単位・普遍単位という順序をふむ必要があります。今まではこの順序をふんでいませんでした。こういう順序で単位が出てきます。これが分離量と違う点です。分離量には，こういうめんどうな手続きはいらないわけです。

●——量の加法性

そのつぎは，2 kg と 3 kg を加えるという計算を，どういう場合にするかということをこまかく指導する必要があります。今までは，
　　　2 kg＋3 kg＝5 kg
　　　2キログラム＋3キログラム＝5キログラム
という式があったら，子どもはつぎのように考えたでしょう。頭の中にはオハジキ2つとオハジキ3つがあって，それを合わせたら5つのオハジキになるというので，2＋3＝5 という式が出てきて，それに両方 kg だから kg をくっつけて 5 kg とかく。こんな計算をしていたと思いますが，実際は 2 kg のものと 3 kg のものをたすということは，オハジキを合わせるのとはたいへん違っています。

そこで，2 kg と 3 kg を加えるということはどういうことかということを，いろいろの場合に当たってしっかりとつかませることが必要です。重さの場合には二つの物体を合わせると，その重さはプラスになります。つまり，合併からたし算が出てきます。たとえば，2 kg と 3 kg のものをいっしょにはかりの上にのせると，合わせたものの重さはたし算になって，5 kg になります。

このことは，子どもは最初からわかっていません。これはある程度，実験をしてみせる必要があります。二つのものを並べて，はかりの上にのせたら，たし算になるということはやさしく出てきます。しかし，3 kg のものの上に 2 kg のものをのせて重ねた時にどうなるかとなると，た

いへんむずかしいのです。人間の例だと，二人の子どもが並んではかりの上にのると，体重はプラスになるということはわりあいやさしくわかります。しかし，一方の子どもが一方の子どもをおんぶしてのったらどうなるかとなると，首をかしげる子どもがたくさん出てきます。これは実際に子どもにやってみせなければわかりません。

今までは，こういうことを算数でも理科でもやりませんでした。だから，いちばん大事なたし算の意味，つまり，重さのたし算ということの意味がよくつかめていませんでした。これを重さの加法性といいます。つまり，子どもは重さの加法性をじゅうぶんにつかんでいなかったということになります。重さの加法性をじゅうぶんつかまないで，2 kg＋3 kg＝5 kg という計算ができたところで，何もわかっていないということになります。ただ，これは計算ができたというだけです。

これが二つの固体の場合はわりあいにやさしいのですが，たとえば，液体と固体を一緒にした場合はどうなるか。こうなると，たいへんむずかしくなります。水槽の中に石を入れると，石は底へつきますが，その時に水の重さと石の重さを加えたものが全体の重さになるかどうか，子どもには，はじめにはわかっていません。あるいは水槽に木の片を浮かべた時に，重さがプラスになるかどうか，これはもっとむずかしいことです。また，水槽の中に金魚を入れた時に，金魚の重さがプラスになるかどうか，これもむずかしいことです。

こういうことを実験してみますと，子どもたちはいろいろな答えを出します。たとえば，金魚は生きて泳いでいる時は重さが加わらない。しかし，金魚が死んで底へついたら，とたんに重さがプラスになると答える子どももいます。あるいは，水の中に食塩を入れてとかした場合，食塩が見えなくなりますから，これはなおむずかしく，重さがプラスになるということはなかなかわかりません。

こういうような重さの加法性ということを，今まで気がつかずに指導していました。だから，2 kg＋3 kg＝5 kg という計算で正しい答えは出せても，その背後にどんな意味があるのかということはさっぱりわかりませんでした。だから，算数の知識が現実の世界と結びつかず，それから遊離してしまっていたわけです。こういうことが最近になってわかってきました。今まで，計算はできるが，応用問題はとけないという声があ

ったのですが，それは量の考えを順序正しく指導することがなされていなかったからです。

● ――外延量

重さは，二つの物体を合併すると，プラスになります。このように，合併すると，たし算になるような量を外延量といいます。外延量がいろいろな量の中でははじめに出てきて，しかも，いちばんもとになります。たとえば，長さも外延量です。つまり，2本のヒモをつなぐと，つないだものの長さはたし算で計算されます。また，体積も外延量です。一つのバケツに 3l の水が入っていて，もう一つのバケツに 4l の水が入っていると，その二つの水を合わせたら，つまり，合併したら，何リットルになるかというと，$3l+4l=7l$ と計算できます。また，お金のねだんも外延量です。買い物に行って，200円のお菓子と 300円のお酒を買ったとしたら，200円＋300円＝500円 で計算できます。つまり，もののねだんも，合わせると，たし算になります。つまり，外延量です。量ではこの外延量が先に出てきます。

外延量の加法性はむずかしく，自然に放っといたのではわからないのです。たとえば，水の中へ砂糖をとかしてみます。これを子どもにいろいろ考えさせた場合に，子どもはどんなことを考えるでしょうか。子どもの眼の前で，水の中に砂糖をとかしてみると，砂糖は見えなくなります。1年ぐらいまでの生徒は，砂糖はなくなってしまったものと考えます。見えなくなるから，消滅したと考えるわけです。つまり，物質不滅の法則というものが子どもにはわかっていないのです。見えなくなっても，どこかにあるはずだという考えかたはできません。

つぎは，砂糖のかたまりがだんだん水の中でこまかいちりのようなものになって，ちらばってしまうと考えます。なくなるのではない。ただ，こまかくちらばるのだというふうに考えます。ここまでくると，物質不滅の法則をある程度わかってきたことになります。見えなくなるが，ちらばっただけだと考えます。しかし，非常にこまかい粒になってちらばるために，重さはなくなってしまう，ゼロになってしまうというように考えます。ここでは，まだ重さはなくならない，つまり，重さの保存ということはつかまれていません。だから，さっきいったように，100g

の水に10gの砂糖を入れたら，110g，つまり，たし算になるということは，もちろん，わかりません。これがわかるのはかなりあとであります。

この問題になると，おとなになっても，あいまいな人がかなりあります。今までは，この大事なことをしっかりと押えないでいて，濃度の計算などを盛んにやらせていました。ところが，どんな濃度の計算をするにしても，重さの加法性という原理をかならず使います。だから，肝心のことがわからないで，計算ができるはずはありません。今までは計算ができないだけだと考えていたのですが，じつはいちばん大事な原則をつかんでいなかったということがわかってきました。これは，前にいった量の順序正しい指導ということが出てきたので，はじめてはっきりしてきたのです。

また，重さというものは簡単に変わるものだと考える子どもがたくさんいます。たとえば，ある子どもは，人間は眠ると重くなるというように考えていることがあります。よく聞いてみると，この子どもは，家へ帰って，弟や妹の子守りをさせられて，しょっちゅうおんぶして遊んでいます。そうすると，弟や妹が背中で眠ると重く感じます。そういう経験から，人間は眠ると重くなるというように考えているのです。この考えは，かならずどこかで訂正しておかないと，算数ができなくなるわけです。今までこういうことを放ったらかしにして計算ばかりやらせていました。だから，計算はできても，応用問題はできないという結果になったのです。それをなくするには，量をきちんと順序立てて指導していくということが必要です。

量はつぎのような順序で分類され，つぎの順序で指導されることになります。

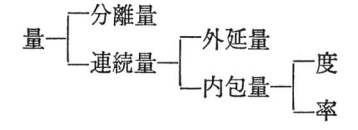

```
量 ─┬─ 分離量
    └─ 連続量 ─┬─ 外延量
              └─ 内包量 ─┬─ 度
                         └─ 率
```

● ──── 内包量

外延量に対して内包量という量があります。これは，合わせても，プラスにならない量です。一つのバケツの水の温度が20度，もう一つのバケ

Ⅴ─量と水道方式の算数2

ツの水の温度が25度，その二つのバケツの水を合わせてかきまわしたら，何度の水になるかというと，20度＋25度＝45度とはけっしてなりません。合わせたものの温度は20度と25度の間の温度になります。このような量は外延量ではありません。

ところが，このことをしっかりと押えておかないと，子どもに今のような問題を出すと，20度＋25度＝45度と答えを出してすましているということがよくあります。合わせるとたし算だと，機械的におぼえてしまっているからです。

また，食塩水の濃度のようなものも，外延量ではありません。3％の食塩水と4％の食塩水を合わせてかきまわしたら，3％＋4％＝7％とはけっしてなりません。3％と4％の間の，ある値になります。

このような量を内包量といいます。大まかにいうと，外延量は大きさを表わす量，あるいは広がりの量といえます。内包量は，ある性質の強さを表わす量ということができます。たとえば，食塩水の濃度は食塩の辛さという性質を表わしています。辛さの程度を表わすものさしです。

もう少しわかりやすくいうと，10人の人がつな引きの競争をしているとします。そこへ3人の人がきて加勢をしたとしたら，その3人分の力がプラスされます。これはたし算になります。多ければ多いほどいいのです。ところが，碁や将棋の強さを表わしている段などは，そうではありません。9段の人に初段の人を合わせて相談をして将棋をしても，10段の力にはならないでしょう。これは合わせてもたし算になりません。一方の初段の人の意見を聞いていたら，へたになるかもしれません。強さですから，新しいものを加えてもふえません。こういう区別が必要です。内包量は外延量よりはむずかしくて，もちろん，あとで出てきます。

●——外延量・内包量と加減乗除

外延量は，合わせると，たし算になるので，それを数で考えると，たし算になります。あるいは，とりのけると，ひき算になります。つまり，合併と除去がたし算とひき算になります。ですから，外延量を計算する時には，たし算とひき算の計算が使われます。

ところが，内包量はたし算とは結びつきにくいのです。たし算・ひき算とは縁遠い量です。

たとえば，速度は内包量です。2人の子どもが1秒間に5mの速さで走っているとします。その時，その2人の子どもが手をつないで走り出したら，1秒間，10mの速さにはけっしてなりません。もとどおりの速さです。ですから，これは，もちろん，外延量ではなくて内包量です。速度を計算するときは，主としてかけ算とわり算が出てきます。速度は長さを時間でわったものです。また，速度と時間から長さを出すには，"速度×時間＝長さ"という計算をします。すなわち，内包量は，主としてかけ算・わり算と関係が深いわけです。

量というものの区別，つまり，外延量と内包量の区別を考えると，たし算・ひき算と，かけ算・わり算とはまるで違った計算だということがわかります。

これまで，算数教育のもとになる考えとして，四則並進主義というのがありました。これはたし算・ひき算・かけ算・わり算をなるべく早く教えて，これをまぜこぜにしてだんだん教えていくというやりかたです。だから，このやりかたに従うと，数のほうは少ししか知らない時期に，たし算・ひき算・かけ算・わり算を全部教えてしまいます。ソ連の算数教育はだいたいそういう方針をとっています。数は20ぐらいまで教えておいて，20ぐらいまでの数を，たしたり，ひいたり，かけたり，わったりすることを教えています。だから，1年生でわり算まで出てくるわけです。これが今の四則並進主義といわれる方法です。

このやりかたは，たし算・ひき算・かけ算・わり算は全部たし算から作り出され，たし算から発展したものと考えるやりかたです。たし算の逆はひき算，たし算のくり返しはかけ算，かけ算の逆はわり算という考えかたです。

ところが，量の考えからいうと，この考えとは違ってくるわけです。量というものを考えて，それに従って数の計算をやろうとすれば，どうしても，＋・－と，×・÷は二つに分ける必要があります。そのほうが，これからの算数教育としては正しいと思います。そのやりかたでいくと，かけ算はたし算とはいちおうべつの計算として教えるわけです。

これは数の時にもいいましたが，今までは，2×3を，2＋2＋2と教えました。つまり，たし算のくり返しとして教えました。この考えだと，手

*1──遠山啓「数と水道方式」（本巻のⅠ章に収録）を参照。

間をいとわなければ，かけ算という新しい計算を教える必要はないわけです。2×3のかわりに，2＋2＋2と書いておけばいいので，何も新しい計算を入れる必要はないということになります。

ところが，量という立場からいうと，どうしてもかけ算はべつの計算であります。事実，小学校の高学年になって，分数をかけるという計算になると，それはたし算のくり返しではなくなります。あるいは中学へ行ってマイナスの数をかけるというようなものが出てくると，これは，もうたし算のくり返しとはいえません。つまり，かけ算・わり算と，たし算・ひき算は，先へいくとはっきり分かれるのです。それは量という立場からいうと，当然であります。このように，たし算・ひき算と，かけ算・わり算をはっきり二つに分ける考えでいくと，先へいって混乱しなくてすみます。こういう考えが出てきたのも，量という考えを算数教育にとり入れたからです。

●――速さの指導

これまで，たとえば，速度のような内包量をどのように教えたかというと，〝速度とは長さを時間でわったものである〟と，天下りに定義して教えました。だから，子どもは，その速度というものが現実にどんな意味をもっているかということを知らないで，ただ，長さを時間でわるという定義をマル暗記していて，それに従って計算をしていました。できる子どもは正しい答えを出したかもしれませんが，意味はわからなかったかもしれません。できない子どもは，意味がわからないから計算すらもできません。ですから，前に外延量の時にやったと同じように，なぜ長さを時間でわるのかという意味を考えさせなければなりません。

前にいったように，速度というのは，速さの程度を表わすものさしです。尺度です。ところが，速さという考えは，子どもたちはすでにもっています。速さの計算のしかたはまだ知らないでも，速さが何を意味しているかということは知っています。これは，見た感じで判断できます。自転車と自動車はどっちが速いかということならば，子どもはよく知っています。この子どものもっている大事な感じから出発して，速さという考えを教えるべきです。

今まではこの大事な，子どもなら，どんな子どもでももっている速い・

遅いという感じとは切り離して，速度をただ天下りに定義して教えました。ここに大きな間違いがあったのです。

速度という量も，やはり，外延量の場合と同じように，直接比較から始めたらいいと思います。スズメとツバメはどちらが速いかという時は，両方を直接，飛ばしてみて，考えさせればいいのです。これには計算はいりません。自動車と自転車も，計算をしないでも判断はできます。これはちょうど，ものさしがなくても，背比べをすれば，子どもの身長が比較できるのと同じです。

ところが，いつでもそうできるとは限りません。東京を走っている自動車と大阪を走っているバスと，どちらが速いかということは直接比較では判断できません。その時にはどうしても計算という手段を必要とします。一方の自動車が3時間に150km走り，一方のバスが4時間に180km走ったとしたら，どちらが速いだろうかという問題を考えさせます。そういう問題をぶつけてみます。これは直接比較はできませんので，何か計算によって出すほかはありません。そうすると，いろいろ考えた末，150kmを3でわったものと，180kmを4でわったものと，その答えを比べてみるということに気がつきます。そのわった答えの大きいほうが速い，小さいほうが遅いということが出てきます。そのわったものが速さの程度を表わすものさしだということで，これが速度だということをやれば，なぜ長さを時間でわるかという理由がよくわかります。同じことを，ほかの内包量についてもていねいにやるべきです。

今までは，こういうことをやっていませんでした。だから，速度というのは，〝長さ÷時間〟ということをマル暗記していて，りこうな，記憶力のいい子どもはいつまでもおぼえていたかもしれませんが，記憶力の悪い子どもはすぐ忘れて，実際は使えませんでした。

小数と分数

●──小数・分数とタイル

量の考えからいきますと，連続量を測る時は単位に分けて測りますが，連続量ですから，多くの場合，はんぱが出ます。

バケツの中の水を 1ℓ ずつくみ出していってみても，きちんと 3ℓ でおしまいになるとは限りません。3ℓ とちょっと余りが出てきます。この余りを，今度はどうやるか。はじめはもちろん，"3ℓ と少し"というくらいのいいかたでいいでしょうが，それでは子どもは満足しません。"少し"にもいろいろな違いがあるからです。

そこで，このはんばをはかるのに，1ℓ という単位を，また10に分けて，小さな単位にします。そして，その小さな単位ではかっていきます。その小さな単位の6つ分だとすると，これが 3.6ℓ という答えになります。また，それでも余りが出たら，さらに10に分けて，その小さい単位ではかっていきます。その小さい単位ではかって 7つ分あったら，全体が 3.67ℓ ということになります。これが小数の考えかたです。

だから，連続量を考えると，どうしても小数を考えなければならなくなります。このことは，小数を入れる時にじゅうぶん時間をかけて指導すべきです。ことばをかえていうと，小数というのは十進法を，下のほうへどんどん延長していったものです。整数の十進法は，1, 10, 100, 1000, ……と，大きいほうへ十ずつ束にしていきますが，小数は十ずつ小さいほうへ分けていくやりかたです。だから，数は上と下の両方にケタが延びています。そういうものとしてとらえさせるほうがいいでしょ

う。小数の計算にも，もちろん，水道方式を使います。

分数も，やはり，連続量をはかった時に出てきます。バケツの中の水を1lのマスでくみ出していって，3つと少しになった時，そのはんぱで1lをはかってみたら，それが4つありました。そうすると，その水の量は$3\frac{1}{4}$lということになります。このようにして，分数も，やはり，連続量をはかった値として出てきます。

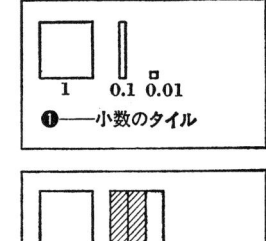

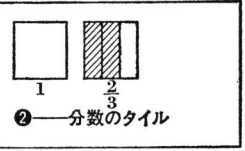

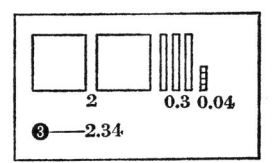

この分数や小数を表わす時，どうするかといいますと，やはり，タイルを使います。つまり，一のタイルをさらに十等分したものが0.1を表わします。さらに十等分したのが0.01を表わすというふうにすれば，小数をタイルで表わすことができます——図❶。分数も，一のタイルを3つに分けたものの1つが$\frac{1}{3}$，それから，それを2つ集めたものが$\frac{2}{3}$とすると，分数もタイルの大きさで表わすことができます——図❷。

このとき，2.34は図❸のように表わします。2.34というのと，3.25というのをたす時には，タイルで表わしてみると，重ねてたせばいいということがすぐ出てきます。これは，234と325をたすのとまったく同じです。

分数も，やはり，同様です。同じ分母の分数をたす時，たとえば，$\frac{2}{7}$と$\frac{3}{7}$をたす時には，$\frac{1}{7}$のタイル2つと，$\frac{1}{7}$のタイル3つをたして見せると，$\frac{1}{7}$のタイルが5つになりますから，$\frac{5}{7}$という答えが出ます。つまり，同じ分母の分数をたす時は，分母をそのままにして，分子だけたせばいいという規則がタイルからすぐ出てきます。

●——タイルによる倍分・通分・約分の指導

それから，分数の約分とか通分ということも，タイルで簡単に理解できます。たとえば，分母と分子に同じ数をかけても，分数は変わらないという規則も，タイルで一目瞭然にわかります——図❹。それは，一のタイルをたてに分けて$\frac{2}{3}$を表わしてみます。それを横に2等分してみると，

1つが$\frac{1}{6}$になります。その全体の数が4個になりますから，答えは$\frac{4}{6}$となります。つまり，$\frac{2}{3}$の分母と分子に同じ2をかけて$\frac{4}{6}$になりますが，それは大きさとしては，もとと変わりません。また，横に3つに分けると，1つは$\frac{1}{9}$になります。それが全部で6個になりますから，$\frac{6}{9}$となります。つまり，分母と分子に3をかけても変わらないということが出てきます。同じようにして，4をかけても，やはり，同じです。これはタイルを使ったから，こんなに簡単に説明できるわけです。

今までは，分数は円を等分したもので表わしていました——図❺。$\frac{1}{4}$というのは円を4等分したものです。$\frac{3}{4}$というのは，それを3つつないだものです。つまり，リンゴを分けたものによく似ています。この円を分けたもので分数を表わすことはあまりうまくないのです。なぜかというと，第1に，1より大きい数を表わすのに不適当です。たとえば，$\frac{5}{3}$というのは，どうしても一つながりになったもので表わすことはできません。1つの円と，円の$\frac{2}{3}$という2つのもので表わすほかはないわけです——図❻。

ところが，タイルですと，$\frac{1}{3}$のタイルを5つ横につないだもので表わすことができます——図❼。これは一つにつながります。$\frac{5}{3}$というのは一つの量なのに，二つに離れ離れになってしまったもので表わすことは不適当です。四角形のタイルは，つないだり，切ったりが自由にできるので，こういううまいことができるわけです。

タイルは整数にも威力を発揮しましたが，分数・小数にも同じような威力をもっています。たとえば，約分や通分もタイルで簡単に説明できます。

たとえば，$\frac{2}{3}$は，さきほどのように，タイルでは図❹のⒶように表わせます。これを横に線を引いて2等分すると，Ⓑのようになります。この図をみると，1つは$\frac{1}{6}$であり，それが4個ですから，$\frac{4}{6}$です。だから，$\frac{2}{3}=\frac{4}{6}$がすぐわかります。同じく3等分すると，$\frac{6}{9}$で，Ⓒのようになります。

このようにして"分母と分子に同じ数をかけても，分数の大きさは変わらない"という大切な規則がでてきます。

●──小数先習か分数先習か

小数と分数は少し考えかたが違うわけです。もちろん，小数は，結果においては特別の分数ですが，考えかたに違いがあるということは知っておいたほうがいいと思います。

小数と分数と，どちらを早く教えるかということで，やりかたが違いますが，私は，小数を先にやるほうがいいと思います。なぜなら，小数は，整数とそれほど違ったものではないからです。整数のほうは，1，10，100，1000，……と，10倍ずつの単位ではかっていきます。つまり，十進法が上に伸びているわけです。ところが，小数は，1を10等分した0.1，100等分した0.01ではかっていきますから，十進法を小さいほうへ伸ばしていったものと考えることができます。だから，整数の十進法，つまり，位どりの原理を知っていたら，小数を知ることはそれほど

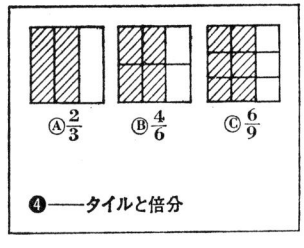

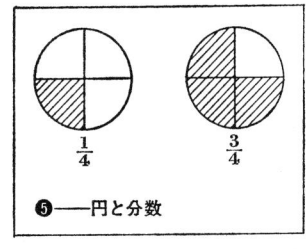

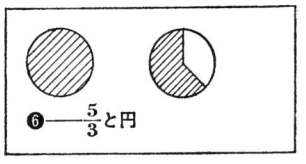

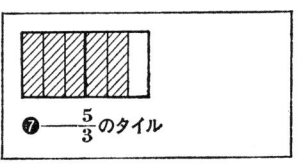

❹──タイルと倍分

❺──円と分数

❻──$\frac{5}{3}$と円

❼──$\frac{5}{3}$のタイル

むずかしくはありません。ですから，なるべく早く小数の計算を教えたほうがいいと思います。

小数の計算は，整数の計算と非常によく似ていますから，整数の計算ができたら，小数の計算はらくにできるはずです。連続量というものを扱うと，どうしてもあまりがあるし，そのあまりを処理するという必要から，小数は自然に出てきます。小数で連続量というものをつかんだあとで，分数の計算を勉強することがじゅうぶんできます。

●──割合分数は算数教育の害虫

こういう考えとはちがった分数の考えかたがあります。それは"割合分数"といって，子どもにはたいへんむずかしいのです。

これはどういうのかといいますと，$\frac{2}{3}$というのを，さっき説明したよう

に，量から出てきたものとは関係なくて，2という数と3という数の**割合**としてとらえさせるという考えです。つまり，一つの連続量から出てきたのではなくて，二つの分離量の間の，ある関係としてとらえさせようとします。これは子どもにとってはたいへんわかりにくく，雲をつかむようなむずかしい考えかたです。また，たいへんむずかしい上に，1年や2年，あるいは小学校5年くらいまでの段階では，こんな考えかたはいらないのです。

ところが，最近，この割合分数というのが流行していて，教科書にもこれで書いてあるのがありますが，これで教えると，じつにたくさんの**落後者**を出しています。

割合の問題というのは，全国的にいって，だいたい平均して10パーセントくらいしかできないということになっております。こういうむずかしいものは，小学校ではやめるべきですが，残念なことに教科書に取り入れられています。家で指導する時は，こういうものはムキになって指導するのは損です。学校で教えるのはしかたがありませんが，家では，連続量から生まれてきたものという立場で教えてください。そうすると，子どもにもよくわかります。とくにタイルで表わせば，そのものズバリでつかむことができます。割合分数は今の算数教育の害虫のようなもので，子どもにとってはたいへん迷惑なものです。家でも，教科書の中に割合がたくさん書いてあるものは，なるべくそこのところを注意して教えるようにしてください。

割合が，どうしてむずかしいかといいますと，たとえば，たくさんのものを1つと見る考えかたが必要になってくるのです。たとえば，おだんご5つとおだんご3つを比べて，おだんご3つは，5つの$\frac{3}{5}$であるというふうに考えさせます。その時には，5つのおだんごを1つと見なければなりません。

小学校のはじめのころは，"1"はあくまでも"1"であると考えなければいけない段階です。そうしなければ，計算もなにもできません。そういうことをいっしょうけんめいやらなければならない時期に，一方では"5を1つと見なしなさい"といわれるので，子どもは混乱するにきまっています。話が違うからです。こういうことをいっしょうけんめいやっている学校で，先生が，いくら"おだんご5つを1つと考えなさい"といっ

ても，子どもはポカンとして，どうしてもわかりません。

ある学校の，あるクラスの子どもが一人立って，"うまい考えが あります。それは5つのおだんごをクシに刺したと考えてみればわかります"ということをいいました。これは，ばらばらのおだんごを1つとして考えることがいかにむずかしいかということを物語っています。クシに刺すということをしなければ，どうしても1つとは考えられないということを物語っています。この子どもの答えは，この割合分数のまちがいを非常に鋭く指摘したものだといえます。今，この割合分数が全国的にはびこっていますが，そのうち，子どもがわからないので下火になるだろうと思います。

どこへ行っても，割合はわからないという声がきこえてきます。割合をうんとやっている教科書が使われていますから，こういう点から，やはり，学校の先生とよく相談して，適切な指導法を考えていただくようにしたほうがいいと思います。

●──分数に対する三つの考え方

小学校の4年以上でいちばん大事なのは，分数・小数です。まず，"分数とは何か"ということから考えていかなくてはなりません。ところが，分数とは何かという考えかたには，いろいろなみかたがあります。だいたい，大まかに分けると，三つの考えかたがあります。それは割合の分数，それから操作の分数，それから量の分数です。ここでは，量の分数という立場に立って子どもを指導したいと思います。

しかし，割合の分数や操作の分数についても，いちおうは知っておいたほうがいいと思います。なぜなら，前にのべたように，割合の分数や操作の分数の立場で書かれた教科書がかなりたくさんあるからです。そういう教科書を使っておられる人は，よほど注意しないと，子どもに混乱をひき起こすおそれがあります。結論的にいうと，割合の分数や操作の分数でやった子どもは非常にできないのです。だいたい，6年になっても，10パーセント以下しかできないという結果が全国の至るところで出ています。

●──割合の分数とは

割合の分数というのは，つぎのような考えです。二つの数があった時，たとえば，3と5とあった時に，その二つのものの関係を考えますと，5を1と見た時に，3は$\frac{3}{5}$という考えかたをします。こういう考えかたは，おとなになったら，もちろんできますし，できなくてはいけませんが，小学校の幼いころから，この考えかたを教えることはむずかしいし，だいたい子どもにはわからないとみてよろしい。

なぜかというと，小学校の4年ぐらいまでは，5はあくまで5，3はあくまで3というふうにして計算もし，考えもしています。3＋5 というのは，あくまで3と5をたしたものとして，答えの8が出てきます。そういうことをおもに練習している時期に，〝5を今度は1と見よ〟という考えを一方でやらせますと，子どもが混乱するのは当然です。これは，〝5は5と見る〟という考えかたをぶちこわしてしまうわけです。この二とおりの見かたをさせるということは，教育上，よろしくありません。割合という考えかたは，もちろん，一定の順序を経た上では考えることができます。それは，比例をやっていればできます。しかし，比例をやらない前に割合の考えを教えることはむりですし，また，その必要もありません。ところが，こういう考えかたに立った教科書があって，子どもたちがこれにたいへん悩まされているということは残念なことです。3と5を見て，その二つのものの関係から$\frac{3}{5}$という分数をひき出すことはたいへんむずかしいのです。

3と5を比べる時に，いろいろな比べかたがあります。まず差で比べる比べかたがありますが，これは 5－3 で，差が2になります。しかし，割合で比べるという時は，差とは違います。この二つの比べかたのうちの，どちらを選ぶかは，子どもにはわからないはずです。こういう点が，子どもにとってたいへんむずかしいわけです。

●──操作の分数とは

また，操作の分数というのがあります。これは，分数をかけ算の操作と考える考えかたです。これは割合分数と非常によく似ていますが，少し考えかたが違います。それは，$\frac{3}{5}$というのを，5でわって3をかける，という計算をひき起こすものとして$\frac{3}{5}$を考えるのです。つまり，$\frac{3}{5}$は，

$\times \frac{3}{5}$と考えるのです。この考えかたでいこうとしたのが"倍比例"の考えかたです。

ところが,子どもにとっては,"かける"は簡単に考えられますが,"5でわって3をかける"ことを一つの計算として見ることはたいへん困難です。どうしても,子どもにとっては2回の計算なのです。これは,だいたい昭和10年から始まった緑表紙の教科書の考えで,比例をとく時に使われたのですが,成功していません。子どもにとっては,やはり,たいへんむずかしいものでした。

この考えかたですと,$\frac{3}{5}$はあくまで"×"のついた$\frac{3}{5}$でありますが,たし算がたいへん考えにくくなります。$\times\frac{3}{5}$と$+\frac{3}{5}$とを区別しなければなりませんが,同じ$\frac{3}{5}$を二様に考えるということは,実際は子どもには不可能です。

それから,"分数×分数"ということを考えさせるためには,$\frac{3}{5}\times\frac{4}{7}$というかけ算は,$\times\frac{3}{5}$と$\times\frac{4}{7}$を2回ひき続いて計算したものを一度に考えたものとして考えさせるのです。これはたいへん高度な考えかたで,子どもにはわかりません。実際は,こんな考えかたで書いてある教科書も,現に出ています。この教科書はたいへん子どもを悩ましているといわれています。

● ―― 量の分数とは

以上のように,割合の分数も,操作の分数も,子どもにとってはむずかしいのです。これに対して,量の分数は,子どもにとってはたいへん理解しやすいのです。量の分数というのは,分数を連続量から抽象されたものとして考える考えかたです。

$\frac{2}{3}$というのは,$\frac{2}{3}$mからきた$\frac{2}{3}$,もしくは$\frac{2}{3}$kg,あるいは$\frac{2}{3}l$,そういうものから抽象されたものとして$\frac{2}{3}$を考えるわけです。これは,ちょうど3という数が3枚の紙,3本の木,3人の人,こういったものから抽象されたものとして考えるのとまったく同じことです。子どもは,いつでも具体的な量,とくに連続量を頭に浮かべて数を考えることができます。割合の分数のように,二つの整数を並べる必要はありません。子どもは一つのつながった長さとして$\frac{2}{3}$mを考えればいいわけです。これはたいへん考えいいはずです。

私は，量の分数でいかないと，子どもはわからないと思っています。一つのものとして考えることがたいへん大事なことなのです。これだと，$\frac{2}{3}+\frac{2}{5}$というたし算は，$\frac{2}{3}$mの棒と$\frac{2}{5}$mの棒をつないだ長さはいくらか，という問題の答えとして出すことができます。つまり，前にいった外延量の合併という形でつかむことができます。子どもにはたいへん自然で，素直な考え方です。割合の分数や操作の分数では，かけ算はどうやら定義できても，それよりやさしいはずのたし算が考えられなくなるのです。分数を連続量の抽象と考えると，分数がもっと広い意味の量にいくらでも発展できます。中学校へ行きますと，分数ばかりではなくて，無理数という数も勉強しますが，これも連続量から来たと考えれば，難なく理解できます。たとえば，辺の長さが1であるような正方形の対角線の長さは$\sqrt{2}$ですが，これは長さから出たものとしてつかむことは容易です。ところが，割合分数では，$\sqrt{2}$のようなものはつかむことができません。だいたい，割合ではないからです。こういった点からいっても，量の分数は，無理数にも難なく発展できます。割合分数よりは，量の分数のほうがずっと発展性があるのです。

●――算数教育の最大の難所

小学校の算数でいちばんむずかしいのは，分数・小数のかけ算です。計算のしかたがむずかしいためではなくて，考えかたがむずかしいからです。おとなでも，小学校のはじめのころは算数が好きだったが，5，6年になると，急に嫌いになったという人が多いようですが，その理由を聞いてみると，分数のかけ算・わり算が出てきたとたんにわからなくなり，それから算数が嫌いになったという人が多いのです。

つまり，算数の最大の難所は，分数・小数のかけ算・わり算なのです。それをどう意味づけるかというむずかしさです。これは，日本の子どもばかりではなくて，世界の，どの国の子どもにとっても難所であるらしく，世界中の算数教育の研究家が，これをどのようにして理解させるかにいろいろちえを絞っています。

昭和26年にできた指導要領では，小学生には分数・小数のかけ算・わり算はとても理解できないからといって，中学1年で教えることになっていました。

しかし，5年，6年ではわからないが，中学1年になると，自然にわかるかというと，けっしてそうではありません。体が大きくなっただけで，分数・小数が自然にわかるわけではありません。なぜかというと，おとなになっても，この意味のわからない人がたくさんいるからです。そういう人はけっしてバカではありません。知能の高い人でもわからない人がいます。計算のやりかたは知っていても，なぜ，ああいう計算をするのかという理由は，さっぱりわからない人が多いのです。これはけっして年をとればわかるという性質のものではないからです。だから，26年指導要領で，中学1年でやれと書いてあっても，何にもなりませんでした。つまり，教えるのを遅らせても，ちっともわかるようにはなっていなかったのです。

歴史的に見ますと，明治の終わりから昭和9年まで国定教科書として使われた黒表紙の教科書では，分数と分数をかけることの意味は，子どもにはわかりっこない，しかし，計算は必要である，という考えかたに立っていたのです。だから，これはたんなる約束として，頭かぶせに教えてしまうという考えかたをとっていました。

なるほど，分母と分母，分子と分子をかければいいということを教えれば，計算はできます。しかし，〝分数×分数〟を具体的な問題に使ってとくことはできませんでした。計算はできても，具体的な問題に適用することができなかったわけです。これでは何の役にも立ちません。

つぎに出てきた緑表紙の教科書でも，いろいろこの点を苦心はしましたが，成功しませんでした。これは，やはり，倍という考えかたを使ったからです。

●──量の分数のかけ算

つぎに，量の分数の立場からは，これをどのように理解させるかということについてのべてみます。これはすでに説明しましたが，5年，6年になってきてからあわてても遅いのです。2年でかけ算を教えるはじめから，×分数，×小数にどうつながるかを見越して教えなければいけないのです。そのことを考えたために，2年生で教える時に〝量×量〟という考えかたを使ったのです。

つまり，2×3は，〝ウサギの耳が1匹に2本ずつある。その時に3匹分

ではいくらか"ということで、2×3を定義しました。これは2を3つたす時の、その3、つまり、3倍の3だと考える考えかたよりもずっと具体的です。つまり、2×3の3が、子どもの眼に見える何かのものの量だからです。

これで教えると、相当、知能指数の低い精薄児でも理解できたといわれています。理由は簡単で、3倍の倍は理解できないが、3匹の匹は具体的につかめるからです。これだと、倍ではうまくいかなかった、×0、×1も、難なく定義できることはすでに説明しました。同じことを、×分数、×小数に適用するのです。

つまり、前にいったように、分数と小数は連続量の抽象なのですから、量といっても、ここでは連続量をとらなければいけません。ウサギが何匹という時には、これは分離量であって、分数にはなりません。つまり、"1匹半のウサギ"ということは考えられないからです。1匹、2匹、3匹というので、整数にしかなりません。そこで、このような時には 1.5 とか 2.5、$3\frac{2}{7}$ といったような数になる例を持ってこなければなりません。

たとえば、単価(もののねだん)を例にとりますと、1mが200円の布があったとすると、その時に2.5m分ではいくらかというと、ちゃんと意味を理解することができます。そうすると、それを200×2.5と定義するのです。つまり、×2.5の2.5は、ウサギの場合と同じように、子どもの眼に見える長さという量だからです。同じように、$2\frac{2}{3}$mだったら、$\times 2\frac{2}{3}$ とやればいいわけです。こうすると、×分数、×小数の意味が子どもにも難なく理解できます。

ところが、今までのようなたし算のくり返しとしてかけ算を考えていくと、ここで、どうしても突破できない壁ができてしまいます。なぜなら、×小数、×分数はけっしてたし算のくり返しではないからです。子どもにとってはたいへん話が違うことになります。おとなはうそつきだということにさえなりかねません。子どもはここで迷子になってしまいます。ところが、"量×量"だと、こういう壁がなくて理解できます。

さて、×2.5の意味はわかったが、具体的に答えを出すにはどうするかと考えるのがつぎの段階です。つまり、意味づけと計算の方法とをはっきりと区別するのです。

●——小数・分数の水道方式

さて,小数の水道方式ですが,これは整数とほとんど同じものと考えてよいでしょう。ただ,ちがうのは,たし算やひき算では尻尾のケタのそろっていないものがでてくる点です。

$$\begin{array}{r} 62.5 \\ +\ 1.34 \end{array} \qquad \begin{array}{r} 62.5 \\ -\ 1.34 \end{array}$$

などがそうです。要するに,小数点が新しくでてくることです。それ以外は異なっていないので,ここでは省略します。

分数では,もっとも大切なのは整数とのつながりです。これまで分数と整数はまるで別のものとして扱われてきました。しかし,これではまずいのです。やはり,整数は分数の特別のものと考えるようにしたほうがよいのです。

"2"という整数は $\frac{2}{1}$,つまり,分母が1である分数の一種と考えるようにすると,整数が分数のなかにふくまれてしまいます。そのために分数の計算規則を知っておけば,それを特殊化することによって整数の規則も自然にでてきます。たとえば,分数×分数の計算の規則さえ知っていると,

$$\frac{2}{3} \times 5 = \frac{2}{3} \times \frac{5}{1} = \frac{2 \times 5}{3 \times 1} = \frac{10}{3}$$

となるので,改めて分数×整数を別におぼえる必要はないわけです。

●——帯分数と仮分数

整数を表わすのに,表わしかたは一とおりしかありません。たとえば,25は25と書き,ほかの書きかたはちょっと考えられません。ところが,分数になると,いろいろな表わしかたが出てきます。$\frac{2}{3}$ は $\frac{4}{6}$,$\frac{6}{9}$ といったような表わしかたができますし,あるいは,1より大きな分数はもっと複雑です。$2\frac{1}{3}$ とも書けるし,$\frac{7}{3}$ とも書けます。つまり,分数は,量としては同じであっても,表わしかたがいろいろあるわけです。

つまり,整数のほうは,同じ数だったら,一とおりの同じ着物を着て出てきますが,分数は同じ人間がいろいろな違った着物を着て現われてきます。だから,子どもはそこで迷うわけです。分数のむずかしさの一つはそこにもあります。ものが同じで,表現が違うからです。

その中で問題になるのは,帯分数と仮分数です。この比較もしておかな

くてはなりません。前にいったように、外延量から導かれたものとして分数をとらえるなら、帯分数のほうが適当です。それは、鉛筆の長さをはかるのに、1cm ではかったら、5つあって、それから残り $\frac{1}{3}$ というような表わしかたをするなら、どうしても5と $\frac{1}{3}$ という形をとるわけです。だから、これは帯分数のほうがよろしい。これを $\frac{16}{3}$ とするのは、量としては不自然です。つまり、整数の部分とはんぱの部分が出てくるという帯分数のほうが適当です。

しかし、中学校へ行って、代数の計算をやる時には、帯分数は不便です。どうしても仮分数で表わすことになります。なぜかというと、帯分数で $5\frac{1}{3}$ という時には、計算でやる 5 と $\frac{1}{3}$ をたしているわけです。つまり、$(5+\frac{1}{3})$ というように、たし算が入っているわけです。ところが、$\frac{16}{3}$ という時はわり算だけですみます。そのことから、代数では $\frac{16ab^2}{3}$ という表わしかたはしますが、$5\frac{1}{3}ab^2$ という表わしかたは、普通はしません(こういう表わしかたがないわけではありませんが)。

つまり、$\frac{16ab^2}{3}$ といった時には、全部かけ算とわり算だけでつなぎ合わされています。$5\frac{1}{3}ab^2$ と書くと、5 と $\frac{1}{3}$ を加えるところでは、たし算という異種類の計算が入ってくるので、不適当なわけです。だから、代数では仮分数をもっぱら使うことになりますが、これは、そういう理由からくるわけです。

そういうことを考えるならば、帯分数だけでおすことはたいへん不適当です。また、小学校の段階でも、かけ算になってくると、帯分数は不便です。どうしても仮分数に直してかけるというほうが便利になります。わり算は、もちろん、そうです。どうしても仮分数に直して、分母と分子をひっくり返すということをしなければいけません。

つまり、結論的にいうと、帯分数だけでおしていくこともできないし、仮分数だけでおしていくこともできないわけです。そうなると、やはり、子どもは両方を使い分けることができるようになってくれなければ、困ります。

戦後の算数教育は、帯分数だけでおしていこうという傾向がありましたが、これはまちがいです。このやりかたでいくと、代数へ行ってまちがいが起こってきます。たとえば、球の体積は $\frac{4\pi r^3}{3}$ という公式があります。そういう公式を子どもに教えたら、「先生、これはまちがいでしょ

う」といったそうです。つまり，$\frac{4}{3}$は$1\frac{1}{3}$であるから，$\frac{4}{3}$というのはまちがいだというふうに考えたわけです。子どもがこういうふうになっては困るわけです。代数では，どうしても$\frac{4}{3}$でいかなくては困るからです。逆に，全部を仮分数でやることもまちがっていると思います。$3\frac{1}{2}$と$4\frac{2}{7}$を加えるという時には，これをいちいち仮分数に直して計算するのはめんどうです。たいへんめんどうな計算になるので，まちがいも多くなります。どうしても，これは帯分数のままたすことができなくては困ります。

だから，仮分数一辺倒もいけないし，帯分数一辺倒もいけないということがわかります。だいたいにおいて，たし算・ひき算には帯分数が便利でありますし，かけ算・わり算には仮分数が便利です。だから，たし算・ひき算をやっている段階では，帯分数を使いこなすことを練習させ，かけ算・わり算が出てきたら，それをきりかえるというやりかたが常識的ですが，やはり，適当だと思います。

●——分数計算の水道方式

整数の計算練習は，前に説明したように，水道方式でやります。水道方式でやれば，まちがいが少なくて，指導の時間もだいぶ短縮できます。分数・小数の計算練習でも，やはり同じです。同じ水道方式でやります。小数の計算は，整数の計算とそう変わりません。つまり，ケタを下のほうに延ばしただけのものです。これについては，分類のやりかたも，そう変わりません。ちょっと複雑になるくらいのところです。

分数についていえば，やはり，タイルをもとにして水道方式でやっていくわけですが，これも考えかたは同じになります。たし算・ひき算はできるだけ帯分数のままやるようにしていきます。かけ算・わり算ではどういう考えが大事かというと，水道方式の根本的な考えかたに従って，一つのルールで通すようにしたいものです。

たとえば，それまでにやってきた×整数，÷整数との関係です。これまでは，×整数と÷整数を１年間，練習して，それからやっと，×分数，÷分数へ移ります。こういうやりかたは，常識的に考えると，ていねいでいいように思いますが，かえって害があります。つまり，×整数，÷整数に長い間，立ち入ってしまうと，そこで得られた計算の力が，かえ

って×分数，÷分数へ行った時にじゃまになることがあります。というのは，二つの場合は計算のルールが違うからです。

$\frac{2}{3} \times 5$ というのと，$\frac{2}{3} \times \frac{5}{7}$ というのは，子どもにとってはたいへん違います。$\frac{2}{3} \times \frac{5}{7}$ は，分母と分母，分子と分子をかければいいので，つまり，両方とも分母と分子に分かれているので，かえって考えやすいのです。ところが，$\frac{2}{3} \times 5$ になりますと，5のほうは分離できないので，それを2にかけていいか，3にかけていいかがわかりません。かえって子どもにとってはむずかしいのです。

×分数の意味づけは，前にいったように，量×量でやりますと，たやすく理解できます。つまり，×整数からそれほど違ったものではないわけです。

問題は，その計算のしかたですが，それは水道方式の原理によって一つのルールで通すということにしたいものです。一つのルールで通すためには，古い整数が新しい分数の世界に含まれていると考える必要があります。これまでは，整数と分数はべつの数であると考えてきました。最初はそれでいいのですが，ある段階へくると，整数は分数の特別なものとして考えさせる必要があります。つまり，5という整数は，分母が1であるような特別な分数だと考えるのです。つまり，$\frac{5}{1}$ という分数だと考えさせるのです。そうすると，古い整数が新しい分数の仲間に入れてもらえるわけです。子どもにとってはまったく同じものになります。すなわち，分母に1を書きたすことによって新しい分数の仲間入りをするわけです。

こう考えてくると，前にいった $\frac{2}{3} \times 5$ は $\frac{2}{3} \times \frac{5}{1}$ と考えさせます。そうすると，分数×分数になって，まったく同じルールで計算ができることになります。今までは，分数×整数は異種類の計算として，これを二つのべつのルールとして考えさせたわけです。水道方式では，分数×分数の，ただちょっと形の崩れたものとして考えさせるわけです。つまり，そのようなものを退化型といいます。だから，子どもは，一つおぼえておけば，あらゆる場合に応用がきくわけです。これまでは，子どもにテストしてみますと，分数×整数と分数×分数の問題は，分数×整数のほうが点数が悪かったのですが，この水道方式でやると，同じ点数になってきます。つまり，退化型と標準型が同じにできるようになるわけです。

内包量のいろいろ

●──内包量

だいたい小学校の前半では外延量を主としてやります。外延量というのは，前にも説明したように，合わせると，たし算になるような量です。ところが，合わせれば，すべての量がたし算になるとは限りません。何かの性質の強さを表わす量は，合わせても，たし算にはなりません。
前にもいったように，温度20度の水と，30度の水を合わせてかきまわしたらどうなるかというと，20度＋30度＝50度にはなりません。こういうことができたら，たいへん便利でしょうけれども，そううまくはいきません。20度の水でお湯をわかすのに，その20度の水を5つに分けても，やはり，20度です。もし合わせれば，たし算になるのだったら，その20度の水を5つ合わせれば，100度になってふっとうするはずです。ところが，実際はそんなうまいことはできません。つまり，温度という量は，合わせてもプラスにならない量です。こういう量は，外延量とはおおいに性質が違います。これは〝熱さ〟という性質の程度を表わす量です。こういう量を内包量といいます。
密度も，やはり，そうです。東京都の人口密度が4777.7人で，埼玉県の人口密度が639.7人，埼玉県と東京都を合わせた地域の人口密度は，その二つの人口密度をたせばいいかというと，そうはいきません。これは常識から考えてもわかります。たすと，東京都と埼玉県を合わせた人口密度が東京都よりも高くなって，おかしなことになります。濃度もそうです。2％の食塩水と3％の食塩水を合わせたら，5％の食塩水になる

わけではありません。合併がたし算にはならないのです。
このような量を，高学年ではしっかりと理解させなければなりません。これは，じつは高学年の算数のもっとも大事な急所になります。

●——度と率

しかし，内包量といっても，やはり，たくさんあるので，これまた，こまかく分けて，やさしいものからむずかしいものへ発展させなければなりません。内包量を大まかに分けまして，それを"度"と"率"とに分けます。これは少し説明を要します。

速度・密度などは内包量で，度という名前がついています。だいたい，このような量は二つの外延量をわり算して出てきますが，そのわり算をする二つの外延量は違った種類の量です。密度は，重さを体積でわったものです。重さも体積も別種類の量ですから，重さと体積をたしたりすることはできません。つまり，異種類の量のわり算で出てくる量を"度"と名づけます。速度もそうです。速度は長さを時間でわったものです。長さと時間とは違った種類の量です。

これに対して，同種類の量をわり算して出てくる内包量もあります。これを"率"と名づけます。利率はそのような内包量です。100円貸したら，10円の利子がついたとしたら，10円÷100円で，1割の利率ということになり，両方とも同じ種類の価格という量でわり算した答えです。だから，率のほうは数値が，いわゆる"ただの数"です。単位がつきません。度のほうは，速度だったら，毎秒5mというふうに，かならず単位をつけていかなければ，意味がないのです。率のほうは，0.1，0.2とか0.01とかという普通の数になります。

含有率なども，やはり，そういう量です。あるいは包含率・混合率などもそういうものです。確率もそうです。あるいは野球の選手の打撃率というのも，ここでいう率です。率という名前のつく内包量は，だいたいが同種類の量のわり算で出てきますから，そういうものを率と呼んだわけです。ただし，例外もあります。濃度などは，全体の目方で，含まれている物質の目方をわるのですから，同種類の量のわり算です。だから，ここの分類でいくと，率になるわけです。

濃度のような例外もありますが，だいたいにおいて，度という字のつい

ているのは，異種類の量のわり算で出てきたものでありますし，率という名前のついているのは，同種類の量のわり算で出てきたものです。たとえば，三角関数でいうサイン(sin)などは，率の一種です。これは，斜辺で高さをわったものですから，長さを長さでわったものです。すなわち，率です。同じように，コサイン(cos)やタンジェント(tan)のような，他の種類の三角関数も，みんな率です。

これまで，だいたい率のほうがやさしくて，度のほうがむずかしいという考えかたに立って内包量の指導が行なわれていました。しかし，**事実は逆のようです**。子どもにとっては，度のほうがだいたいにおいて理解しやすいのです。率はかえってむずかしいようです。だから，ここでは，度を，まずしっかりとつかませてから，あとで率に移っていくというやりかたを使いたいと思います。

● ——度の第1用法

速度という内包量を例にとりますと，これは，もちろん，ここでいう**度**です。この速度の計算で大事なのは，つぎの3種類です。それは，

　　　　長さ÷時間＝速度——第1用法

つぎは，

　　　　速度×時間＝長さ——第2用法

それから，

　　　　長さ÷速度＝時間——第3用法

です。これを上から順番に，度の第1用法，第2用法，第3用法と名づけます。

第1用法は，ことばを変えていうと，度という内包量を作り出してくる計算です。これが第1用法です。この第1用法を，今まではどのように教えていたでしょうか。今までは"長さを時間でわったものを速度といいます"というふうに，頭かぶせに定義して，子どもにおぼえさせたわけです。しかし，これは指導のやりかたとしてはたいへんなつめこみになります。

子どもは，速さというものを子どもなりにつかんでいます。ツバメのほうがスズメよりも速く，自動車のほうが自転車よりも速いということは知っています。眼で見た感じで，速い・遅いを判断できます。しかし，

これを具体的に計算する方法は知りません。やはり，ここから始めなくてはなりません。つまり，子どもの持っている速さの感じを数で表わすには，長さを時間でわったものをだせばいいということから理解させるわけです。この場合，つぎのような順序をとります。

外延量の場合と同じように，長さの直接比較から始めます。同じ時間で，二つの車が同じ距離だけ走ったとすると，速度は同じだということはすぐわかります。もちろん，この時，どちらも等速度で行くとします。つぎは，時間が同じで，距離が違った場合は，よけい行ったほうが速いのだということを理解させます。

それから，ランニングの場合のように，100 mなら100 mという一定の距離，同じ距離を，違った時間で走った場合，この時は，やはり，時間の長いほうが遅い，短いほうが速いということも理解させます。これも，すぐわかります。

問題は，長さと時間が両方とも違った場合にどうするか。これは簡単にはわかりません。"太郎は3時間に12km歩いた。次郎は4時間で17km歩いた。どちらが速かったか"という問題を考えさせます。ある子は，実際に歩かせてみて，眼で比べればいいではないかというかもしれません。しかし，これはあくまでも並んで歩ける場合です。並んで歩けない場合には，そうはいかないわけです。どうしても計算という手段によらなければいけません。その時に，何を計算したら，実際に見なくても，速いか遅いかの判断ができるのかという問題を出します。そうすると，同じ1時間にどちらがよけい歩いたかを見ればいいことが発見できます。結局，12÷3 と，17÷4 を計算して，その答えの大きいほうが速いということがいえます。すなわち，17÷4 のほうが速いということがいえます。

こうして，長さを時間でわったものを速さの尺度ときめようという指導をすれば，なぜ長さを時間でわるのかという意味がよくわかります。こういう指導が今までは欠けていたわけです。また，長さを時間でわったものを速度というと頭かぶせに定義をしてしまうと，この速度が，子どもたちの持っている速い・遅いという感じと，ちっとも結びつかないのです。つまり，ばらばらにおぼえられていたから，すぐ忘れてしまうということになります。

同じように,〝ある町には人が何人住んでいる。面積はどれだけある。べつの町では人間がどれだけ住んでいて,面積はどれだけ。どちらのほうが人が混んでいるだろうか。つまり,人がうじゃうじゃいるか〟ということを考えさせます。そうすると,実際にそこに行ってみなくても,人の混みかたというものは計算で出てきます。それは,結局,人の数を面積でわったもの,つまり,一定の面積あたりにどれだけいるかということを比べればいいのです。そこで,人口を面積でわったもの,つまり,人口密度というものを計算すればいいということがわかります。

これも,今までは人口を面積でわったものとして,頭かぶせに教えていたから,人間の混みかたというものとは結びつかないで,おぼえさせられていたわけです。記憶のいい子はおぼえているでしょうが,記憶のよくない子はすぐ忘れてしまうことになります。こうして,密度という考えも,なぜわり算をするのかということの理由づけまでやるわけです。これだけの指導をすると,今までよりずっと子どもはしっかりと度の概念をつかむことができます。これが第1用法の段階の大事な指導法になります。

●——度の第2用法と第3用法

つぎは第2用法です。度というのは,1あたりの量です。ですから,それが,2あたり,3あたり,あるいは小数になったら,2.5あたり,つまり,前にいった,×量という考えかたにすぐ結びつきますから,これは,要するに,量×量の計算だといってもいいわけです。分数と分数をかけるかけ算は,なぜあのようにやるかという規則は,具体的には,この第2用法を例にとって,それから計算のやりかたをひっぱり出すわけです。これがいちばんわかりいいのです。前にいったように,割合とか操作はたいへんわかりにくいのです。つまり,度の第2用法を例にとって,分数×分数を理解させるほうがわかりいいのです。

第3用法は,〝時速どれだけの自動車が,何百キロ走るのに何時間かかるか〟という問題で,結局,これは,長さ÷速度=時間です。第1用法は,わり算の等分除の発展したものです。もちろん,÷整数ではなくて,一般に÷小数,÷分数なのですが,考えからいうと,等分除の発展です。これに対して,第3用法は,同じわり算でも,包含除の発展したもので

す。つまり，時速 60km の自動車が 300km 走るのには何時間かかるかという場合で，考えの上では 300 km の中に 60km がいくつ含まれているかということですから，意味からいうと，包含除です。だから，はんぱが出てくれば，包含除そのままというよりは，包含除の発展したものです。

この第 1 用法から第 3 用法までをしっかりとおさえることが，小学校高学年の大事な急所になります。これをしっかりつかめば，×分数，×小数の意味もよくわかります。つまり，度という具体的な量の計算としてつかむことができるからです。この点が割合の分数や操作の分数と具体的に違うところです。

比例と比

●――三数法と倍比例

これまで,だいたい小学校6年までに比例をやることになっていました。ところが,小学校でいちばんむずかしい教材は比例だったといえます。これは,なぜむずかしかったかというと,比例そのものの考えかたがいろいろまちまちで,混乱していたからです。つまり,子どもにどう教えるかのまえに,おとなが比例をどう考えるかということがはっきりきまっていなかったわけです。

比例というものは,ヨーロッパの中世紀では,商人が使った計算法でした。これは,例をとってみると,〝3mで800円の布地は,5mではいくらか〟という問題が比例になるわけです。ここでは,3mと5mと800円という三つの数から第4の数を計算する計算の方法であるわけです。だから,ヨーロッパでは,これを〝三数法〟とよんでいました。これは中世紀の商人が,商人になる一つの資格として,この計算法をたたきこまれたわけです。

それでは,どういう計算法を使ったかというと,今の問題では,いわゆる,

$$3:5=800:x$$

という式を立てて,いわゆる〝内項の積と外項の積は等しい〟ということから,

$$3x=800\times 5$$

という式にして,両辺を3でわって答えを出すという計算法を使ったわ

けです。これで正しい答えは出ますが、理由づけがたいへんむずかしく、ヨーロッパの商人たちはだいたいこれで用をたしてはいましたが、わけはわからずに使っていたといわれています。つまり、オウムが歌をおぼえるように、ただ教えられて、そのとおり意味もわからずにしゃべっているというのと似ています。この考えかたはよくないのですが、この考えかたがそのまま算数教育に入りこんできたわけです。

元来、算数は何でもりくつでおしていくようにしなければならないのに、じつはわけのわからない計算法が入りこんできたわけです。説明できないルールを使って答えを出すという方法が入りこんできたことが算数教育をたいへん混乱させました。

この考えかたで比例をやろうとしたのが、明治の終わりから昭和9年まで続いた国定教科書である黒表紙教科書です。黒表紙を作った指導者である藤沢利喜太郎は、比例を、結局、説明しないで、子どもに天下りに教えてしまえというような考えかたをしていました。この考えかたはいまだに根強く残っていて、この考えかたで比例を教えようとしている教科書も、現在、たくさんあります。しかし、子どもにとってはたいへんむずかしいことは昔と同じです。

この黒表紙の方法に対して、これではいけないといって、新しい考えかたをとりこもうとしているのが緑表紙の比例です。緑表紙は、今の問題をどのようにしてとらえさせようとしているかというと、こういうふうに考えたわけです。それは〝倍比例〟の方法といわれます。つまり、3mから5mになるというのは、$\frac{5}{3}$倍に変わることだ、そうすると、800円の$\frac{5}{3}$倍が答えになるんだと、つまり、

$$800円 \times \frac{5}{3}$$

と計算をしたわけです。ところが、前にもいったように、5は3の$\frac{5}{3}$倍ということを考えることはたいへんにむずかしいのです。2倍、3倍はたやすく理解できても、$\frac{5}{3}$倍と考えることは、子どもにはたいへんむずかしいのです。つまり、これには、3を1と見るという割合分数の考えかたが使われているわけです。それで、結局、この倍比例もうまくいきませんでした。

●——帰一法と，その教え方

比例には，もう一つのときかたがあります。それは"帰一法"といわれているものです。これは今の問題をつぎのようにとくわけです。

3mで800円ならば，1mではいくらかと，まず考えるわけです。つまり，いわゆる単価を出すわけです。そうすると，これはたいへん簡単で，$\frac{800}{3}$円となります。つまり，それは1mのねだんですから，5mでは，"それ×5"として計算ができるわけです。これは考えの順序からいうと，

$$3\,\mathrm{m} \longrightarrow 1\,\mathrm{m} \longrightarrow 5\,\mathrm{m}$$

という順序で考えていくわけです。つまり，一度，1mあたりに帰るわけです。3から5へ行くのに，直接に行かないで，3 —→ 1 —→ 5 と行くわけです。これが帰一法の考えです。これならば，たいへん自然です。これは，前に説明した度の計算法が使われています。3mから1mに行く計算は度の第1用法です。それから，1mの単価から5mのねだんを出すのは第2用法です。つまり，帰一法というのは度の第1用法と第2用法をつないだものです。だから，度の三用法をしっかりとやっておけば，その二つをつないだものですから，子どもにとってはたいへん自然に理解できます。帰一法というのは，じつは三数法・倍比例と比べると，はるかに理解しやすいわけです。最近は，比例は帰一法によってとくという傾向が世界的になってきていますが，それは当然のことです。

具体的に帰一法を教えるには，どんな順序で教えたらいいでしょうか。まず第1番に，2種類の量，2種類の変化する量がお互いに正比例するということを，どのようにしてつかむかということが問題になります。たとえば，2種類の量というのがどんな関係をもっている場合かというと，等速度で走っている自動車の場合は，走った距離，それから走った時間です。これは自動車の運転台のメーターに出てきています。つまり，同じ自動車の中にすえつけてある走行距離と時計を比較してみますと，自動車に付属している二つの量がある関係をもって変化していることがわかります。等速度で走っていれば，走った距離と時間は正比例しているわけです。また，同じ太さの針金の長さと重さとは正比例しています。こういう例からわかるように，正比例の例はたくさんあります。しかし，

---

*1——遠山啓「かけ算」(本巻のⅣ章に収録)を参照。
*2——遠山啓「内包量のいろいろ」(本巻のⅤ章に収録)を参照。

二つの変化している量，しかも，お互いに関連している量が正比例しているような例の中でいちばん鮮やかで典型的なものは何でしょうか。子どもにはじめて正比例をつかませるためには，子どもの眼にすぐ浮かぶ鮮やかな例を作ってやる必要があります。さっきの針金の例ですと，針金は伸びたり，ちぢんだりはなかなかしません。長さが変化するとは考えにくいのです。また，自動車の走行距離と時間も，変化はしますが，正比例ということは，なかなか感じがつかめません。

●──比例のシェーマとしての水槽

そこで，正比例の具体的な例を考えてみます。その一つの方法として水槽の例を考えてみます──図❶。これは直方体の水槽を適当な垂直面で二つに分けます。そうして，その垂直面は，水が自由に通過できるようにしておきます。その水槽に，水道の蛇口から水を入れてやりますと，左側の水の量と右側の水の量は比例することがすぐわかります。これを正比例のいちばん典型的な例として出します。

水道の水を入れるとふえるし，下にあるコックを抜くと，水は減っていきます。自由に変化できます。その時に，どういう場合に比例するときめるのか，つまり，比例の定義をどうするかといいますと，この比例の定義にもいろいろなしかたがあります。ここでは，あい伴って変化する二つの量を x，y とします。これを数学の記号では，

$$y = ax$$

と書きます。この時に，x のほうを 2 倍すれば，それにつれて y も 2 倍になり，x を 3 倍すると，それにつれて y も 3 倍になります。4 倍，5 倍も同様です。つまり，x をある数だけ倍すれば，同じ数だけ y も倍されます。これは整数倍でたくさんです。そういうことを確かめることができたら，x と y とは比例するというように定義すれば，さっきの帰一法とうまくつながります。水槽を見ると，左側の水が 2 倍になると，水平面が同じですから，右側の水も当然，2 倍になることがわかります。3 倍になれば，もう一方も 3 倍になります。逆に，$\frac{1}{2}$ になれば，片方も $\frac{1}{2}$，$\frac{1}{3}$ になれば，片方も $\frac{1}{3}$ になります。

このことは，実験をやると，子どもははっきりとつかむことができます。実験をそんなにたびたびやらなくても，一度やっておけば，あとは忘れ

ません。このような時，xとyとは比例するというわけです。そして，この水槽をもとにして比例の問題をとくわけです。

"xが3である時に，yは800。xが5の時は，yはどれだけになるか"という時は，一度，xを1へ戻し，それから5へ行くわけです。それを水槽で，水の増減によって答えを出すことができます。この水槽を使うと，子どもたちは，比例の鮮やかな例を知るので，比例がじつによくわかるといわれています。

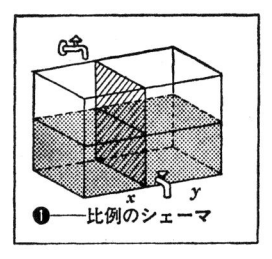

つまり，低学年で数の位取りの原理を理解させるのにタイルを使ったのと同じようなものです。つまり，水槽がタイルに当たるわけです。子どもにはめんどうな定義をおぼえさせようとしても無理です。そういうものではなくて，頭の中にえがき得る映像をもとにして考えさせたほうがずっと効果的です。

●──比例は算数の急所の一つ

前にいったように，比例は小学校の算数の一つの急所です。と同時に，将来，関数に発展する場合の出発点にもなります。正比例を正しくつかむことは大事な考えになるというのは，正比例関係は自然現象や社会現象に，じつにたくさん現われてくるからです。

たとえば，速度という考えも，ある意味では正比例から出てきたものです。つまり，長さと時間が正比例しているから出てきたといってもいいわけです。理科で計算を使う場合には，たいてい比例が基礎になっています。あるいは，将来，高等学校へ行って微分をやる時もそうです。微分は，じつは，非常に小さい変化をしている時にはだいたい正比例をもとにして考えているわけです。だから，微分の基礎には比例があるといってもいいわけです。比例を正しくつかんでいなければ，微分を正しくつかむことはとうていできません。また，三角法も比例が基礎になります。なぜかというと，相似形を計算に移す場合には，かならず比例が入ってくるからです。

このように，小学校の比例を正しくつかんで理解できるか，そうでないかということは，それ以後の数学の勉強に決定的な影響を及ぼすといえ

ます。ところが，この大事な比例が，前に述べたように，まちがった方法で教えられていたために，それ以後の算数がわからなくなったということが出てきたわけです。いま述べたようなやりかたでやれば，小学校で比例を正しくつかむことがじゅうぶんできます。

● ――関係が等しいということ

これまでの常識では，比をやってから比例へ移るという考えでした。ところが，よく考えてみると，これが誤りのもとだったと思います。

$$2:3=6:9$$

というような場合に，どうしてこの式が出てくるかと考えてみると，2と3の割合を考え，6と9の割合を考えて，それを等しいとおくわけです。第1，この場合の〝＝〟の意味は，何かの量が等しいという意味ではありません。2と3の割合，ここではあくまで関係です。2と3の関係が6と9の関係に等しいというわけです。関係が等しいのを並べてつなぐことは，これまでの算数からいうと，まったくの例外です。こういう考えを，心理学では相関性の抽出といいます。

関係が等しいということを判断するにはたいへん高度な判断を必要としますが，ものの量が等しいことは簡単です。これは，文章でいうと，〝何々の何々におけるは，何々の何々におけるがごとし〟という考えかたです。〝あの二人はチョウチンとツリガネのようだ〟というのは，結局，関係が等しいということです。つまり，チョウチンとツリガネのような非常につりあわないものの関係です。あるいは，日蓮宗と真宗がたいへん仲が悪いということをいうのに〝法華と念仏，犬と猿〟といういいかたが昔からあります。これも，やはり，日蓮宗と真宗の関係は犬と猿の関係に等しいという意味です。これは，ここでいう比例的な考えかたです。こういうことを並べてつなぐことが，だいたい混乱のもとです。これは並べてつなぐべきものではないと思います。現に，イギリスの教科書などでは，これを四つの点，〝::〟で表わしています。そう書くのが正しいと思います。

それからもう一つ，2と3の関係という時に，二つの関係はけっして一とおりのみかたではありません。2と3を比べる時に，差はいくつかという比べかたもあります。これを比で比べるということの必然性は何も

ないわけです。差で比べてみると，2と3の差が，けっして6と9の差にはなりません。差は1と3になりますから，違います。比で比べたからこそ，関係が等しいわけです。

●──比で比べるか，差で比べるか

では，二つの数もしくは量を，なぜ，とくに比という関係で比べるのかという判断はどうしたらつくのでしょうか。これは，二つをたんに並べて書いただけでは考えがつかないはずです。

たとえば，父と子の年齢を比べる時には，比で比べても意味がないわけです。うちのおやじはぼくの年の2倍だといってみても，その年のことだけで，翌年になると，まるで違ってきます。うちのおやじは自分よりも年が30だけ多いといえば，その30は意味を持っています。なぜかというと，この30は，いくら年をとっても，変わらないからです。父と子の年齢を比べるような時には，当然，差で比べるべきです。こういう判断は，父と子の年齢を変化させてみたからこそ，判断ができるのです。

これに比べて，たとえば，実物の船と，船の模型を比べる時には，差で比べても意味がありません。たとえば，帆柱が2本あって，他方の帆柱が模型のほうは5cmだけ長いといってみたって，実物のほうはうんと違ってくるわけです。差では意味がありません。一方の帆柱が他方の1倍半だというと，これは実物にも模型にも適用できますから，意味があります。

つまり，両方を変化させてみることによって，はじめて意味があるのです。つまり，比で比べるか差で比べるかは，二つの量を変量，つまり，変わる量としてみなければ意味がありません。判断がつかないわけです。そうすると，静止した二つの量をいくら比べても，意味は出てきません。だから，正比例の関係をつかんだあとではじめて，比で比べることの意味が出てくるわけです。そうすると，教える順序としては，正比例を教えてからあとで，比を教えたほうがいいということになります。じじつ，比例を教えてからだったら，比をつかむことができます。つまり，比というのは正比例関係で，相伴って変化する二つの変量の瞬間的な状態を比べるという考えです。だから，正比例を教えてから比へ移るほうがいいということになります。

これまで，これが逆になっていたわけです。そのために，子どもはいつまでたっても比も比例もつかめませんでした。これまで小学校でたいへんむずかしいとされていた"比の三用法"というのは，比例の特別な場合として考えればいいわけです。それは，比例の四つの量のうちの一つが1になった特別の場合，つまり，水道方式のことばでいうと，退化した場合と考えることができます。そうすると，比の三用法が統一的につかめます。

応用問題

●──補加法とテープ算

ヨーロッパ人は，たし算を教えて，つぎにひき算をやる時に"補加法"という考えかたを使います。これは100円の札を出して70円のものを買った時には，30円のおつりがきますが，日本人は100円−70円というひき算をやって答えを出します。しかし，ヨーロッパ人は，70円のものに何円たすと100円になるかということを考えて，70円の品物に30円を加えて，お客さんの100円とひきかえに交換するという形をとります。これはひき算をやっているとはいえません。たし算をやっているのです。つまり，70円にいくら補って加えたら100円になるかという考えだから，これを補加法といいます。これがヨーロッパでは盛んに使われます。だから，

　　　　70＋□＝100

という式の，□に何を入れるかという問題を盛んにやらせるわけです。ヨーロッパの算数教育では，当然，そういう必要が起こってきます。ところが，日本には，そういうことを1年，2年であまりやる必要は起こりません。なぜかというと，日常生活の中に補加法はないからです。日本では，そうではなくて，たし算を教えたら，ひき算をたし算からはいちおう無関係の計算として教えておいて，ある程度までいって，二つを結びつけたほうが日本人には適しています。そういうことを押えたあとで，必要があったら，この 70＋□＝100 という問題をやらせたらよろしいでしょう。今までは，これを非常に早い時期に持ってきたために，

子どもはわからなくなったということが多かったのです。
70＋□＝100と書くと，子どもはその＋という符号に気をとられて，これはたし算の問題だと思ってしまいます。だから，こういう式で問題を出すことは，どだいまちがいではないでしょうか。そこで，こんな問題は，むしろ，つぎのような図で出したほうがよろしい。

```
      100
     /   \
   70     ○
```

これだったら，たし算の符号が出てこないで，100が70といくつに分かれるかと考えさせることができます。

それから，この問題を本当に考えさせるには，テープを使ったほうがよいのです。これは，100の長さのテープをとって，70の長さのテープをとって，二つを並べて，70のテープにいくつのテープをたしたら100になるかという図を考えさせます——図❶。その図を見ると，その□は100から70をひけば出るということが図からわかります。こういうふうにテープを使って今の問題をやらせます。

今までは，こういう問題の指導法がじゅうぶんできていませんでした。いいかげんに，頭の中で考えさせることをやっていたために，子どもはたいへん混乱しました。どこの子どもでも，この問題に悩まされるわけですが，これは，だいたい今のテープのやりかた，あるいはもっと進んだら，ノートに書かせるというやりかたで解決できます。

● ——ツルカメ算・流水算・過不足算

高学年になってくると，算数の計算の力を使って，現実に起こってくるいろいろな問題をとく必要が出てきます。これが応用問題です。戦後，応用問題のことを文章題といっていました。文章題は応用問題の一種ですが，すべての応用問題は文章で書かれているとは限りません。たとえば，表を与えて問題をとかせることもできますし，あるいは絵をかいて問題をとかせることもできます。こういう意味で，応用問題といったほうが広い意味を持っています。

ところで，最近，むずかしい応用問題をやらせる傾向が出てきました。そして，教科書などにもかなりむずかしい問題を入れてあるものがあります。これの直接の原因は，私立の中学校の入学試験などでむずかしい，

ひねくれた応用問題を出す傾向が強くなってきたからです。その影響を受けて，公立の小学校でも，このようなむずかしい応用問題をやらせるようになってきました。しかし，むずかしくて，ひねくれた応用問題は，数学教育の全体からいうと，必要ないものです。むずかしい応用問題というのは，外国ではやっていません。日本だけです。

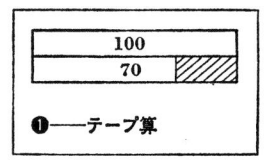

むずかしい応用問題でいちばん代表的なのはツルカメ算です。このツルカメ算というのはヨーロッパにはありません。これは中国の昔の数学にあったものです。中国ではウサギとニワトリの問題として出されていますが，日本ではツルとカメになっています。代数というものが正式に発達していなかった中国や日本で，この問題を算数のワクの中でとくということが盛んにやられたわけです。こういう古い伝統が，そのまま日本の小学校の算数教育に入りこんできたわけです。

黒表紙の時代は，このむずかしい応用問題は，小学校では入っていませんでした。黒表紙を作った藤沢利喜太郎は，このようなむずかしい，ひねくれた問題は，小学校でやるべきではないということをはっきりいっています。その点で，藤沢は正しい見かたをしていたといえます。しかし，黒表紙を使っていた時代に，まだ義務教育になっていなかった中学校の入学試験に，この種の問題をたくさん出すようになって，しぜん受験準備として小学校でやられるようになりました。40歳以上ぐらいの人は，このツルカメ算や和差算や旅人算などをたくさんやらされたおぼえがあると思います。これは，教科書の責任ではなくて，中学校の入学試験の責任です。

ところが，昭和10年から始まった緑表紙の教科書では，これを正式に国定教科書の中に取り入れたのです。その理由は，思考力を練るためといったような，あいまいな理由で入ってきたのです。この緑表紙教科書には，かなりむずかしい問題が入ってきています。たとえば，6年生の下に，つぎのような問題があります。

「軍艦が潮流に沿って航行すると，1時間に23海里を進み，潮流に逆らって航行すると，1時間に17海里進むという。この軍艦の速力と潮流の速さを求めよ」

❶——テープ算

これは、いわゆる流水算といわれているもので、子どもにとってはたいへんむずかしい問題です。なぜむずかしいかというと、これは、いわゆる潮流に沿って船が走ると、軍艦の速さは潮流の速さをたした速さになるという事実と、潮流に逆らって走ると、軍艦の速さから潮流の速さをひいた速さになるということをしっかりとつかんでいなければなりません。これは、いわゆる相対速度の考えであって、これを理解することは相当むずかしいことなのです。小学校では、二つのものを合わせると、プラスになるということがたし算の意味ですが、ここに出てくる速度のたし算は、意味が違います。同じたし算であっても、もとの意味が違うので、子どもにとってはたいへんつかみにくい計算になります。

このような問題を小学校でやっても、ほとんど理解できないだろうと思います。少しりこうな子は、この問題の意味を本当に理解しなくても、いちおう型を暗記していて、それを当てはめてとくぐらいのことはできるかもしれませんが、これは本当の解決にはなりません。答えが合うというだけで、本当の理解とはいえません。この種の問題は、当然、小学校からは除くべきです。

しかし、最近の教科書の中には、こういった問題がのこっているものがありますが、こういうものは、子どもをいたずらに苦しめるだけです。こういう問題ができないからといって、少しも心配することはありません。また、こういう問題を入学試験に出すという私立の中学校があったとしたら、おおいに反省してほしいと思います。こういう問題のできる子どもをとったからといって、その子はかならずしも、将来、伸びるとは限りません。

また、過不足算というのもあります。これは、つぎのような問題です。
「ある学校の修学旅行で、生徒を電車数台に分乗させるのに、1台に48人ずつのせると、7人あまり、50人ずつのせると、そのうち1台は3人たりない。生徒は何人か」
組の人数をxとすると、つぎのような立式になります。
$$\frac{x-7}{48} = \frac{x+3}{50}$$
これをとくと、
$x = 247$　　答え　247人

これは流水算よりもっとむずかしいかもしれません。この問題になって

くると，相当高度な数学をやった人でも，算数でとくことはかなりむずかしいといえます。代数を使ってとけばらくにできますが，算数ではひどくむずかしいのです。無理に算数でとけといわれたら，きっと代数で一度といておいて，それを算数的に解釈するというような手段をとるに違いありません。これは本当に算数でといたということではないわけです。この種の問題は，当然，代数を正式に学んでからとくべき問題です。

●——むずかしい応用問題の見分け方

要するに，むずかしい，ひねくれた応用問題というのは，全部が本来は代数でとくべきものを，代数を教えないで，算数のワクの中だけでとかせるから，むずかしくて，ひねくれた問題になるわけです。つまり，算数としては無理な問題なのです。隣りの村まで歩いて行けというのだったら，たいして無理難題ではありません。しかし，東京から大阪まで歩いて行けというのはむずかしい，たいへんな無理難題です。これは特別な人間しかできないことです。たいへんな時間と労力の浪費になります。東京から大阪まで行くのには，当然，汽車か飛行機で行くべきです。汽車や飛行機という手段を使わせないで，歩くという手段で目的を達しようとするからむずかしいのです。それと同じことで，当然，代数というすぐれた手段を与えてからとかせるべきです。

小学生が算数のワク内でとける問題，また，とくことが望ましい問題と，それからひねくれていて，算数ではとく必要のない問題を見分けるのには，どうしたらいいでしょうか。それには，簡単な見分けかたがあります。

それは，その問題を代数の式に立ててみるのです。方程式を立てます。そうすると，方程式ですから，求めている数を x で表わします。それを使って，その問題の意味を式に書いて，その式をながめてみます。もしその式の中に，x が二か所以上にでてきたら，もはや算数でとくことはむずかしい問題だといえます。

たとえば，ツルカメ算で考えてみましょう。「ツルとカメ合わせて10匹，足の数は28本，ツルとカメは おのおの 何匹ずつか」という問題があったとします。カメを x 匹だとします。ツルは明らかに $(10-x)$ 匹になります。足の数は，カメは $4x$，ツルは $2(10-x)$ となり，合計は，

$$4x+2(10-x)=28$$

となります。この式をながめてください。明らかに x が二か所に出てきています。

代数でこの問題をとくのには、まず（ ）をはずさなければなりません。（ ）をはずすということは、いわゆる分配法則を使っています。それから、（ ）をはずしてから、二か所にある x を一つにまとめます。つまり、同類項をまとめるのです。同類項をまとめるのには、やはり、分配法則が使われています。つまり、ツルカメ算でいちばんむずかしい急所は、この分配法則だということがわかります。

代数では、分配法則というのはやさしい計算の規則に過ぎませんが、これを代数なしで、頭の中で分配法則を使うことはたいへんむずかしいのです。つまり、ツルカメ算に使ってある分配法則のむずかしさが、結局、ツルカメ算のむずかしさになっているわけです。だから、x が二か所に出てくるツルカメ算は、もはや算数でとくのは困難だということになります。また、とく必要もないわけです。

さらに、x が二か所に出てきて、しかも、方程式の両辺に x が出てくると、つまり、左辺と右辺の両辺に x が出てくる場合には、なおむずかしくなります。それは、分配法則を使うばかりではなくて、移項するという手段が使われるからです。前に述べた過不足算のごときは、式を見てみると、明らかに左辺と右辺の両辺に x が現われてきます。だから、大まかにいうと、過不足算はツルカメ算より、さらにむずかしいといえます。

これは、代数の初歩を知って、おぼえている人だったら、だれでも簡単に見分けられる方法ですから、一度やってごらんなさい。方程式をとく必要はなくて、方程式を立ててみて、x がいくつ出てきたかをかぞえるだけでたくさんです。こういう簡単な見分けかたがあるので、子どもの持っている教科書の問題でも、子どもがつっかえてできないといって聞きに来た場合には、お母さんは一度、それを方程式に立ててみてください。そうすれば、学校で教わった代数が役に立つことがおわかりになるでしょう。

そうはいっても、役に立つ応用問題もあります。そういう応用問題は、もちろん、じゅうぶんできるようになっていなくてはなりません。役に

立つ応用問題はたいていやさしくて，どんな子どもでもとけるようになっています。ひねくれた応用問題は，実際はクイズのようなもので，現実には役に立たないといってもまちがいではありません。ツルカメ算のごときは，まったくのクイズであって，こんな問題は現実には起こり得ないわけです。

たとえば，ツルとカメが合わせて10匹ということがわかる前に，ツルとカメの足を勘定しているうちに，ツルとカメとはおのおの何匹かはわかってしまいます。元来は，ツルとカメはまったく違った動物であるので，見て勘定している間にわかってしまうはずです。また，ツルとカメの足を勘定しているうちに，足の数も，カメの足とツルの足はまるで違いますから，わかってしまうはずです。これはクイズとしての意味しかないわけです。現実にはこんな問題は起こりません。つまり，ひねくれた応用問題は役に立たないということがいえます。いよいよ，やる必要がないわけです。

● ──平均をどう教えるか

しかし，一方において，やらなければならない応用問題も，もちろん，あります。まず第1に，平均のごときものです。

数学を現実の問題に使う時に，しばしば出てくるのは"平均"という考えです。社会的な問題に数学を使う時にも，平均はしばしば出てきます。たとえば，ある会社の社員の平均給料という場合も，大事なものです。あるいは，国民の平均所得。要するに，平均という考えは非常に大事で，役に立つ考えかたで，これは応用問題の中で，ぜひやっておかなくてはならない問題です。

この平均という考えは，前に量のところで述べた内包量[1]の考えをつくる時に非常に大事な考えになっています。たとえば，汽車の速度などは，結局は一つの平均の速さを意味しています。密度にも，やはり，平均の考えが使われています。ある県の人口密度という場合に，その県のあらゆる場所に，人間が同じ密度で分布していることはけっしてありません。現実には都会にたくさん集まり，農村にはまばらにしかいません。そういうものを，全県に同じ密度で人がいるものと仮想した上で，人口密度

---

*1──遠山啓「内包量のいろいろ」（本巻のV章に収録）を参照。

を計算するわけです。つまり，人口密度を考える前提には，平均という考えかたが使われているわけです。濃度の場合もそうです。食塩水の濃度という場合には，食塩が，その溶液全体に同じ濃さでちらばっていると考えています。つまり，平均の濃さなのです。いわゆる内包量を考える時には，その前提条件として，かならず平均をしっかり理解していなくては困ります。

ところが，これまで平均を説明するしかたがまちがっていたといえます。よく使われているのは，ある子どもの平均の点数というものです。ところが，この点数というもので平均を考えることはけっして正しい教えかたではないと思います。たとえば，国語の点数と算数の点数をたして2でわるといったところで，その値が何を意味しているかということはまったくはっきりしません。それから，点数というものは，体積や重さのように，はっきりとつかめる具体的な量ではありません。たいへん抽象的な量なのです。そういうものをもとにして平均を教えるのはまちがいだと思います。しょっちゅう生徒の点数をつけている先生から見ると，点数の平均というのはたいへんわかりやすいのでしょうが，そういうことをしない普通の子どもには，たいへんむずかしいものだと思います。

平均をわかりやすく教えるのには，やはり，一つの方法があります。それは，点数などではなくて，つかみやすい具体的な量を持ってきます。たとえば，図❷のような水槽がそれです。

この水槽は，三つの部分に分かれています。左から3ℓ，つぎは5ℓ，つぎは7ℓの水が入っているものとします。この三つの水の体積を平均するという時に，どうするかというと，その三つのものの仕切りを取り去ります。そうすると，水は一緒になって，どこも同じ高さになります。その結果，その水の全体の量は，

$$3+5+7=15$$

になります。つぎは一度，取り去った仕切りを，もう一回入れてみます。そうすると，その一つの，いちばん左は，15÷3だけあります。つぎも15÷3，いちばん右も，やはり，15÷3になって，答えは5となります。この5が平均値になるわけです。

これは，水の量という具体的なものでやっているために，子どもたちにはたいへんつかみやすいわけです。三つをたして3でわるということが

鮮やかに水で示されます。

平均で，今までむずかしかったのは，0の入っている場合です。たとえば，この三つの仕切りのおのおのに，8ℓ，7ℓ，0ℓ，つまり，いちばん右の仕切りには水がぜんぜん入っていない場合です。この時でも，このやり方によると，平均を正しく計算できます。つまり，8＋7＋0＝15，15÷3＝5 とやればいいわけです。今までのようなやりかたでは，0は平均に参与しないと考えて，8＋7＝15，15÷2＝7.5とやって，結局，まちがった答えを出すわけです。この水槽の例を使うと，0を落とすことはありません。

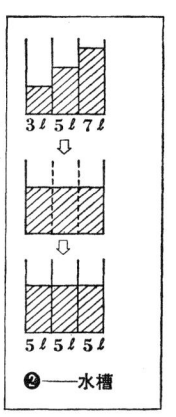

❷——水槽

● ——植木算をどう教えるか

植木算というのは，昔からやられていましたが，これはひねくれた問題というよりは少し種類の違った問題です。この植木算の考えは，子どもが知っていなくては困るわけです。これは，結局，植木の数と，その間の数は，一つだけ木の数のほうが多いということをつ

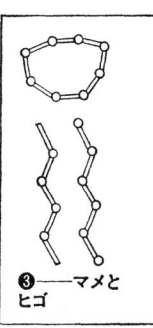

❸——マメとヒゴ

かむための問題です。これはその他の計算にもたくさん出てきて，まちがわないように考えられなくては困ります。

最近，ある薬屋さんの話を聞きましたが，近ごろの人は，植木算がよくわからないので，薬ののみかたをまちがえるということでした。つまり，この薬は１日に何錠のむ，それを同じ間隔でのむという場合に，間隔の数と薬をのむ瞬間(つまり，植木の数にあたるわけです)の数が一つ違うということを忘れて，のむのを１回，忘れてしまうということがあるらしいのです。

つまり，植木算というのは，本質的には１対１対応の問題です。だから，これは植木算という名前をつけなくても，この種の問題はしっかりやる必要があります。

これを教えるのに，マメとヒゴを使って教えて，うまくいったという話があります。マメとヒゴを図❸のように使います。そうしてみると，マメの数はヒゴの数よりも一つだけ多いわけです。このことがよくつかめ

れば，木の数が間隔の数よりも一つ多いという植木算の意味がわかるわけです。こういうように，マメとヒゴを実際に使って子どもに考えさせると，植木算はたやすくわかるといわれています。やはり，こういう具体的な，考えやすいもので考えるようにし向けないと，植木算はなかなかわかりません。

● 算数から代数へ

終戦前の小学校教育で，ひねくれた，むずかしい応用問題が出てきたのには，やはり，たんに入学試験のためとばかりいえない理由もあります。それは，義務教育が6年だったからです。6年間のうちに，社会に出て，いちおうの問題はとけるようにしておいてやりたいという考えもあったと思います。ところが，小学校では代数をやりません。だから，代数なしでむずかしい問題をとけるようにしたいという理由もあったようです。これは，ある意味では無理からぬ考えかたです。しかし，終戦後の新しい教育制度では，義務教育が9年になりました。つまり，どの子どもも代数をやるようになったわけです。その点で，条件が大きく変わったわけです。そうすると，みんな代数というものをやるのですから，無理して算数のワクの中でむずかしい問題をとく必要は少しもなくなってきたわけです。このことを忘れて，むずかしい応用問題をやることはたいへんむだなわけです。

ところで，小学校では代数はやらないというのがこれまでの常識でした。しかし，これはもう一回，考え直してみる必要があります。小学校ではどうして代数をやってはいけないのか。その理由はちっともはっきりしていません。昔からやらなかったというだけのことです。考え直せば，代数をやってもいっこうにさしつかえないわけです。小学校の高学年から代数を組み入れようという試みは，今，世界のいろいろな国でやられております。そうなってくると，その代数を使って問題をとけばいいわけです。だから，小学校の高学年で，どのようにして代数をやるか，どういう教えかたで代数をやっていったらいいかということが，これからの問題になってきます。おそらく，日本の算数教育も，遠からず，そうなってくるだろうと思われます。

もし，力が余って遊んで困るような子がいたら，むずかしい，ひねくれ

た応用問題でいじめるよりは，代数を早く教えてやったほうが先に行ってずっと伸びるだろうと思われます。つまり，中学校の1年あたりの教科書を，小学校の6年にやらせてもいいと思います。代数というのは，数学の中のもっとも重要な学問の一つであって，なるべくこれを早く身につけたほうが有利です。

ご存じのように，代数というのは文字を使う算数です。文字というのは，一つ一つの数ではなくて，任意の数を代表しているものです。ある人が，"文字というのは部屋のようなものである"といいましたが，それは，その部屋にはどんな人でも入ることができる，ということです。xという文字は部屋のようなもので，xという部屋の中には1も入ることができる。2も入ることができる。5も入ることができる。つまり，どんなお客さんでも入ることのできる宿屋の部屋みたいなものです。このことが，まずしっかりつかめれば，代数の第一歩ができたことになります。このぐらいのことは，小学校高学年でも，じゅうぶんわかるはずです。

この文字を使ってやると，いろいろな計算の公式が非常に簡単明瞭におぼえられます。長方形の面積，"たて×よこ"というのを，たてをa，よこをb，面積をAとすると，

$$A=ab$$

という形に書けます。この形でおぼえておけばいいわけです。いろいろな法則を，もっとも簡単明瞭に表わすには，文字を使った式がいちばん適当なのです。ですから，できのいい子が高学年になった時は，代数を家で教えてもかまわないと思います。

図形

●——図形の基礎は長さと角

これまで，小学校の算数は，数の計算が大部分を占めていて，量や図形はつけたりのようなものだと考えられていました。これは，〝読・書・算〟ということばにもよく現われています。算というのは，計算の算の字です。つまり，数の計算だけが算数のおもな柱と考えていました。しかし，これは誤りで，量というものが非常に大事であります。それから，図形の考えも非常に大事であります。こういうことがだんだんわかってきました。

量を表わすのにはタイルが適当ですが，タイルもある意味では一種の図形です。つまり，面積の一種です。量を表わすのには，やはり，図形というものを使ったほうがわかりいいのです。だから，図形なしに算数教育をやることはできないのです。ところが，これまで図形についての適当な指導法が確立されていませんでした。そこで，図形についての理解しやすい指導体系について述べてみたいと思います。

平面の図形では，何がいちばん簡単で基礎的なものかというと，やはり，直線の長さです。これはたいへん大事なものです。もう一つは角度です。長さはものさしではかり，角度は分度器ではかりますが，ものさしと分度器をもとにして図形の性質を組み立てていくわけです。水道方式の時に述べた素過程にあたるのが，この長さと角度です。平面上の図形は，この長さを持った線分（直線の一部分）と，角度からできているといっても大きなまちがいではありません。

たとえば，正方形は四つの等しい辺と，四つの直角からできています。つまり，正方形が正方形であるかどうかを確かめるのには，辺の長さと，その間の角度に注目すればいいわけです。だから，正方形をばらばらに解体してみると，長さと角度に分かれてしまいます。長方形もそうです。いちばん簡単な，この長さと角度を，まず理解させることが必要です。この長さと角度がじゅうぶんつかめたら，この長さと角度を組み合わせてできた図形を，つぎに取り上げます。これが折れ線です。

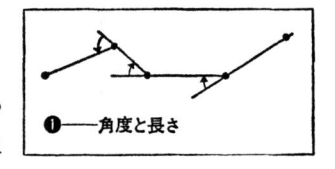

● ——折れ線とは

折れ線というのは，たとえば，つぎのようなものです。街で道を歩く時は，じつは折れ線に沿って歩いています。大通りを100mまっすぐに歩いて，曲がり角で右に60度折れ，また，その通りをまっすぐ歩いて150m行ってから，また，四つ角へ来て，今度は左に80度ぐらい曲がって，そこでまた200m歩いた。こういう場合には，その人は頭の中に線分の長さと，つぎは回転した角度と，つぎはまた線分の長さ，つぎは回転した角度，そういう，｛長さ―角度―長さ―角度……｝という順序を描いて，その人は歩いて行くわけです——図❶。このように，

　　　｛長さ——角度——長さ——角度……｝

からできている図形を折れ線といいます。つまり，折れ線というのは歩いた道にあたるわけです。かりに，交番で道を聞いた時には，おまわりさんは，｛長さ―角度―長さ―角度……｝の順序でその人に道を教えてくれるはずです。この通りを100m行って，右に90度折れて，それから200m行って，左に80度折れるといったような形で教えるわけです。もちろん，街の中では道がちゃんとついていますから，左・右さえいえば，角度までいう必要はありません。しかし，道のぜんぜんないところでは，曲がる時の角度まではっきりいうのが正しいわけです。

そうすると，｛長さ―角度―長さ―角度……｝からできている折れ線が，つぎに大事な図形になります。これは，ものさしと分度器さえあれば，子どもたちが書くことのできる図形です。これだったら，小学生にはたいへんやさしいわけです。これまでは，こういう考えかたがなくて，定

規とコンパスだけでやったためにたいへんむずかしかったわけです。これをやると，小学校で，今まではたいへんむずかしかった図形をたやすく学ぶことができます。

●──図形は生産的な活動と結びつく

これまで小学校では図形の教育はたいへんいいかげんでありました。とくに，戦後，アメリカの算数教育のやりかたが入ってきてから，そのことがひどくなりました。なぜかというと，アメリカの指導法というのは生活単元学習といって，身のまわりの生活をうまく処理していくために算数をやるという考えでした。ところが，身のまわりといっても，人間がものを作ったりする，いわゆる生産している生活ではなく，消費生活でした。つまり，ある人が，朝起きて，工場や会社へ行って働いている生活ではなくて，家へ帰ってきてから夕飯を食べたあとの生活，そういうことに重点がおかれていたのです。つまり，消費生活です。

ところが，消費生活には図形の知識というものはほとんどいりません。消費生活に必要な算数といったら，だいたい数の計算，お金の勘定というようなもので，図形はいらないわけです。ところが，人間が生産的な活動を始めるや否や，かならずといってよいほど図形の知識を必要とするようになります。

たとえば，日曜日に家のこわれたところを修理しよう，つまり，日曜大工でもやろうとすると，すぐ図形の知識が必要になります。この板は長方形に切ったほうがいいか正方形のほうがいいか，三角形がいいかというようなことを考えて，はかったり，図面を引いたりして，ちょうどうまく合う板を作らなければいけません。あるいは，女の人が洋裁でもやろうとなると，この布は，どういう形に切らなければいけないかということで，図形の知識が必要になります。つまり，図形というものは，生産活動に関係が深いのです。

ところが，前にいったように，生活単元学習は生産活動をほとんど無視したために，図形は算数教育から追い出されてしまいました。これではいけないのです。算数の中にも図形の知識を入れなければいけません。

●——方眼を使った図形指導

そこで，図形の指導法というものが確立されなければなりません。今まで図形教育にはいろいろな考えかたがありましたけれども，やはり，前に述べたように，量にもとづく図形教育が必要になってきます。

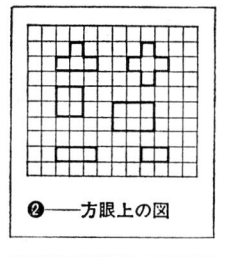

そのために，まず平面上のいろいろな図形の性質を研究したり，また，図をかいたりすることがはじめにきます。その時に，今までは白紙に図をかかせていました。これは1年生や2年生にはむずかしいのです。つかまえどころがなく，ひっかかりがぜんぜんありません。そういう欠陥をなくす

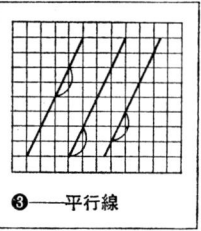

❷——方眼上の図

❸——平行線

るために，方眼紙の上に図形をかかせるということから始めるといいのです。方眼紙といっても，おとなの使う目のこまかい方眼紙ではなくて，一つのマスが 5mm もしくは 1cm くらいの荒らいマス目の方眼紙を使わせます。これは先生が作ってやるか，あるいは市販のものを買ってもよいでしょう。

最初の指導としては，その方眼紙の上にかいた図を，同じようにかいてごらんなさいといいます——図❷。そうすると，子どもは方眼の目をかぞえて同じ数にして，いろいろな寸法をとってかくことができます。そのときに，目を勘定することは数の指導のほうでちゃんとできるようになっています。だから，白紙の上に図をかくより，はるかにやさしいのです。これは，方眼紙というのは，元来，ものさしをタテ・ヨコに組み合わせたもの，つまり，ものさしの発展したものと考えていいからです。だから，方眼紙を使うと，長さという量を基礎にした算数教育になります。方眼がありますから，子どもたちは白紙の上よりもずっとひっかかりがあって，すぐ図がかけます。あまり手をとって教えなくても，自然にいろいろな図がかけるでしょう。

1年・2年は，方眼紙の上でいろいろな図をかかせることをやっていきますと，数の考えもついでに発達します。図をかくことも容易になりますし，長さの考えもこれではっきりしてきます。それから，方眼紙の上で平行というような考えかたも自然に入ってきます。方眼紙の上でヨコ

V—量と水道方式の算数 2

が1,タテが2だったら,いつも平行になります——図❸。

また,角度も自然に入ってきます。ところが,今まではこの方眼紙を利用するという考えかたがほとんど忘れられていました。方眼紙というのはグラフをかくだけのものだというように考えていました。しかし,方眼紙は図形教育の大事な基礎になるのです。

●——長方形・正方形はやさしいか

今まで,いわゆる身のまわりにあるものから出発するという考えであったために,正方形とか長方形から考えさせました。なるほど,身のまわりには長方形がいちばん多いようです。家の窓,机,こういったものは長方形か,あるいは正方形です。たしかに,子どもたちは長方形や正方形をいちばんたくさん目で見ています。

ところが,学習の順序として,正方形がやさしいかというと,けっしてやさしくはありません。正方形には辺がみな等しいという条件と,角がみな直角であるという条件があります。つまり,条件がじつにたくさんあって,複雑な図形だといわなければなりません。こういうものから最初に考えることはたいへんむずかしいのです。子どもは,二つのものを同時に考えて,それを組み合わせるということは不得意です。それなのに,正方形にはたくさんの条件が一緒に組み合わさっています。こういうものは,子どもにはとらえにくいのです。こういうとらえかたを,どうしても最初はできないために,正方形から入ると,眼で見た感じで判断させることになります。これは,いわゆる真四角だというように,眼でぱっと見た感じでとらえさせます。こういう考えかたでやっても,図形教育としてはほとんど役に立ちません。感じで判断させますから,正方形が斜めにかいてあると,もうわからなくなります。また,逆に,ひし形は斜めにかいておかないと,ひし形とはわかりません。ひし形を横においたら,ひし形とは思いません——図❹。つまり,位置を変えると,同じ図形だとは思えないのです。これはなぜかというと,眼で見た感じで判断させるからです。

●——図形を分析的にとらえる

図形というのは,やはり,分析的にとらえることができなくてはなりま

せん。分析的というのは，正方形だったら，それを四つの辺と四つの角からできているものとして考えることです。つまり，四つの辺と四つの角という部分品に分けて，その部分品がどうなっているか，お互いにどう結びついているかということを確かめた上で，正方形だと判断するくせをつけないと，図形教育としては何の役にも立ちません。その結びつきかたが正方形は複雑なのです。そういう意味で，こういう図形から入るということは，かえってむずかしいのです。むしろ，そういう条件がないような，一般の四角形というようなものから入ったほうが，かえってわかりよいのです。それにだんだん条件を入れていって，長方形・正方形というものが出てくるというほうが，かえって子どもにはとらえやすいのです。

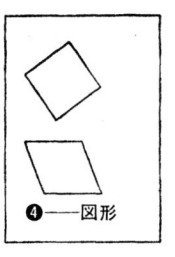

❹──図形

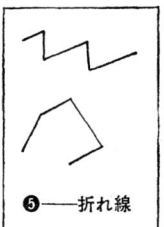

❺──折れ線

これは，前に水道方式のところでいった〝一般から特殊へ〟のいきかたです。そうなってくると，今までのように，三角形を図形教育の基礎にするというやりかたを考え直さなければならなくなります。これは，小学校のかなり高学年から出てきますが，三角形というのは，三つの辺と三つの角を持っていますが，その六つの量はお互いに無関係ではありません。たとえば，三つの辺の長さがきまると，三つの角は自然にきまってきてしまいます。数学のことばでいいますと，六つの量は独立でないのです。

そういうものよりは，むしろ，いくつかの辺が折れてつながっている折れ線から出発したほうがかえってわかりいいのです──図❺。この折れ線のはしっこをつないだのが三角形と考えたほうがいいのです。そこで，折れ線をもとにした図形教育というものが考えられてくるわけです。

これは，ものさしと分度器を持っていれば，作ることができます。これまでは，定規とコンパスだけで図形教育を行なう傾向がありました。ところが，コンパスというのは，小学生にはたいへん使いにくいもので，コンパスを自由に使うことはかなりむずかしいのです。定規とコンパスを使うという考えかたは，2000年前のギリシア人の考えたことで，現代

＊1──遠山啓「水道方式の原理」(本巻のⅥ章に収録)を参照。

では，もうあまりふさわしいものではなくなってきました。むしろ，ものさしと，角をはかる分度器を基礎にした図形教育をやるほうがよいでしょう。これだったら，子どもにとってもやさしく，それから先への発展もあります。

道を歩く時はだいたい折れ線になっています。この通りを 100 m 歩いたら，右へ何度曲がって，またいくら歩いて，今度は左へ何度曲がって，いくら歩いて，また右へ曲がるといった形で道を歩いていきます。交番で道を聞いても，そういうふうに教えます。ここを何メートル行って，右へ何度曲がって——何度ということはいいませんが——，そして，何メートル歩いて，また曲がって，歩いてという教えかたをします。つまり，こういうものが折れ線になるわけです。線は歩く道だと考えてよいでしょう。

この折れ線をあらわすのには，{長さ—角度—長さ—角度……}というのを一つおきにすればいいのです。この辺と角の表は，長さと角度という二つの量からできています。これを組み合わせたものが折れ線になります。そうすると，前にのべた量をもとにした図形教育になります。これだと，小学生にもわかりやすく，長さと角度を一つおきに書いた表を与えておいて，もとの折れ線を作りなさいというような問題は，子どもにもすぐできます。ものさしと分度器をかわるがわる使っていけば，いいのです。こういう新しい図形教育も，最近，研究されて，非常によい結果が得られています。

そろばんと概数

●――そろばんと暗算

昭和10年にできた緑表紙は，暗算に力こぶを入れました。また，そのほか，そろばんにもたいへんな力こぶを入れました。それ以来，そろばんは小学校の算数に正式に入ってきたわけです。そういうこともあり，また，社会でそろばん塾というものが発達した影響もあって，算数教育の中でそろばんに力を入れる人もあります。

しかし，これについては大きな疑問があります。そろばんが算数の学力を高めるということはほとんど考えられません。そろばんのうまい子が，算数の応用問題がうまくとけるとは限りません。図形の問題がとけるとも限りません。そういう意味だったら，ほとんど無関係なものであります。ただ，そろばんの1級とか2級をとる子どもが暗算に強いことは事実です。しかし，暗算がうまいということは，それほど大事なことではありません。

そうなると，そろばんというものは算数教育にはほとんどプラスしないものだといえます。プラスしないどころか，ある意味では，マイナスになることもあります。そろばんをあまりにやると，子どもたちは機械のようになって，かえってものを考える能力が減退することもあります。

また，そろばんは整数の計算にだけ使えるもので，分数や代数の文字の計算は，そろばんでは，もちろん，できません。つまり，そろばんで計算できるものは限りがあります。だから，そろばんができたといって，代数ができるとは限らないわけです。

また，そろばんは社会に出て使われるから大事だという人がいます。たしかに，簡単なたし算やひき算をやるのには，そろばんは適しています。家庭で家計簿をつけるとか，ちょっとした計算をやるという時には手がるで便利なものです。そういう意味のそろばんは，今後もながく使われるだろうと思われます。

しかし，そろばんが就職の条件になるということは，これからはだんだんなくなるだろうと思われます。これまでは，学校を出て，銀行に勤めるには，そろばんが何級でなければならない，ということがいわれていました。しかし，今では，銀行ではほとんどそろばんを使っていません。計算は全部機械を使ってやっています。そうなると，そろばんで就職するということは，ますます困難になってきています。おそらく，こういう会社や銀行の計算は，近い将来において電気計算機もしくは電子計算機でおきかえられていくだろうと思います。現に，ある大きな会社では，計算をやるために雇われていたそろばんの名人が，20名ばかり配置転換をさせられたという話も聞いています。

戦後，そろばん塾が盛んになったのには，いろいろな理由があるでしょうが，子どもの健康な遊び場所がなかったということもあります。その他，そろばんの検定料を目当てにしたPRが盛んであったということもあります。

結論的にいうと，そろばんはあまり夢中になってやる必要のないものだということです。だから，小学校では，せいぜい，たし算やひき算が確実にできる程度にして，その際，速度は問わないことにするというぐらいの扱い方でじゅうぶんだと思います。かけ算・わり算までそろばんで習熟するというのは行き過ぎではないかと思います。今の指導要領(1958年版)では，かけ算・わり算はやらなくてもいいことになっています。

● ——概数にも意味がある

小学校の算数で，案外やっかいなのは概数という考えです。連続量をはかる時にはかならずはんぱが出ます。そのはんぱを，さらに小さい単位ではかっても，やはり，はんぱが出てきます。そうすると，これはいつまでたってもきりがないわけです。だから，どうしてもどこかでやめなければなりません。こまかくはかればはかるほど精密になりますが，そ

れだけやっかいです。つまり、どこかで妥協しなければなりません。
　たとえば、10÷3 という計算でも同じことです。10÷3 を小数で書こうとすると、どこまでもあまりがあって、わりきれません。だから、子どもには、どこかで計算をやめることを教えなければ、いつまでもおしまいにすることができないわけです。算数というのはあくまでも正確であるはずなのに、こういった点は、正確さについて妥協的な態度をとることになって、へたに教えると、子どもは混乱してしまうわけです。
　これまでの概数の指導法は、計算をいいかげんにするという方向に傾いていました。だから、子どもたちは $\frac{1}{3}$ という分数を、すぐさま 0.3 と同じだと考えてしまうという傾向が起こってきます。これは、概数の処理をいいかげんな計算と考えたからです。これでは、やはり、正しい算数教育にはなりません。概数にも意味があって、概数はいいかげんな計算ではなくて、ある理由があって途中で計算をやめているはずです。そのことをしっかり指導する必要があります。そのために、なぜ切り上げ、切り捨て、4捨5入するかということをはっきりとつかませるようにします。

● ──〝切り捨て〟〝切り上げ〟〝4捨5入〟

　切り捨てということは、どういう意味でしょうか。これについても、具体的な切り捨ての場面を持ってきます。
　たとえば、ある酒屋で、一定の量の酒をビンづめにして売り出すというような時に、つまり、3升4合というお酒を1升ビンにつめるとすると、ビンは3本になります。ところが、はんぱの4合ではビンづめにならないから、その分は売れないわけです。結局、その分は、ビンでは切り捨てになるわけです。こういうことがたくさん起こってくると、切り捨てという必要が起こってきます。
　また、切り上げのほうは、その3升4合の酒をビンに入れて、貯蔵しておこうという時には、いくビンいるかというと、今度は売る時とは反対に、はんぱの4合も、やはり、1升ビン1本を使わなければ、入りきれないわけです。そうすると、これは切り上げになります。これは一つの例ですが、こういう具体的な意味があって、はじめて切り上げ、切り捨てということが出てくるわけです。

❶——切り上げ

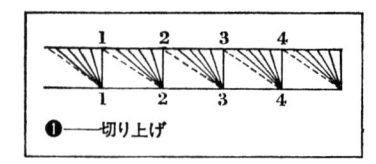

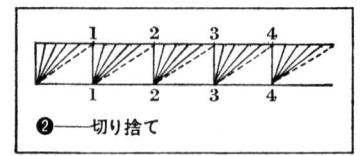

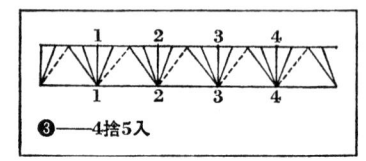

❷——切り捨て

❸——4捨5入

今まで，切り上げ，切り捨てというのは，子どもにそういう具体的な実例から入らないで，先生のほうが頭かぶせに，"これは切り上げなさい""これは切り捨てなさい"と教えていただけで，子どもは何の意味もわからずに，切り上げ，切り捨てをやっていたわけです。これでは，子どもがじゅうぶん理解できないのは当然です。こういう例をあげれば，はじめて切り上げ，切り捨てそのものが，いいかげんな計算というのではなくて，ちゃんとした理由づけのある計算だということがわかります。

今までの指導法の欠陥というものをよく考えてみますと，概数の計算ができなかったわけがわかります。概数を，眼ではっきりととらえさせるために，図❶❷のような図を使います。これは，ちょうどジョウゴのような形をしているから，かりに"ジョウゴ"とよんでいますが，これを使うと，切り上げ，切り捨ての意味が子どもにはよくつかめます。

4捨5入も同様です。たとえば，1kmの間隔をおいて並んでいる電車の駅があった時に，その線路に沿って歩いている人が夕立ちに出会ったとします。その時に，どこの駅にまず最初にかけこむかというと，いちばん近い駅にかけこむわけですが，それがまん中より右の駅のほうに近いところにいたら，右の駅にかけこみ，左のほうだったら，左の駅にかけこみます。これが，結局，4捨5入の意味です。いちばん近いところに行くというのが4捨5入の計算のもとになるわけです——図❸。

こういうことも，今までじゅうぶん考えられて指導されていませんでした。つまり，抽象的な数の取り扱いだけが考えられて，具体的な量の扱いとしては考えられていなかったことに，子どもが概数の意味を理解できない原因があるわけです。算数は，何でもきちんとした理由をつけていくという方針でいかないと，そこから子どもの理解が崩れてくるおそれがあります。概数などは，そのいい例です。

Ⅴ—量と水道方式の算数 2

[補章] 水道方式による計算体系——銀林 浩

●——水道方式というのは子どものために算法をつくってやることにほかならない。そこには現代数学と数学教育との交流がみられる。——274ページ「小学校の筆算の体系」

●——この科学技術の現代化に対応する数学教育の現代化をなしとげるためには，数学教育は，内容面だけでなく，方法の面でも新しい科学的・分析的な方法を採用しなければならない。それが，いわゆる水道方式である。——252ページ「小学校の筆算の体系」

小学校の筆算の体系

●――問題のおこり

水道方式というのは，一口にいうと，"一般から特殊へ進む教育の一つの原理"といってよい。この原理は従来からも黒表紙教科書(『尋常小学算術書』)などにみられるように，部分的には，あるいは自然発生的には適用されてきたが，意識的な原理としてはっきり確立されたのは遠山啓氏である。この水道方式については，少し以前からいろいろな方面から問題はおこっていたのである。

① よくひかれるように，1952年に行なわれた日教組の学力中間調査の結果から，"整数−分数"とか"分数×整数"とか"整数÷分数"とかの計算が，"分数−分数""分数×分数""分数÷分数"より例外なく成績が悪い。つまり，分数どうしの一般的な計算より，整数・分数の混合した特殊なもののほうができない。このことから，一般の"×分数""÷分数"を先に指導したほうがよいのではないかという考えが生まれていた。

② 図形の分野でも，機能主義のために，長方形とか正方形とかの特殊な図形しか登場してこなかったので，一般四角形と一般三角形などの観念が欠如している。また，低学年でも，"ましかく""ながしかく"などの不適当な幼児語のために，正方形を長方形の一部として同化することができないという欠陥を生んだ。ここでも，

　　　　一般四角形――→平行四辺形――→長方形――→正方形

などの一般から特殊へのコースが考えられていた。

③　従来は，数範囲の拡張と加法がからみあわされていたり，暗算と筆算の関係が転倒したりしていたので，たとえば，極端な場合，Ⅲ位数の減法が，"200−7"のような極度に退化したもの（特殊な型）から始まっていた。これより，位のそろった $\frac{789}{-516}$ などの一般型のほうがやさしいのではなかろうか？　その意味では，計算体系がよくできているといわれる黒表紙の計算体系を，もういちど見直してみてはどうか？　このような疑問が，直接にはこれから述べる水道方式による計算体系を生み出す原因になったのである。

④　また，たとえば，中学校や高等学校の乗法公式では，できない子どもは，$(a+b)^2$ でも，

$$(a+b)(a+b)$$

として項別にかけあわせる。また，$(a-b)^2$ は，

$$(a+(-b))^2$$

としたほうがやりやすいようにみえる。このようなことは，文字計算の分野でももっと徹底した整理が必要であることを痛感させていた。

以上のようなさまざまの現象が，一様に水道方式を指示してくるといってよいであろう。しかし，問題は，まったく別の方面からも提起されてくるのである。つまり，思考の法則・学習の法則としての水道方式である。われわれが何かを系統的に学びなおそうとする場合には，

① 　類別(classification)
② 　構造化(organization)

という二つの手続きが必要であろう。たとえば，三角関数を学びなおしたいものとしよう。そのときには，ふたたび昔の教科書を最初から学習しなおすようなことはしない。もっと計画的に上手にことを運ぶだろう。まず，どれだけのことを勉強すればよいかという学習の範囲を確定する。つぎに，学習すべきことがらにどのような類型があるか，その適当な分類を試みるであろう。無数にある三角法の公式も，

ⓐ 　周期性
ⓑ 　加法定理
ⓒ 　三角形との関係

ⓓ 微分および級数展開

などの四つのカテゴリーにいちおう分けられるであろう(追記1,2参照)。このような分類なしには，学習はまったく行きあたりばったりになってしまう。さらに，このそれぞれのなかでも，ある少数の公式だけ覚えておけば，あとは簡単な推論によって，忘れても，すぐに復原されるのである。たとえば，上記ⓒでは，正弦定理・余弦定理・ヘロンの公式の三個があれば，十分である(追記3参照)。あとの公式は適当な順序，またはシェーマで，それらから導かれるであろう。

以上のような何らかの形の類別と構造化がなければ，有効な学習はできない。この二つの手続きは，学習(や，さらに思考一般)のためのもっとも根源的な法則であろう(追記4参照)。

また，この二つの手続きは，計算機のためのプログラミングとも関連している。計算機が計算を遂行するためには，前もって演算規則(グラマー＝文法)を与え(学習させ)，そのあとでデータ(単語)を入れる。計算機にかけるためには，あらゆるものをもっとも小さい単位にまで分割することが必要になる。この徹底した分析が，論理学においても，言語学においても，経営学においても，医学・生理学においてもまったく新しい科学的な側面を開くことになってきたのである。これは技術が科学を変革している顕著な実例である。

数学教育も例外ではありえない。この科学・技術の現代化に対応する数学教育の現代化をなしとげるためには，数学教育は，内容面だけでなく，方法の面でも新しい科学的・分析的な方法を採用しなければならない。それが，いわゆる水道方式である。だから，水道方式には，

① 認識論上の原理としての面
② プログラミングという実践技術上の面

とがあるわけである。最近，電子計算機と精薄児の精神機能の類似性が注目されているが，水道方式の計算が，とくにおくれた子どもに利くということは，その点でも興味深い。

追記1——適当な原理によって分類することを類別という。同じ類に属することを，〜であらわすと，これは，つぎの三つの条件(同値律)をみたす。

$$a \sim a$$

$a \sim b$ ならば，$b \sim a$

$a \sim b,\ b \sim c$ ならば，$a \sim c$

追記2——周期性，加法定理，三角形との関係，微分および級数展開の四つのカテゴリーはオイラー(Euler)の公式：$e^{ix} = \cos x + i \sin x$ によって統一される。

追記3——よく知られているように，正弦定理・余弦定理・ヘロンの公式の三つの法則は独立ではない。たとえば，余弦定理だけ仮定すれば，あとはそれから導かれる。このように，ある範囲の事実を有限個の公理と，それからの推論の体系でおきかえるのが公理論の仕事である。公理主義は，思考の体系化(分析・総合)を極度におし進めたものである。

追記4——このような類別の機能を心理学では"かたはめの態度"(Kategoriales Verhalten)という。言語の基礎が，この"かたはめの態度"であることは失語症の研究から明らかとなった。また，論理的思考の発達がいくつかの段階の構造化の完成によることは，スイスの児童心理学者・ピアジェ(Piaget)が証明した。

●——加減乗除の素過程

上記の類別と構造化のことを，整数の計算について見ていこう。まず加法について考えてみる。すべての加法(筆算)を分解していくと，"Ⅰ位数＋Ⅰ位数"にいきつく。たとえば，$\begin{array}{r}24\\+63\\\hline\end{array}$ は，

$$\begin{array}{r}24\\+63\end{array} \searrow\swarrow \quad \begin{array}{r}2\\+6\end{array}\quad \begin{array}{r}4\\+3\end{array}$$

のように，$\begin{array}{r}2\\+6\end{array}$ と $\begin{array}{r}4\\+3\end{array}$ を複合したものである。この"Ⅰ位数＋Ⅰ位数"は，筆算としては，もうこれ以上，細かく分けることができない。これが，つまり，加法の素過程である。もちろん，暗算としては，これはさらに分解されるのであるが，それはのちに触れよう。

この素過程である"Ⅰ位数＋Ⅰ位数"はいくつかの類型に分類されるであろう。まず，くり上がらない $\begin{array}{r}2\\+2\end{array}$ のようなものと，くり上がる $\begin{array}{r}9\\+9\end{array}$ のようなものに大別される(2-9 分類法——追記1参照)。これらは，さらに0の有無で分けられる。0は加法群の"単位要素"であって特殊な要素だから，

$\quad 2 \longrightarrow 0$

という図式は一つの特殊化である。このくり上がりの有無と0の程度によって，加法の素過程はつぎの6個の類型に分けられる。

$$\begin{array}{r}2\\+2\end{array} \Big\langle \begin{array}{r}2\\+0\\\hline\\0\\+2\end{array} \Big\rangle \begin{array}{r}0\\+0\end{array} \quad \begin{array}{r}9\\+9\end{array} \longrightarrow \begin{array}{r}9\\+1\end{array} \quad \cdots\cdots\cdots\cdots ⑦$$

これらの各類型に属する問題数は有限であって，それを求めることは簡単である。いま，$\begin{array}{r}a\\+b\\\hline\end{array}$で，$a$, bは0から9まで変わりうるから，問題総数は $10\times 10=100$ ある。それを行列(九九表)に配列する——図❶。
このうち，$\begin{array}{r}2\\+2\\\hline\end{array}$は Ⓐ の三角形の部分だから，その数は，
$$1+2+3+4+5+6+7+8=36$$
に等しい。これは三角数といわれるものである。一般に，1からnまでの整数の和を，
$$1+2+\cdots\cdots+n=\frac{1}{2}n(n+1)=\sigma_n$$
と書こう。したがって，σ_8 は36になる。九九表から $\begin{array}{r}2\\+2\\\hline\end{array}$ 型と $\begin{array}{r}9\\+9\\\hline\end{array}$ 型が各36個，$\begin{array}{r}2\\+0\\\hline\end{array}$ 型と $\begin{array}{r}0\\+2\\\hline\end{array}$ 型が各9個，$\begin{array}{r}9\\+1\\\hline\end{array}$ 型が9個なので，⑦のシェーマに並行して問題数を書くと，

$$36 \Big\langle{}^{9}_{9}\Big\rangle 1 \quad 36 \longrightarrow 9 \quad 合計\ 100$$

となる。

減法についても同様である。やはり，くり下がりの有無によって，

$$\begin{array}{r}9\\-2\\\hline\end{array} \quad と \quad \begin{array}{r}12\\-9\\\hline\end{array}$$

に大別され，それぞれ，

$$\begin{array}{r}9\\-2\\\hline\end{array}\Big\langle{}^{\begin{array}{r}9\\-0\\\hline\end{array}}_{\begin{array}{r}2\\-2\\\hline\end{array}}\Big\rangle \begin{array}{r}0\\-0\\\hline\end{array} \quad \begin{array}{r}12\\-9\\\hline\end{array}\longrightarrow\begin{array}{r}10\\-9\\\hline\end{array} \quad \cdots\cdots\cdots\cdots ④$$

のようになり，やはり，6個の類型が得られる。問題数は，10×10 の九九表——図❷——から，④のシェーマに並行して書くと，

$$36 \Big\langle{}^{9}_{9}\Big\rangle 1 \quad 36 \longrightarrow 9 \quad 合計\ 100$$

となる。
つぎに，乗法も，

$$\begin{array}{r}32\\\times\ 4\\\hline\end{array}$$
$$\begin{array}{r}3\\\times 4\\\hline\end{array}\quad\begin{array}{r}2\\\times 4\\\hline\end{array}$$

のように"Ⅰ位数×Ⅰ位数"からすべて構成される。ここでも，くり上が

❶――加法の素過程

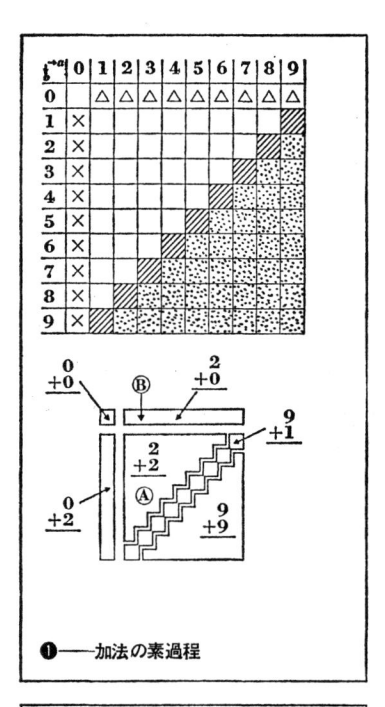

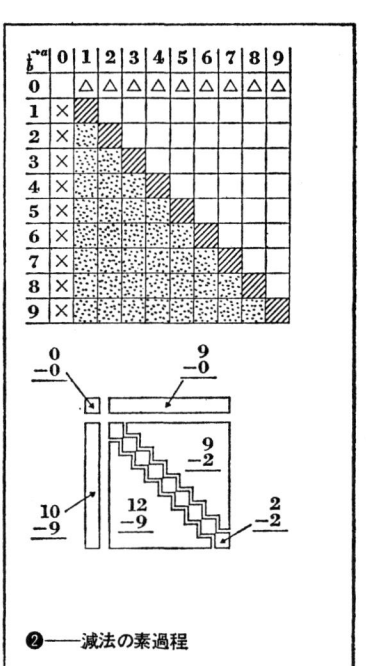

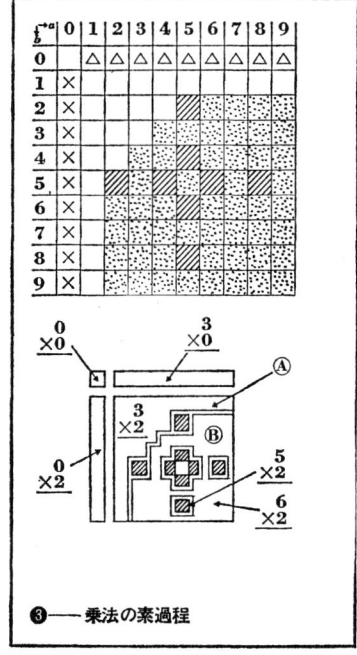

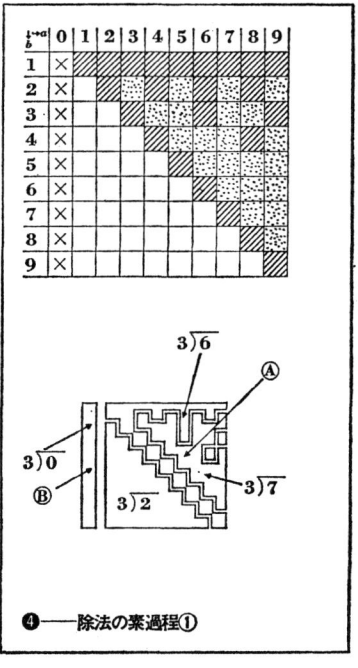

❷――減法の素過程

❸――乗法の素過程

❹――除法の素過程①

補章―水道方式による計算体系

りの有無によって，

$$\begin{array}{r}3\\ \times 2\\ \hline\end{array} \quad と \quad \begin{array}{r}6\\ \times 2\\ \hline\end{array}$$

の二つの類型に大別される。これらは，それぞれ，

$$\begin{array}{r}3\\ \times 2\\ \hline\end{array} \underset{\searrow}{\overset{\nearrow \begin{array}{r}3\\ \times 0\\ \hline\end{array}}{\begin{array}{r}0\\ \times 2\\ \hline\end{array}}} \begin{array}{r}0\\ \times 0\\ \hline\end{array} \quad \begin{array}{r}6\\ \times 2\\ \hline\end{array} \longrightarrow \begin{array}{r}5\\ \times 2\\ \hline\end{array} \cdots\cdots\cdots ㋐$$

のように，やはり，6個の類型に分けられる。乗法の場合には，乗法の"単位要素"である1も特殊の役割をするが，0ほどには，筆算にとってそれほど影響がない。問題は，やはり，10×10の九九表から作ればよく――図❸，問題数は，㋐のシェーマに並行して，

$$23 \underset{\searrow}{\overset{\nearrow 9}{9}} 1 \quad 50 \longrightarrow 8 \quad 合計 \ 100$$

のようになる。

最後に，除法の素過程は，

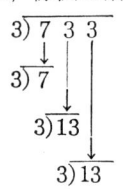

$$\begin{array}{r}3\overline{)7\ 3\ 3}\\ \downarrow\ \ \downarrow\ \ \downarrow\\ 3\overline{)7}\ \ \ \ \ \ \\ \ \ \ \downarrow\ \ \downarrow\\ \ \ 3\overline{)13}\ \ \\ \ \ \ \ \downarrow\\ \ \ \ \ \ \ 3\overline{)13}\end{array}$$

からわかるように，"Ⅰ，Ⅱ位数÷Ⅰ位数＝商Ⅰ位数(あまりあり)"である。これは，まず，

　　　　Ⅰ位数÷Ⅰ位数　　と　　Ⅱ位数÷Ⅰ位数

の2種類に大別される。

"Ⅰ位数÷Ⅰ位数"のうちもっとも一般的なのは，$3\overline{)7}$のような，あまりのあるものである。わりきれる$3\overline{)6}$のようなのは，"あまり0"と特殊になる。$3\overline{)2}$のような"商0"も特殊である。最後に$3\overline{)0}$は"あまりも商も0"である。

つぎに，"Ⅱ位数÷Ⅰ位数"の一般型は，$3\overline{)13}$で，わりきれる$3\overline{)12}$は特殊。つぎに，九九によって作られる等差数列の二つの項の間にはさんで仮商を立てる場合，九九のよび声の十位が，被除数の十位と一致する$3\overline{)13}$のようなもののほうがやさしく，1だけ少なくなる$3\overline{)10}$のようなものはむずかしい。そのうえ$3\overline{)10}$型ではひき算がくり下がる。

❺──除法の素過程②

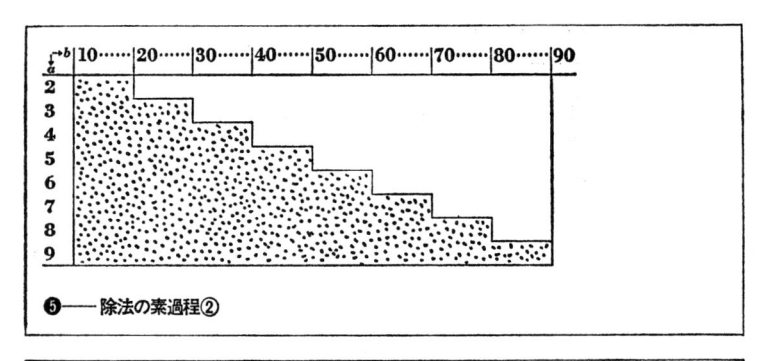

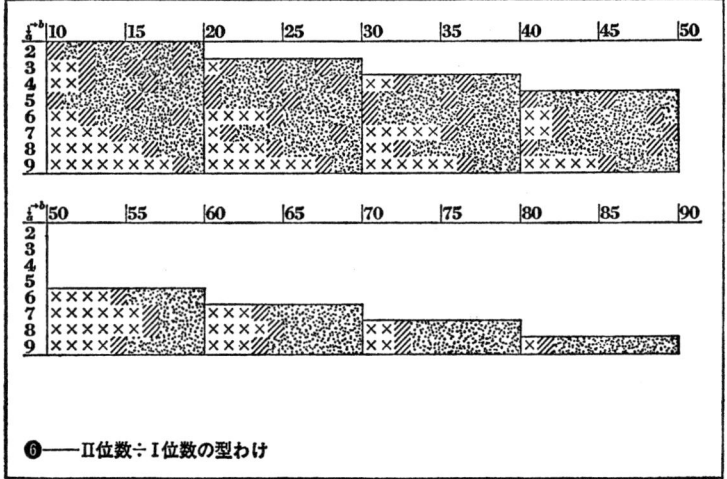

❻──Ⅱ位数÷Ⅰ位数の型わけ

以上をまとめると，素過程はつぎの7個の類型に分かれる。

$$3\overline{)7} \longrightarrow 3\overline{)6}$$
$$\searrow \quad \searrow \quad \cdots\cdots ㊂$$
$$3\overline{)2} \longrightarrow 3\overline{)0}$$

$$3\overline{)13} \longrightarrow 3\overline{)12}$$
$$\downarrow \quad \cdots\cdots ㊄$$
$$3\overline{)10}$$

問題数は列挙によるのがもっとも簡単である。たとえば，〝Ⅰ位数÷Ⅰ位数〟は，$a\overline{)b}$ として，9×10 の行列を作り，図❹のように塗りわける。だから，問題数は，㊂のシェーマに並行して，つぎのようになる。

$$22 \longrightarrow 23$$
$$\searrow \quad \searrow \quad 合計\ 90$$
$$36 \longrightarrow 9$$

つぎに，〝Ⅱ位数÷Ⅰ位数〟のときは，$a\overline{)b}$ で，

$a=2$ のとき，$10 \leqq b < 20$

$a=3$ のとき，$10 \leqq b < 30$

…………

補章―水道方式による計算体系

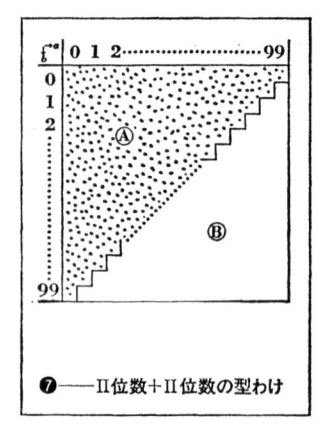

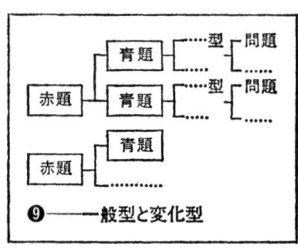

$a=9$ のとき，$10≦b<90$ となり，図❺のようになる。だから，$σ_8×10=360$ 個ある。図❻のように，やはり，方形に配列し，塗りわける。このとき，何十から，最初の $3\overline{)12}$ 型まで(×印)が $3\overline{)10}$ 型になる。これから，問題数は，㋐のシェーマに並行して書くと，

```
202 ――→ 58
 ↓
100              合計 360
```

となる。以上で，加減乗除の素過程の分析が終わったから，つぎに素過程の複合に移ろう。

❼――Ⅱ位数+Ⅱ位数の型わけ

❾――一般型と変化型

追記1――いちいち"Ⅰ位数とⅠ位数の加法でくりあがらないもの"などと言葉でいっていては大変なので，数字の2と9を利用して，くりあがらないのは2+2とか $\frac{2}{+2}$ で，くりあがるのは9+9とか $\frac{9}{+9}$ で表示することにする。これが"2-9分類法"といわれるものである。

●――素過程の複合

まず，上の素過程を結合して，"Ⅱ位数+Ⅱ位数(和Ⅱ位数)"の型を作り出してみよう――図❼。まず，問題総数は，$a+b$ として，

$a=0$ のとき，$b=0, 1, 2, ……, 99$

$a=1$ のとき，$b=0, 1, 2, ……, 98$

…………

$a=99$ のとき，$b=0$

だから，やはり，三角数で，公式より，

$$σ_{100}=\frac{1}{2}・100・101=5050$$

あるが，このうち，素過程の100個を除くと，

$$5050-10^2=4950$$

個になる。

十位↓ →一位	$\begin{smallmatrix}2\\+2\end{smallmatrix}$	$\begin{smallmatrix}2\\+0\end{smallmatrix}$	$\begin{smallmatrix}0\\+2\end{smallmatrix}$	$\begin{smallmatrix}0\\+0\end{smallmatrix}$	$\begin{smallmatrix}9\\+9\end{smallmatrix}$	$\begin{smallmatrix}9\\+1\end{smallmatrix}$
$\begin{smallmatrix}2\\+2\end{smallmatrix}$	$\begin{smallmatrix}22\\+22\end{smallmatrix}$	$\begin{smallmatrix}22\\+20\end{smallmatrix}$	$\begin{smallmatrix}20\\+22\end{smallmatrix}$	$\begin{smallmatrix}20\\+20\end{smallmatrix}$	$\begin{smallmatrix}29\\+29\end{smallmatrix}$	$\begin{smallmatrix}29\\+21\end{smallmatrix}$
$\begin{smallmatrix}2\\+0\end{smallmatrix}$	$\begin{smallmatrix}22\\+2\end{smallmatrix}$	$\begin{smallmatrix}22\\+0\end{smallmatrix}$	$\begin{smallmatrix}20\\+2\end{smallmatrix}$	$\begin{smallmatrix}20\\+0\end{smallmatrix}$	$\begin{smallmatrix}29\\+9\end{smallmatrix}$	$\begin{smallmatrix}29\\+1\end{smallmatrix}$
$\begin{smallmatrix}0\\+2\end{smallmatrix}$	$\begin{smallmatrix}2\\+22\end{smallmatrix}$	$\begin{smallmatrix}2\\+20\end{smallmatrix}$	$\begin{smallmatrix}0\\+2\end{smallmatrix}$	$\begin{smallmatrix}0\\+20\end{smallmatrix}$	$\begin{smallmatrix}9\\+29\end{smallmatrix}$	$\begin{smallmatrix}9\\+21\end{smallmatrix}$

❽──Ⅱ位数＋Ⅱ位数の型

つぎに，型の数は，十位に三つの型 $\begin{smallmatrix}2\\+2\end{smallmatrix}$, $\begin{smallmatrix}2\\+0\end{smallmatrix}$, $\begin{smallmatrix}0\\+2\end{smallmatrix}$ が許され，一位に素過程の6個の型全部が許されるから，

$$3 \times 6 = 18$$

個存在する。これを3×6型の行列に配置して列挙すると，図❽のようになる。

素過程の問題や問題数は前に列挙してあるから，上のどれか任意の型の問題と問題数を作りだすことはやさしい。たとえば，$\begin{smallmatrix}22\\+20\end{smallmatrix}$型の問題は，図❶の④の三角形の部分から十位の $\begin{smallmatrix}2\\+2\end{smallmatrix}$ 型を，Ⓑの長方形の部分から $\begin{smallmatrix}2\\+0\end{smallmatrix}$ 型をランダムに選びだし，くっつければよい。問題数は十位の $\begin{smallmatrix}2\\+2\end{smallmatrix}$ 型が $\sigma_8 = 36$ とおり，一位の $\begin{smallmatrix}2\\+0\end{smallmatrix}$ 型が9とおりあるから，

$$36 \times 9 = 324$$

個ある。ただし，一位がくり上がるときは，十位の $\begin{smallmatrix}2\\+2\end{smallmatrix}$ 型は和が9以下でなければならないから，問題数は1段へって，$\sigma_7 \times \cdots$ とする。

つぎに，指導の際には，これらを1次元の列に配列しなおさなければならない。そのさい，具体物（あるいは半具体物）にまで帰って指導しなければならない一般型を"赤題"と名づけ，例題ですむ変化型(variant)を"青題"と名づけよう。名まえは奇抜かもしれないが，一般に，このような区別が必要なことは異議あるまい──図❾。

"Ⅱ位数＋Ⅱ位数"については，つぎのような案が考えられよう──図❿。

減法についても，まったく同様である──図⓫。

Ⅰ位数をかける乗法も素過程の複合によってすぐに得られる──図⓬。
$a \times b$ において，

補章─水道方式による計算体系

赤題	青題	従属型
22 +22		
	22 +20	20 20 +22 +20
	22 + 2	2 20 2 22 0 20 0 +22 + 2 +20 + 0 +22 + 0 +20
29 +29		
	29 +21	
	29 + 9	9 29 1 +29 + 1 +29

A案——くり上がりで大きく分ける。

赤題	青題	従属型
22 +22		
	22 +20	20 20 +22 +20
29 +29		
	29 +21	
	22 + 2	2 20 2 22 0 20 0 +22 + 2 +20 + 0 +22 + 0 +20
	29 + 9	9 29 1 +29 + 1 +29

B案——欠位のあるものをあとにまわす。

⓬——II位数+II位数の指導順序

$a=10, 11, \ldots, 99$。 $b=1, \ldots, 9$

と変化しうるから，問題総数は，

$90 \times 9 = 810$

あり，それが図⓬のような13個の型に分けられる。このうち，＊印をつけた四つの型は，部分積の和がくり上がる特殊なものである。加減の場合には，組み合わせれば，問題が作れたが，乗除の場合には，これが少し複雑になる。たとえば，$\begin{array}{r}36\\\times 2\end{array}$型については，図❸のⒶの部分とⒷの部分とを組み合わせればよい。だから，$a \times b$ として，$b=2$ のとき，a は，一位がⒷの ⚃，十位がⒶの ☐ からとったつぎの16個になる。

$b=2$ のとき， 16 17 18 19

	→一位　9 －2	9 －0	2 －2	0 －0	12 －9	10 －9
9 －2	99 －22	99 －20	92 －22	90 －20	92 －29	90 －29
9 －0	99 － 2	99 － 0	92 － 2	90 － 0	92 － 9	90 － 9
2 －2	29 －22	29 －20	22 －22	20 －20	32 －29	30 －29

❶——II位数−II位数の型

	→一位　3 ×2	0 ×2	6 ×2	5 ×2
3 ×2	33 ×2	30 ×2	36 ＊ 34 ×2　×3	35 ＊ 25 ×2　×4
6 ×2	63 ×2	60 ×2	66 ＊ 67 ×2　×3	65 ＊ 75 ×2　×4
5 ×2		50 ×2		

❷——II位数×I位数の型わけの数

$$\begin{array}{cccc} 26 & 27 & 28 & 29 \\ 36 & 37 & 38 & 39 \\ 46 & 47 & 48 & 49 \end{array}$$

同様に，

  $b=3$ のとき， 14 15 16 17 18 19

         24 25 26 27 28 29

つぎの 34×3 は，別の ＊ 印の型に入れてあるから，この12個。

  $b=4$ のとき， 13 14 16 17 18 19

         23 24 ⟶ あとは，34×3型

  $b=5$ のとき， 13 15 17 19

  $b=6$ のとき， 12 13 14 16 ⟶ あとは，34×3型

  $b=7$ のとき， 12 13 14 ⟶ あとは，34×3型

  $b=8$ のとき， 12 ⟶ あとは，34×3型

以上，合計48個になる。

補章―水道方式による計算体系

⓭——Ⅱ位数÷Ⅰ位数(商Ⅱ位数)の型わけ

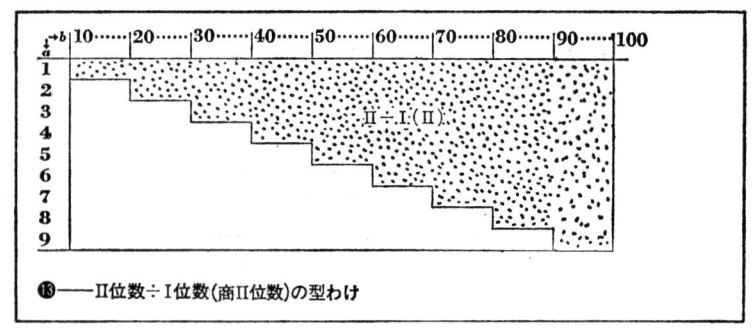

⓮——Ⅱ位数÷Ⅰ位数(商Ⅱ位数)の型

問題数・配列などのくわしいことは、『水道方式による計算体系』(明治図書)を参照してください。

最後に、Ⅰ位数でわる除法も、素過程の複合で得られる。まず"Ⅱ位数÷Ⅰ位(商Ⅱ位数)数"の問題総数は、$a\overline{)b}$として

$a=1$ のとき、 $b=10, 11, \ldots\ldots, 99$

$a=2$ のとき、 $b=20, \ldots\ldots, 99$

$\ldots\ldots$ $\ldots\ldots$

$a=9$ のとき、 $b=90, \ldots\ldots, 99$

だから、問題総数は、

$\sigma_9 \times 10 = 450$

だけある——図⓭。型の数は、図⓮となる。

"Ⅲ位数÷Ⅰ位数(商Ⅱ位数)"のほうは、$a\overline{)b}$として、

$a=2$ のとき、 $b=100, 101, \ldots\ldots, 199$

$a=3$ のとき、 $b=100, \ldots\ldots, 299$

$\ldots\ldots$ $\ldots\ldots$

$a=9$ のとき、 $b=100, \ldots\ldots, 899$

だから、問題総数は、

$\sigma_8 \times 100 = 3600$

だけある。型の数は図⓰のとおりになる。

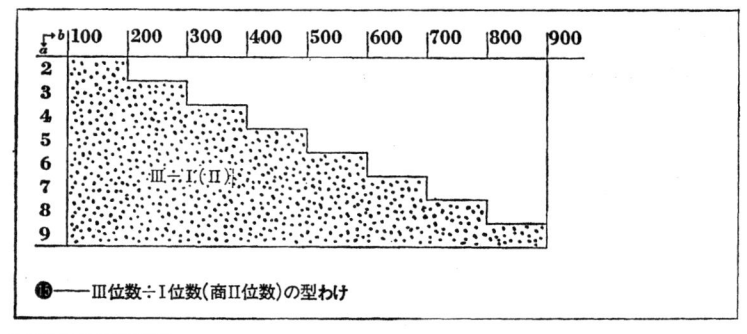

→b ↓a	100	200	300	400	500	600	700	800	900
2									
3									
4									
5			Ⅲ÷Ⅰ(Ⅱ)							
6									
7									
8									
9									

❶❺──Ⅲ位数÷Ⅰ位数(商Ⅱ位数)の型わけ

→一位 ↓百位	3)7	3)6	3)2	3)0	3)13	3)10	3)12
3)13					3)133	3)130	3)132
3)10					3)103	3)100	3)102
3)12	3)127	3)126	3)122	3)120			

❶❻──Ⅲ位数÷Ⅰ位数(商Ⅱ位数)の型

問題の作り方は乗法のときと同じ要領で組み合わせる。たとえば、図❶❹の 3)70 についてやってみよう。これは、十位は図❹の 3)6 型と、一位は図❻の×印の部分とを組み合わせて作る。$a)b$ として、$a=3$ のとき、

　　十位は、　30,　60,　90
　　一位は、　10,　11,　20

だが、加えて100を超す90は除くと、結局、30, 60に10, 11, 20を加えた組合せで、

　　40, 41, 50, 70, 71, 80

の6個になる。

$a=4$ のときは、(40, 80)と(10, 11, 30, 31)の組合せで、100を超すものを除くと、

　　50, 51, 70, 71, 90, 91

$a=5$ は、図❻のほうが1個もない。

　　$a=6$──60と(10, 11, 20, 21, 22, 23)──→70, 71, 80, 81, 82, 83

　　$a=7$──70と(10, 11, 12, 13, 20)──→80, 81, 82, 83, 90

　　$a=8$──80と(10, 11, 12, 13, 14, 15)──→90, 91, 92, 93, 94, 95

　　$a=9$ は100を超えるからダメ。

以上で合計29個。

配列などくわしいことは，『水道方式による計算体系』を参照してください。

●——新しい素過程，Ⅱ位数の除法

整数の計算の最大の難関は，いうまでもなく"÷Ⅱ位数"の除法である。従来の指導による正答率はわずか平均，約70パーセントにすぎない。これは指導法が混乱していたためで，すでに水道方式によって正答率を平均90パーセントまで上げることができた。

"÷Ⅱ位数"の除法の素過程にあたるのは，"Ⅱ位数÷Ⅱ位数"，"Ⅲ位数÷Ⅱ位数(商Ⅰ位数)"という除法である。これを何らかの方法によって，"Ⅰ，Ⅱ位数÷Ⅰ位数(商Ⅰ位数)"の素過程に還元させて商を立てていくのである——図⓰。

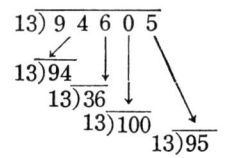

$$13\overline{)9\ 4\ 6\ 0\ 5}$$
$$13\overline{)94}$$
$$13\overline{)36}$$
$$13\overline{)100}$$
$$13\overline{)95}$$

これには，いくつかの方法が考えられるが，筆算としてはもっとも機械的，しかも確実に仮商の立てられる"手で不要の文字をかくし，被除数の上一ケタ(あるいは，ときには上二ケタ)を，除数の上一ケタでわってみる"方式がよいと思う——図⓱。

このとき，仮商の修正回数の少ないものほどやさしく，多いほどむずかしい。この修正回数については，つぎのような諸定理が成り立つ。

まず，議論をはっきりさせるために，a, b, B はⅠ位数，A はⅠ，Ⅱ位数として，

$$10a+b\overline{)10A+B}$$

というわり算を考える。上の方式によれば，A を a でわって仮商 q を立てる。すると，つぎのようになる。

$$a\overline{)A}^{\,q}, \quad qa \leq A < (q+1)a$$

❶——真商$\leq q$（すなわち，修正は減少する方向に

のみ行なえばよい。)

証明 $A+1\leq(q+1)a$, $B<10$ だから,
$$(q+1)(10a+b)=10(q+1)a+(q+1)b$$
$$\geq 10(A+1)+(q+1)b$$
$$=10A+10+(q+1)b$$
$$>10A+B$$

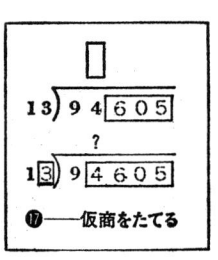

だから, $q+1$ では真商を超えてしまう。

❷——$a\geq 2$ (20以上の数でわる場合)のときは,
ⓐ　AがⅠ位数なら, 真商$\geq q-2$ (修正は2回以下)
ⓑ　AがⅡ位数なら, 真商$\geq q-3$ (修正は3回以下)

証明 ⓐでは, $a\geq 2$, $q\leq 4$, $b\leq 9$ だから,
$$(q-2)(10a+b)=10qa+(q-2)b-20a$$
$$\leq 10A+2\times 9-20\times 2$$
$$<10A+B$$

で, たしかに真商は $q-2$ 以上である。

ⓑでは, $a\geq 2$, $q\leq 9$, $b\leq 9$ だから,
$$(q-3)(10a+b)=10qa+(q-3)b-30a$$
$$\leq 10A+6\times 9-30\times 2$$
$$<10A+B$$

で, たしかに真商は $q-3$ 以上である。

❸——$a=1$ (十代の数でわる場合)
ⓐ　AがⅠ位数なら, 真商$\geq q-5$ (修正は5回以下)
ⓑ　AがⅡ位数なら, 真商$\geq q-4$ (修正は4回以下)

証明 ⓐでは, $q=A$, $q\leq 9$, $b\leq 9$ に注意すると,
$$(q-5)(10+b)=(q-5)b+10q-50$$
$$\leq 10A+4\times 9-50$$
$$<10A+B$$

で, たしかに真商は $q-5$ 以上。

ⓑでは, $q=9<10\leq A$, $b\leq 9$ だから, $q\leq A-1$ が成り立ち,
$$(q-4)(10+b)=(q-4)b+10q-40$$
$$\leq 10(A-1)+5\times 9-40$$
$$=10A+5\times 9-50$$

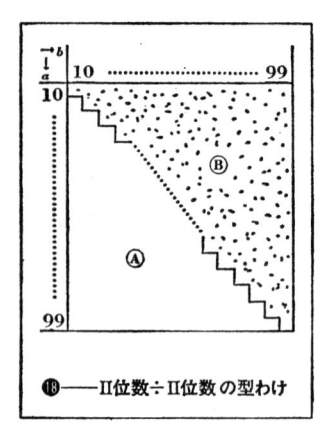

$<10A+B$

で，たしかに真商は $q-4$ 以上。

さらにくわしく調べて，修正回数の上限を求めると，つぎの表のようになる。この表をみると，やはり，除数が十代の数のときは，修正回数が極度に多く，むずかしいことがわかる。また，〝Ⅱ位数÷Ⅱ位数〟のときは，除数が30以上なら，修正はせいぜい１回ですむことがわかる。

❶——Ⅱ位数÷Ⅱ位数 の型わけ

十位 a	1	2	3	4	5	6	7	8	9
Ⅱ位数÷Ⅱ位数	5	2	1	1	1	1	1	1	1
Ⅲ位数÷Ⅲ位数	4	3	3	2	2	2	2	1	1

つぎに，さらに具体的に問題を調べてみよう。まず，問題総数は，〝Ⅱ位数÷Ⅱ位数〟のときは，$a \overline{)b}$ として，a も b もⅡ位数だから，a, b はともに10, ……, 99 まで変わりうるから，$90 \times 90 = 8100$ ある。このうち，図❶の④のように，商が０になるものが，三角数の公式によって，

$\sigma_{89} = 4005$

あるから，残りの⑧の

$\sigma_{90} = 4095$

個を考えればよい。

〝Ⅲ位数÷Ⅱ位数〟のときは，$a \overline{)b}$ として，$b < 10a$ だから，図❶の④の

$\sigma_{89} \times 10 = 40050$

を考えればよい。

つぎに，問題づくり，および問題数の求め方を，$a = 19$ のときを例にとって説明しよう。19の倍数列と10($a = 29$ なら，20)の倍数列を作る。図❷の $\alpha - \beta$ と書いたのが修正回数である。ただし，

$\alpha = \left[\dfrac{b}{10}\right], \quad \beta = \left[\dfrac{b}{19}\right]$

この表——図❷——から，

修正０回の問題数 $= 1 + 19 = 20$

修正１回の問題数 $= 10 + 2 + 19 = 31$

⓳──Ⅲ位数÷Ⅱ位数の型わけ

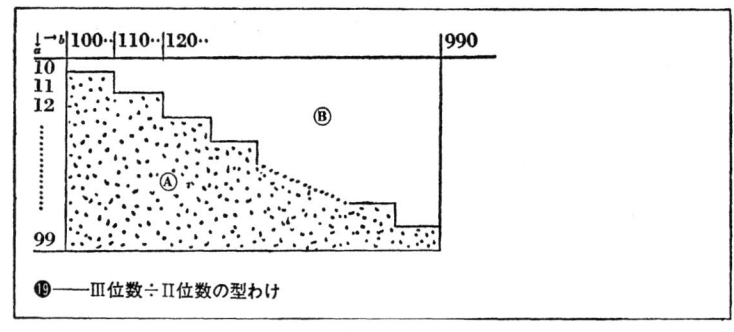

⓴──修正回数

㉑──÷Ⅱ位数の素過程の分類

　　修正2回の問題数＝8＋10＋3＋19＝40
　　修正3回の問題数＝7＋10＋4＋19＝40
　　修正4回の問題数＝6＋10＋19＝35
　　修正5回の問題数＝5　　　　　計 171

であることがわかる。同じようなことをすべての $a=10, \cdots\cdots, 99$ について行なえば，型分けと問題を列挙することができる。

一般に，$a=10p+q$ のときは，

$$\alpha=\left[\frac{b}{10p}\right],\ \beta=\left[\frac{b}{a}\right]$$

とおくと，$\alpha-\beta$ が修正回数をあらわすわけである。このようにして，

補章―水道方式による計算体系

"÷Ⅱ位数"の素過程を分類してみると，図㉑のようになる。ここで，ABC はつぎのこととする。

A　被除数の上一ケタ(二ケタ)が除数の上一ケタでわりきれる。
B　同上，わりきれない。
C　仮商 $q=10$ となるもの。じつは仮商は9からへらしていく。

くわしい結果については『水道方式による計算体系』を参照してください。

●——基礎暗算について

まえに，"加法九九""減法九九""乗法九九"ということばを使った。要するに，加減乗の素過程はこれらの九九にほかならない。ところで，加法九九，減法九九のことばを日本に流布させたのは1951年度指導要領であった。しかし，この指導要領では，考えの基礎が生活単元学習であったので，筆算を中心とする正しい方向にこれを発展させることができなかった。また，この旧指導要領の誤りは，加法九九や減法九九が暗算としてはさらに分解されるということを認めなかったことにある。つぎに，この分解を調べてみて，筆算にはいるまえに最小限どれだけの基礎暗算が必要であるかを考えてみよう。

たとえば，くり上がりのある 8+6 を考えてみると，図㉒のように，

① 10 に対する 8 の補数をみつける。$8+\boxed{2}=10$
② $6-2=4(6=2+\boxed{4})$
③ $10+4=14$

の三つの段階に分かれる。同じように，14−8 は——図㉒，

① $14=4+10$
② 10に対する 8 の補数をみつける。$10-8=2(10=8+\boxed{2})$
③ $4+2=6$

の三つの段階に分かれる(減加法)。

ここに必要な，さらに基礎の演算を2-9分類法で表にしてみると，図㉓のようになる。これに，さらに他の素過程と補数関係を追加すると，加法九九の基礎の暗算として，つぎのような表が得られる——図㉔。そうし

て，これらが，四組の類型に分けられることもわかる。

これらをどのような順序で指導するかはたいせつな問題である。その案として，まず，数概念として，1, 2, 3, 4, 5, 6, 7, 8, 9 のあとに，すぐ"無"としての0を導入する。それから，束10を導入する。あとは，A→B→C→D の順で進む。Cでは，加法と減法の融合として，減法を使って補数をみつけさせる。Dは位取りのタイルによる説明のなかでやればよい。

さて，つぎに，2+2 や 9−2 は，もう分解できないだろうか？ これについては二つの方法が考えられる。たとえば，4+3 を考えてみると，

ⓐ 4+3 を，

　　4+1，5+1，6+1

の三つの操作に分けることができる。これが，すなわち"数え主義"の基礎である。このように数え主義では，数系列がもとになるから，

　　　順序数 ──→ 集合数

となる。

ⓑ 5進数図によって，4+3 を，

　　5+2=7

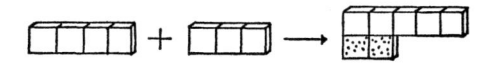

とすることもできる。これは"直観主義"に近い考え方である。これによれば，けっきょく，和が5以下の加法は集合数の直観によるわけである。だから，直観主義では，

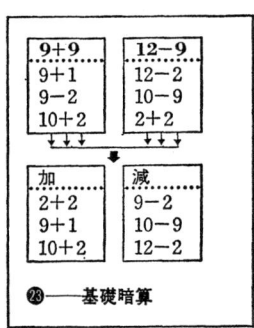

　　　集合数 ──→ 順序数

となる。

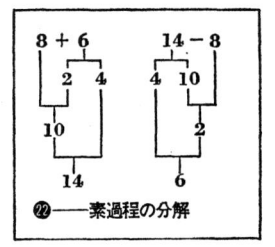

補章─水道方式による計算体系

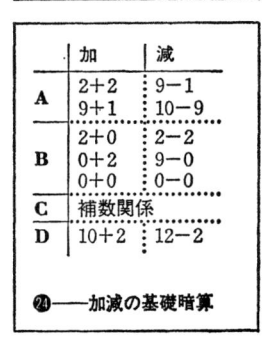

●──一般論への試み

❶──加法的分解と乗法的分解

水道方式と従来の考え方の分かれ目は，じつに**位取りの原理の理解の深浅**による。位取り記数法は，約1200年(バビロニア人を含めれば，じつに3000年)ほどまえにインド人によって発見されたものであって，"なにをいまさら"といわれるかもしれないが，これがほんとうに理解されなかったというのは，驚くべき事実である。

従来は，多位数を加法的にのみ理解していた。すなわち，

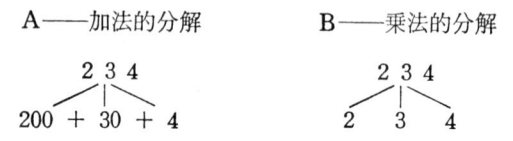

　　A──加法的分解　　　　B──乗法的分解

　　　　2 3 4　　　　　　　　2 3 4
　　200 + 30 + 4　　　　　　2　3　4

とあらわすと，Aのようにのみ考えていた。これは，つまり，多位数に加群(module)としての構造しか認めないことであって，漢数字の記数法"二百三十四"やエジプト記数法と原則においてそう変わらない。どちらも，一，十，百を加群の1次独立な基底(base)とみることでは同じである。[*1]これに対して，Bは多位数の乗法的理解で，多位数をⅠ位数の直積(direct product)と考えるところに，その本質がある。つまり，直積構造をも認めるわけで，一言でいえば，これが位取りの原理の正しい理解だと思う[*2](追記1参照)。この考えによれば，加法の素過程はⅠ位数の加法だけでよいことになる。そのかわりに，位取りの原理の正しい指導が別に必要になるわけである。

これに対して，従来の加法的分解によると，Ⅰ位数の加法だけでなく，当然，round number(まるい数)の加法と，さらに，異なった位の間を結ぶのが加法だと考えるのであるから，いわゆる"すれちがい"式の加法とを素過程に算入しなければならなくなる。つまり，

　　 2 　 20 　 200 　……　 20 　 2 　 200 　 20 　200 　 2
　　+2 　 +20 　+200 　　　 　+2 　+20 　+20 　+200 　+2 　+200

　　……　 220 　 2 　 200 　 22 　 202 　 20 　……
　　　　　+ 2 　+220 　+ 22 　+200 　+ 20 　+200

のような退化した計算を，すべて一般のⅢ位数の加法に先立ってやらなければならなくなる。そのかわりに，位取り法の指導は十分ではなかった。位の間に不必要な+を想定するために，位取り法は加法とからみあ

わされていたのである。これが従来の体系であった（追記2参照）。
多位数の直積構造を利用すれば，

① 問題を作ること
② 問題を類型に分けること
③ 各類型の問題数を求めること

は，いずれも容易に統一的に解決される。

追記1——基数の集合を $\{0, 1, \ldots, 9\} = E$ と書くと，III位数の集合は直積集合（ベキ集合）
$$E \times E \times E$$
になる。これに対して，加法的分解では，$E_0 = E$, $E_1 = \{10, 20, \ldots\}$, $E_2 = \{100, 200, \ldots\}$ として，直和
$$E_2 \oplus E_1 \oplus E_0$$
になる。一般に，

  A. $\sum_{\lambda=0}^{\infty} E_\lambda$ B. E^N （$N=$自然数の集合）

追記2——乗法的分解によって素過程の数が減少することは，音節(syllable)を分解することによって，アルファベットの数が五十音（正確には，$14 \times 5 + 5 = 75$文字）から19文字$(14+5=19)$に減少するのに似ている。おおざっぱにいって，加法的分解Aでは，素過程の数は"$\sigma \times$ケタ数"になるが，乗法的分解では和"$\sigma +$ケタ数"（σはI位数の素過程の数）になる。

❷——類型化（型分け）

類別といっても同じである。これについては，

① 同値律(equivalence relation)による。
② 分割(partition)による。掃除の班を作るのなどはただの分割である。
③ 写像(mapping)による。集合 E からの写像 f があると，同じ値をとる要素を同値 $\sim$ とすると，①の同値律をみたすから，やはり類別ができる。
  $f(x) = f(y) \rightleftarrows x \sim y$
④ 原則の階層による。「二十の扉」の二進法的類別はこの例である。

このうち，水道方式の体系で重要なのは，④である。たとえば，加法の型を，ⓐくり上がりの有無，ⓑ0への退化の程度，として分けたのは，

---

*1——この考え方は，和田義信『教育大学講座 数学教育』No.22の196ページにはっきりでている。遠山啓氏は「量の分数」（数学教育論シリーズ・第5巻『量とはなにかⅠ』に収録）で，これを"二則主義"としてはっきり批判している。
*2——このことは，すでに1959年の数教協の第7回大会の講演で遠山啓氏が指摘されている。

この④の考え方にほかならない。しかし，ときには③も重要になる。たとえば，"÷Ⅱ位数"の素過程では，つぎの四つの指標が必要になる。

① Ⅱ位数またはⅢ位数(Ⅱ位数÷Ⅱ位数か，Ⅲ位数÷Ⅱ位数か)
② 修正回数 λ (0 から 5 までの整数)
③ 0 または+(あまりのなし，あり)
④ A，B，C(Aは上一けたがわりきれる，Bはわりきれない，Cは仮商9から下げていくもの)

つまり，一つの問題 x に対して四つの成分をもつ写像，
$$f(x)=(\chi_1, \chi_2, \chi_3, \chi_4)$$
　　$\chi_1=$Ⅱ, Ⅲ,　　$\chi_2=0, \cdots\cdots, 5,$　　$\chi_3=0, +,$　　$\chi_4=$A, B, C
がきまるから，これによって類別される。

つぎに類型化Rそのものについて，つぎの三つの操作を用いる。

ⓐ $R' \geqq R$：R'はRの細分であること，RはR'の併合であること。
ⓑ $R \cap R'$：交わり(conjunction)
ⓒ $R \times R'$：直積(direct product)

❸——特殊化(specialization)
類型化が類の論理なら，これは系列の論理であり，数学的に前者が集合論なら，これは束論と関係がある。まず，いろいろな特殊化をあげてみよう。

① 代入，$\pi \longrightarrow 3.14$：これは不定元を数でおきかえることである。
② 極限，$x \longrightarrow a$：これは変数(variable)を定数(constant)でおきかえることで，やはり，特殊化である。
③ $2 \longrightarrow 0$：これは，むしろ，長方形の類から正方形の積をひき出すことに似ている。一般の論理的操作の一つである——図㉕。

特殊化が極端になって，次元・次数・ケタ数などが下がった場合が退化(degeneration)である。Ⅱ位数はⅢ位数の退化とも考えられる。直線は円の退化とも考えられる。

❹——計算体系の主要問題
上で，"÷Ⅱ位数"について指標をきめたが，他の計算についても，それ

それ，

加減では，①　くり上がり　②　0　③　段の
くり上がり

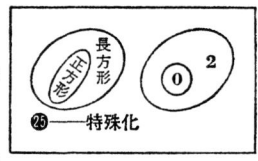

乗では，①　くり上がり　②　0　③　一段の
くり上がり

除では，①　0，+　②　商の0　③　減法のくり下がり

となろう。そこで，もし一つの例題が与えられれば，指標を求めて，どの類に属するかをきめることはやさしい。実際，その計算を実行してみればよいからである。ところで，問題はその逆である。つまり，指標を与えて，その類に属する問題を有限回の操作で作れ，ということである。これを**逆問題**とよぶことにしよう。整数の四則の場合には，問題総数が有限個であるから(有限集合の問題だから)，問題を類別に列挙しておけば，この逆問題は解決されたことになる。乗除などで行なったのはそれであった。しかし，分数や小数あるいは文字計算ではそうはいかない。解決はずっと困難になるのである。『数学教室』1960年3月号で分数についての分析を行なったのは，そのような場合の解法の例であった。

もう一つは型を配列する**配列問題**で，このほうは多くの実践の結果をも考慮してきめる必要がある。

❺────計算機との類似

一般に，ある問題を解くための有限(finite step)の構成的な手続きを**算法**(algorithme)とよぶ。たとえば，代数方程式を解くための算法(たとえば，スツルムの方法)は存在するが，一般に不定方程式を解くための算法は発見されていない(そういう算法は存在しないのではないかとさえ考えられている──ヒルベルトの第10問題)。文字計算で，1次方程式を解くための四つの段階をあげたが，これなどは算法を作ったことになる。

ところが，この算法を作ることと計算機のプログラミングとは，本質的には同一であることがわかっているのである。さらに，水道方式というのは，いままで述べてきたからわかるように，子どものために算法を作ってやることにほかならないから，要するに，つぎのような比例式が成り立つ。

計算機：プログラミング＝数学問題：算法の発見
＝こども：指導計画

この点に，現代数学と数学教育との間に交流がみられるのではなかろうか？　ただ，計算機は子どもよりはるかに幼稚であるから，水道方式以上にたくさんの段階に分けて与えなければならないが，子どもは利口だから，適当に段階をとばしても（つまり，類別をじゅうぶん荒らくしても），ついていけるのである。最近，水道方式が中以下の子どもに驚異的な好結果を上げていると聞くが，それは要するに，水道方式の体系がその程度の細かさなのであろう。この点で，精薄児のための体系は，さらに計算機のプログラミングに近づくであろう。計算機はその多くの段階を高速度で通過するが，精薄児はスローモーション・カメラのように，その過程を浮き彫りにするであろう。われわれは，これまで述べてきた**標準的類別**は，精薄児を除く正常児すべてに適合するものと考えている。

中学校の文字計算

●——型わけの考え方

文字計算においては，数計算におけるような多位数の乗法的分解などは，もう問題にならない。表面にでてくるもっとも重大なことは，係数と文字との"からみあい"ということであろう。この点から，文字計算のほうが数計算より単純なところもあるし，複雑な点もある。概して，数計算ほど透明な体系を作ることは困難のように思われる。まず注意すべきこととして，

① 文字の多いほうが一般で，少ないほうが特殊である。

$$\text{多変数}\,K[x, y, \cdots\cdots] \longrightarrow 1\text{変数}\,K[x] \longrightarrow \text{数}\,K$$

② 数については，係数の±1が特殊で，困難である。このために，分類の指標として，

$$\begin{array}{c} 2 \longrightarrow -2 \\ \searrow \quad \searrow \\ 1 \longrightarrow -1 \longrightarrow 0 \end{array}$$

という図式(Hasse's diagram)を採用する。ここで2と書いたのは，1以外の正の実数を意味し，−2は−1以外の負の実数をあらわすものとする。1，−1，0はそのものである。これを**5点分類法**という。

従来，$3a+a$ とか，$5x-x$ のような計算が，$3a+5a$ や $5x-3x$ のような一般型に先んじて無批判的に配列されていたが，これは改められなければならない。係数の±1は略されていて，その計算のためには，まえもって文字の前に±1を想定しなければならないので，1段階だけ負担

補章—水道方式による計算体系

が多くなるからである(追記1参照)。

また、従来は漠然とではあるが、文字の多いほうがむずかしく、少ないほうがやさしいと信じられていた。これも一種の固定観念(idée fixe)であって、じつは、多変数のほうがやさしいことも多いのである(追記2参照)。むしろ、むずかしいのは文字と係数との"からみあい"なのである。たとえば、有名な因数分解の公式、
$$a^3+b^3+c^3-3abc=(a+b+c)(a^2+b^2+c^2-bc-ca-ab)$$
で、一つの文字 c を数2に特殊化したら($c\longrightarrow 2$)、
$$a^3+b^3-6ab+8=(a+b+2)(a^2+b^2-ab-2a-2b+4)$$
となるが、これのほうが原式よりずっとむずかしい。また、$c\longrightarrow a$ として文字をへらしたら、
$$2a^3+b^3-3a^2b=(2a+b)(a^2+b^2-2ab)$$
となるが、これはさらにひねくれている。このような"からみあい"の少ないのは、文字部分が すべて 異なるようなもの、いわゆる"**すれちがい**"型であろう。この意味で、文字部分については、"すれちがい"を原則にするのがよいということになる。

以上、説明した二つの点に留意して、若干の項目について簡単な方針だけを 指摘しよう。くわしいことは、法政一高の 松尾豊氏の論文「文字計算の体系(1)—(6)」『数学教室』1960年7—12月号(国土社)を参照されたい。

追記1——±1 は乗法の単位要素である。係数という点からみれば、むしろ、±1 は単位作用としての特殊性が問題なのである。

追記2——従来は、高校においても1変数と多変数の技法のちがいには気がつかれていなかった。1変数の多項式環 $K[x]$ は、いわゆる"ユークリッド環"で、わり算を行なってあまりをとるという算法が許される。このために、剰余定理・ユークリッド互除法・最大公約数・最小公倍数などの特殊な、1変数にしか適用しない技法が使えることになる。多変数でも、どれか一つの文字に着目して、1変数の技法を用いることが多いのである。これと、多変数一般の技法と、この二つがただバラバラに入りまじっているのが高校数I代数の現状ではなかろうか。

● ——単項式の乗除・多項式の乗法

中学校での文字計算における二つの大きな側面は、加法的なものと乗法的なものであるが、前者は要するに1次形式の計算であって、後者は多

a → b	2	−2	1	−1
2	$2x\cdot 2y$	$2x(-2y)$	$2x\cdot y$	$2x(-y)$
−2	$(-2x)\cdot 2y$	$(-2x)(-2y)$	$(-2x)\cdot y$	$(-2x)(-y)$
1	$x\cdot 2y$	$x(-2y)$	$x\cdot y$	$x(-y)$
−1	$(-x)\cdot 2y$	$(-x)(-2y)$	$(-x)\cdot y$	$(-x)(-y)$

❶——単項式の乗法

項式の乗法が終着点である。そこで，まず，あとのほうの乗法的な面から考えていこう。これはつぎのような段階に分けられるであろう。

① 単項式の乗法
② 単項式の除法
③ かっこを展開する──→①に帰着
④ 同類項をまとめる──→１次形式の手法

さて，乗法のみで生成される式を単項式とし，単項式の和を多項式と定義しておけば，見方によっては，これらはすべて，"二つの多項式の積はふたたび多項式になる"という定理の証明における中間段階にすぎない。中学校においては，一歩一歩，文字計算に習熟しながら，これを積み上げていくわけである。まず，単項式の乗法は，二つの操作，

① $ax\cdot by=ab\cdot xy$──文字は文字どうし，数は数どうしをかける
② $x^m\cdot x^n=x^{m+n}$──指数法則[1]

の複合と考えられる。つまり，これが素過程にあたる。くわしい分析は，上述，松尾氏の論文を参照していただくとして，簡単に型分けの方法を述べる。

①では，係数の a, b は５点分類法によって五つの類型をとりうるが，0 は trivial(明瞭)だから除くと，2，−2，1，−1 の四つの可能性があり，組み合わせて，

$$4\times 4=16$$

の型が生じる。これはⅡ位数の加法のときと同じような２次元の表にまとめられる──図❶。配列は，

❷——係数による区画わけ

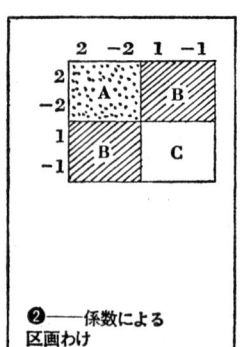

$\frac{1}{a}\to b$	2	−2	1	−1	∗
2	$\frac{3x}{2y}$	$\frac{3x}{-2y}$	$\frac{2x}{y}$	$\frac{2x}{-y}$	$\frac{3x}{2}$
−2	$\frac{-3x}{2y}$Ⓐ	$\frac{-3x}{-2y}$	$\frac{-2x}{y}$	$\frac{-2x}{-y}$	$\frac{-3x}{2}$
1	$\frac{x}{2y}$	$\frac{x}{-2y}$	$\frac{x}{y}$	$\frac{x}{-y}$	$\frac{x}{2}$
−1	$\frac{-x}{2y}$	$\frac{-x}{-2y}$	$\frac{-x}{y}$	$\frac{-x}{-y}$	$\frac{-x}{2}$
∗	$\frac{3}{2y}$	$\frac{3}{-2y}$	$\frac{2}{y}$	$\frac{2}{-y}$	$\frac{3}{2}$

❻——単項式の除法

赤題	青題	黒題
$2x\cdot 2y$		$2x(-2y)$, $(-2x)2y$, $(-2x)(-2y)$
	$2x\cdot y$	$x\cdot 2y$, $(-2x)\cdot y$, $x(-2y)$, $2x(-y)$, $(-x)\cdot 2y$, $(-2x)(-y)$, $(-x)(-2y)$
	$(-x)\cdot y$	$x(-y)$, $(-x)(-y)$, $x\cdot y$

❸——単項式乗法の指導順序

$\overset{n}{\underset{m}{\downarrow}}\to$	2	1
2	$x^2\cdot x^2$	$x^2\cdot x$
1	$x\cdot x^2$	$x\cdot x$

❹——指数法則①の型

赤題	青題	黒題
$x^2\cdot x^2$		
	$x^2\cdot x$	$x\cdot x^2$, $x\cdot x$

❺——指数法則の指導順序①

$$\pm 2 \longrightarrow \pm 1$$

の原則でよいと思う。そうすると，一般に図❷のように区分けして，命名すると，

$$A \longrightarrow B \longrightarrow C$$

の順になるであろう。くわしくいうと，図❸のようになる。

つぎに，②では，指数 m, n の変域を考えると，2と1でよいから，

$$2 \times 2 = 4$$

の型ができる。配列も簡単である——図❹❺。

これらの複合としては，

$$ax^m \cdot bx^n \quad \text{あるいは} \quad ax^n y^p \cdot bx^n y^q$$

をやればよい。単項式の除法も，同様に，二つの素過程，

① $\dfrac{ax}{by}$

② $\dfrac{x^m}{x^n}$ ——指数法則

に分けられる。①では，a, b の変域が 2，−2，1，−1，だから，合計，

$$4 \times 4 = 16$$

の型ができる。これに，さらに x あるいは y がなくなった退化型を追加すると，図❻のようになる。ただし，a, b を同じ 2 であらわすとまぎらわしいときは，一方を 3 と書こう。

さらに，数係数の部分が約分できるかどうかをも問題にすると，図❻の左上の区画Ⓐに相当する部分に属する各類がそれぞれ，

↓→m	9	3	2	1	0
9			$\dfrac{x^9}{x^2}$	$\dfrac{x^9}{x}$	$\dfrac{x^9}{1}$
3			$\dfrac{x^3}{x^2}$		
2	$\dfrac{x^2}{x^9}$	$\dfrac{x^2}{x^3}$	$\dfrac{x^2}{x^2}$		
1	$\dfrac{x}{x^9}$		$\dfrac{x}{x^2}$	$\dfrac{x}{x}$	$\dfrac{x}{1}$
0	$\dfrac{1}{x^9}$			$\dfrac{1}{x}$	

❼——指数法則②の型

赤題	青題	黒題
$\dfrac{x^9}{x^2}$		$\dfrac{x^3}{x^2}$, $\dfrac{x^9}{x}$, $\dfrac{x^2}{x}$
	$\dfrac{x^2}{x^9}$	$\dfrac{x^2}{x^3}$, $\dfrac{x}{x^9}$, $\dfrac{x}{x^2}$
	$\dfrac{x^2}{x^2}$	$\dfrac{x}{x}$

❽——指数法則の指導順序

$$\dfrac{a}{b},\ \dfrac{\substack{a'\\ \alpha \\ b \\ b'}}{},\ \dfrac{\substack{a'\\ \alpha \\ b \\ 1}}{},\ \dfrac{\substack{1\\ \alpha \\ b \\ b'}}{},\ \dfrac{\substack{1\\ \alpha \\ b \\ 1}}{}$$

の五つの類に細分される。配列は，乗法と同じく，図❷において，

$$A \longrightarrow B \longrightarrow C \longrightarrow D \text{（退化部分）}$$

でよいと思う。②では，指数 m, n の変域として，9，3，2，1，0 を選んで組み合わせ，重複する部分は消す——図❼。配列は図❻。

これらの複合としては，$\dfrac{ax^m}{bx^n}$ をやればよい。

多項式の乗法については，つぎのような系列を考えよう。

$$a(b+c) \Rightarrow (a+b)(c+d) \Rightarrow \overbrace{(a+b+\cdots\cdots)}^{m}\overbrace{(x+y+\cdots\cdots)}^{n}$$
$$\downarrow \qquad\qquad\qquad \downarrow \qquad\qquad\qquad \downarrow$$
$$(x+a)(x+b) \quad (x^2+ax+b)(x^3+px^2+qx+r)$$
$$\downarrow \qquad\qquad\searrow$$
$$(x+a)^2 \qquad\qquad (x+a)(x-a) \quad \text{たて書き}$$
$$\downarrow$$
$$(x-a)^2$$

ここで，$\longrightarrow$ は特殊化の方向を，$\Rightarrow$ は一般化の方向をあらわす。従来

補章―水道方式による計算体系

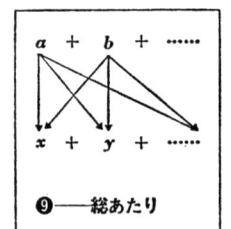

は下の行の特殊な乗法公式のほうには力が入れられたが，上の行の一般化の考え方は軽く扱われていたように思う。公式はたいせつだが，そのもとの原則をしっかりしておかないと，公式が使えない問題に出会ったときに，一歩さがって方法を捜すという能力がつかなくなる。だから，"項別にかけあわせて加える"という一般原則をはっきりさせ，項数がへって退化したのが乗法公式であるとしたほうがスッキリする。そのさい，もっとも一般的なのは，やはり，ここでも"すれちがい"型の，

$$(a+b+\cdots)(x+y+\cdots)$$

であるが，図❾のようなやり方で総あたりをはっきりさせるとよいであろう（これを，cross multiplication という）。

●——1次形式の計算

同類項をまとめることや多項式を加えることは，じつは1次形式の計算にほかならない。この計算のもっとも一般な形は，

$$p(ax+by)+q(cx+dy)$$

であろう。この計算の過程を分解すると，次の三つの素過程が得られる。

① $f+g$——加法は＋でつなげばよいということ
② $p(ax+by) \Leftarrow p(x+y)$——分配法則，かっこをほどく
③ $ax+bx=(a+b)x$——同類項をまとめる

①については問題はない。②で，係数の a, b, p の変域はそれぞれ 2，-2，1，-1 だから，総計，

$$4^3=64$$

個の型ができる。たとえば，$p=2$ のときは，図❿のようになる。同様に，$p=-2, 1, -1$ の場合もできる。このうち，とくに $b=0$ を加えると，

$$p(ax)$$

型の計算が生じる。配列は，前と同様に，図❷において，

$$A \longrightarrow B \longrightarrow C$$

とする。

$\frac{a\to b}{}$	2	−2	1	−1	0
2	$2(2x+2y)$	$2(2x-2y)$	$2(2x+y)$	$2(2x-y)$	$2(2x)$
−2	$2(-2x+2y)$	$2(-2x-2y)$	$2(-2x+y)$	$2(-2x-y)$	$2(-2x)$
1	$2(x+2y)$	$2(x-2y)$	$2(x+y)$	$2(x-y)$	$2(x)$
−1	$2(-x+2y)$	$2(-x-2y)$	$2(-x+y)$	$2(-x-y)$	$2(-x)$

⓾――かっこをほどく

$\frac{a\to b}{}$	2	−2	1	−1
2	$2x+2x$	$2x-3x$	$2x+x$	$2x-x$
−2	$-2x+3x$	$-2x-2x$	$-2x+x$	$-2x-x$
1	$x+2x$	$x-2x$	$x+x$	$x-x$
−1	$-x+x$	$-x-2x$	$-x+x$	$-x-x$

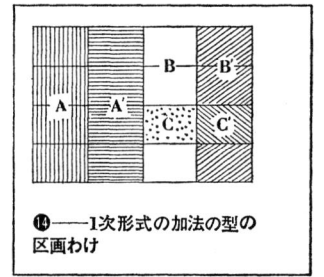

⓫――同類項をまとめる

+	0	−
$-3x+5x$	$-3x-3x$	$-5x+3x$
$5x-3x$	$3x-3x$	$3x-5x$

⓬――同類項のまとめの細分

$\frac{p\to q}{}$	2	−2	1	−1
2	$2f+2g$	$2f-2g$	$2f+g$	$2f-g$
−2	$-2f+2g$	$-2f-2g$	$-2f+g$	$-2f-g$
1	$f+2g$	$f-2g$	$f+g$	$f-g$
−1	$-f+2g$	$-f-2g$	$-f+g$	$-f-g$

⓭――1次形式の加法の型

⓮――1次形式の加法の型の区画わけ

③についても，a, b の変域は，2，−2，1，−1 だから，図⓫のうち，斜線をひいた部分は，答えの係数が，正・0・負の三つの場合に分かれるから，これらは三つの小さい類に細分される――図⓬。ただし，係数が同じ2になってまぎらわしいときは，片方を3とした。配列は例のとおり，図❷において，つぎのようにする。

$$A \longrightarrow B \longrightarrow C$$

以上の三つの素過程がすべてそろっているのは，

$$p(ax+by)+q(cx+dy)$$

であろう。これを特殊化していけば，すべての可能なタイプが得られるであろう。ところで，この特殊化には三つの方向が考えられる。

① 文字の部分での一般化。

補章―水道方式による計算体系

$$p(ax+by)+q(cx+dy) \Longrightarrow p(ax+by)+q(cx+dv)$$
$$\Longrightarrow p(ax+by)+q(cu+dv)$$

② 係数 a, b, c, d の特殊化。これは，変域が 2, −2, 1, −1 だから，これによって，

$$4^4=256$$

個の型を生じる。

③ p, q の特殊化。これによって，

$$4^2=16$$

個の型を生じる。

すなわち，$f=ax+by$, $g=cx+dy$ とおくと，図⓭のようになる。これを，たとえば，図⓮のように区分けして，

$$A \longrightarrow B \longrightarrow C \longrightarrow A' \longrightarrow B' \longrightarrow C'$$

とすると，前半は，

$$2f+2g \longrightarrow 2f+g \longrightarrow f+g$$

で，多項式の加法へつらなり，後半は，

$$2f-2g \longrightarrow 2f-g \longrightarrow f-g$$

で，多項式の減法へつらなることになる。このような順序で指導するのがもっとも能率的のように思えるが，どうであろうか。

以上の三つの方向の特殊化を全部あわせると，

$$3 \times 4^4 \times 4^2 = 12288$$

になる。しかし，いたずらに型を細分しすぎることは意味がない。重要なのは，最後の③の方向であるから，これを骨子にして，ほかはそのなかに加味すればよいと思う。

●――1次方程式

まず，1元1次方程式を解く手続きを分解してみよう。もっとも複雑な形をしたもの，たとえば，

$$\frac{1}{3}x - \frac{5(x-2)}{6} = -\frac{3x-1}{2}+4$$

を解くときの過程を考えてみる。

ⓐ 分母をはらう――整係数にする

$b \atop a$	2	−2	1	−1	0
2	$2x=3$	$2x=-3$	$2x=1$	$2x=-1$	$2x=0$
−2	$-2x=3$	$-2x=-3$	$-2x=1$	$-2x=-1$	$-2x=0$
1	$x=2$	$x=-2$	$x=1$	$x=-1$	$x=0$
−1	$-x=2$	$-x=-2$	$-x=1$	$-x=-1$	$-x=0$

❻——1次方程式の型

ⓑ　かっこをほどく
ⓒ　移項によって，未知数を左辺に，定数を右辺に移す
ⓓ　同類項をまとめる——$ax=b$ の形にする
ⓔ　a でわる

の4段階で十分なことは明らかである。もちろん，はじめから整係数なら，ⓐの段階はいらないし，かっこがなければ，ⓑの段階も不要になる。上記の四つの段階のうち，はじめの四つⓐⓑⓒⓓは，方程式を変形して標準形，

$$ax=b$$

になおす操作で，最後のⓔが本来の"解くこと"にあたる。このように，方程式では，標準形という考えが重要なのであって，前段階の標準形に変形する過程と，標準形を解く過程とに分けて学習するのである（追記1参照）。このことは生徒にもしっかり意識させる必要があると思う。したがって，学習は，まずⓔから始まるわけであるが，これは，a の変域が 2, −2, 1, −1 で，b の変域が，2, −2, 1, −1, 0 だから，

$$4×5=20$$

の型がある——図❻。ただし，同じ2でまぎらわしいときは，片方の2を3と表記する。このうち，$a, b=±2$ の区画にあたる部分は，単項式の除法のときと同様に，分数 $\frac{b}{a}$ の約分可能性を考慮すれば，それぞれ五つに細分される。従来は，たいていこれが約分できて整数になる場合から始めていたが，約分できると，一つ段階がふえるので，はじめはまったく約分できない場合のほうがよい。なお，分数の係数，小数の係数はここでは扱わず，ⓐの段階でやる。特殊の解法をやったり，同じことを2度くり返したりすることはむだだからである。

つぎに，ⓑⓓのかっこをほどいたり，かっこに入れたりする操作は，すでに文字計算で修得ずみだから，問題にはならない。

ⓐとⓒであるが，これらは，じつは一般の等式変形の技法であって，方程式を解くためだけにあるのではない。そこで，根を求めるというような余計な要求をつけないで練習するほうがよい。従来は，1次方程式を解くこととからんでゴチャゴチャになっているが，これは改めたほうがよかろう。そのために，たとえば，ⓒの移項などでも，

① 文字を指定して移項させる――この a を移項せよ
② 文字の種類を指定して移項させる――x, y を左辺に，a, b を右辺に移項せよ

のような段階をはさんで綿密にやる。ⓐについても同様である。

つぎに，連立1次方程式に移ろう。標準形を，

$$\begin{cases} ax+by=c \\ a'x+b'y=c' \end{cases} \quad \text{(係数は整数)}$$

とし，これを加減法(加法一本にする)で解くことを主体にする。代入法・等置法は，1変数について解かれているような退化型にのみ使う簡便法と考える：

$$加減法 \longrightarrow 代入法 \longrightarrow 等置法。$$

標準形になおす方法は，上述のⓐⓑⓒですでにすんでいるからよい。この標準形を行列の形に書くと，

$$AX=B, \quad A=\begin{pmatrix} a & b \\ a' & b' \end{pmatrix}, \quad X=\begin{pmatrix} x \\ y \end{pmatrix}, \quad B=\begin{pmatrix} c \\ c' \end{pmatrix}$$

となる。根の公式は，

$$x=\frac{\delta'}{|A|}, \quad y=\frac{\delta''}{|A|}; \quad \delta'=\begin{vmatrix} c & b \\ c' & b' \end{vmatrix}, \quad \delta''=\begin{vmatrix} a & c \\ a' & c' \end{vmatrix}$$

となるが，加減法とは，要するに毎回，この公式を導いているにすぎないから，つぎのように場合を分けることができよう。

① a, a' がたがいに素，b, b' がたがいに素のとき。
㋐ $\delta'/|A|, \delta''/|A|$ がいずれも約分できない。
㋑ $\delta'/|A|, \delta''/|A|$ の一方あるいは両方が約分できる。さらに約分の結果が整数になる。
㋒ $|A|=1$，つまり，A が unimodular のとき。

② $(a, a')=e>1$ か $(b, b')=f>1$ のとき。最小公倍数は減小する。
③ $|a|=|a'|$ か $|b|=|b'|$
④ $|a|=|a'|$ かつ $|b|=|b'|$

	油P	油Q		
重さ	0.9 kg/l	0.7 kg/l	x kg	70.5 kg
ねだん	35 円/l	50 円/l	y kg	4450 円

	P	Q		
重さ	a	b	x	c
ねだん	a'	b'	y	c'

⓰──成分表

追記1──2次方程式でも事情は同じで、やはり、ⓐⓑⓒの操作で、標準形、
$$ax^2+bx+c=0 \quad (a \neq 0)$$
と変形し、ⓓの根の公式(あるいは因数分解)によって標準形を解くのである。
3次、4次方程式でも同じである。さらに5次方程式を楕円関数で解くときも、標準形の設定と、そのための変換が方程式論の主要課題になるのである。

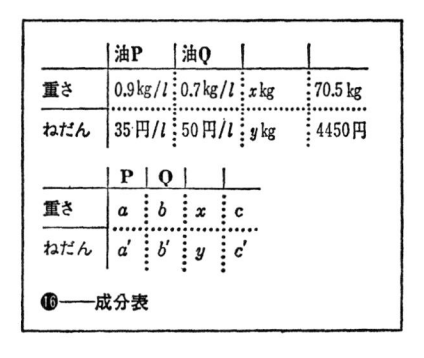

● ── 応用問題

最後に応用問題を考えてみよう。従来は、1元1次方程式のところで、1元1次方程式で解きうる問題をやり、また、あとで連立方程式のところで、同じような問題をやっていた。これはおおいにむだなことで、たいてい連立方程式で解くほうがやさしいのだから、連立方程式のあとで本格的に応用問題をやるようにしたい。1元のところでは、和差・積商・三用法などの簡単な問題だけにかぎるとよい。

また、従来の連立方程式の応用問題は、方程式の形にあわせて作った"ためにする"問題が多いので、もっと整理して、本質的に必要な問題に重きをおきたい。では、その本質的問題とは何であろうか？ それは混合の問題であろう。たとえば、「油Pの密度が 0.9 kg/l、単価は 35 円/l、油Qの密度が 0.7 kg/l、単価 50 円/l のとき、適当に混合して、重さ 70.5 kg、ねだん 450 円の油を作れ」といった問題で、成分表を作ると、図⓰のようになるから、方程式の形でも標準形があらわれてくる。このようなときの係数行列、

$$A=\begin{pmatrix} a & b \\ a' & b' \end{pmatrix}$$

を**成分行列**という。成分行列の列は"もの"についての各側面をあらわし、行は同一の種類の量をあらわすのがふつうである。このように考えると、成分行列Aを作る量の種類によって、さらにいろいろな場合に分けられ

補章―水道方式による計算体系

る。たとえば，上のようなものは，Aの量は密度・価格のような内包量で，未知数のベクトルXが液量という外延量だから，

ⓐ 　内包量×外延量＝外延量，$AX=B$——度率の第3用法

と書ける。このほかにも，Aが外延量になっている，

ⓑ 　内包量×外延量＝外延量，$XA=B$——度率の第1用法

があり，

ⓒ 　外延量×外延量＝外延量，$AX=B$

もある。

このような問題を主体にして，従来のような特殊な問題を従としてあとで扱えば，連立方程式の応用問題はもっとおもしろくなるであろう。

●——文字式の導入について

従来は，文字と式の扱いは，加減から積商へいくのが常識であった。しかし，小学校以来，客観的な量の関係ということを重視するとすれば，この順序は逆にして，

　　　　積——→商——→加減——→複合

のほうがよいのではないだろうか。量の間の結合の強さを考えてみると，〝内包量×外延量〟の×がもっとも強く，それに〝外延量×外延量〟の×がつづき，〝外延量±外延量〟の±がもっとも弱いと考えられる。この観点から具体的に順序を考えてみよう。

さらに，もう一つの観点として，はじめに述べたように，文字の個数についての考え方がある。すなわち，文字の個数が多いからといってむずかしいわけではない。中途半端に数がまじっているより，文字だけのほうが，むしろ，やさしいと考えられる。たとえば，〝a円のえんぴつn本〟というほうが，〝8円のえんぴつn本〟というより，量の間の法則性をあらわに反映するからわかりやすいのである。

まず積については，

① 　第2用法　内包量×外延量：a円／m×x m，v km／時×t 時，……
② 　外延量×外延量：a cm×b cm，a m×b m×c m，a^2，a^3，……
③ 　退化：4個／円×a 円，8円／本×n 本
④ 　aとbの積

⑤ 倍：a の3倍$=3a$
⑥ $1a=a$, a の反数：$(-1)a=-a$

定理：$(-2)a=-2a$

商については，

① 第1用法：$\dfrac{m\,\text{g}}{V\,\text{cm}^3}$，第3用法：$\dfrac{s\,\text{km}}{v\,\text{km/時}}$
② 外延量÷外延量：$V\text{m}^3/a\text{m}$
③ 退化
④ p を q でわった商
⑤ 分の1：a の3分の1 $=\dfrac{a}{3}=\dfrac{1}{3}a$
⑥ $\dfrac{a}{1}=a$, a の逆数 $=\dfrac{1}{a}$

加減については，

① 合併：⟶増加，⟶差
② 累加：$a+a+a=3a$

以上のような順序はどうであろうか。

中学校の文字計算について，気づいたことを簡単に述べてきたが，このほかにもたくさんの問題点があるにちがいない。たとえば，中学校の数式計算を，

ⓐ 実数体 R
ⓑ R-左加群
ⓒ 環

の三つの段階にわけて，各段階における，あるいは相互の演算の法則をどうするかといった問題もある。ⓑとⓒの関係についても不明の点が多い。また，ここにお話したもの以外の分析方法や系統がありうるかもしれない。要するに，これらについては，多くの先生がたの活発な討論と実践を期待したい。

補章―水道方式による計算体系

解説——銀林浩

●——水道方式が生まれるまで

遠山さんの水道方式に関する文章は、この数学教育論シリーズ・第3巻『水道方式とはなにか』と、つぎの第4巻『水道方式をめぐって』に収録されている。そのうち、どちらかというと、水道方式の主張を積極的に押し出すほうは本巻に集められ、水道方式批判者に対して、それを反批判し、水道方式の主張を、さらに敷えんするしごとは次巻にまわされた。時期的にも、およそ、その順序になっているといえる。

"水道方式„ということばそのものが生まれたのは、本シリーズの第0巻『数学教育への招待』の巻末解説でも述べたように、1958年8月の、光村図書・算数検定教科書『みんなの算数』(通称『赤表紙』)の合宿編集会議でのことであったが、遠山さんの基本的発想は、さらにそれ以前にさかのぼる。

たとえば、本巻の第Ⅲ章にある「因数分解再検討論」は、タスキ掛けのような整数論的技法を廃して、根の公式(2次方程式の)による解析的視点の重要性を主張するものであるが、その背景には、タスキ掛けでは特殊な場合にしか通用しないが、根の公式なら、どんな一般的な場合にも因数分解が可能であるという価値判断がひそんでいた。また、その前年(1956年)に『数学Ⅰのカギ・幾何編』(学生社)と題する高校生向けの参考書を書かれているが、特殊な閉じた図形ではなく、一般的な"折れ線„から合同の話は始められている。

また、これも本巻の第Ⅲ章の「一般と特殊」で触れられていることであるが、1952年に日本教職員組合(略称、日教組)が行なった学力中間調査で、中学3年生に課した分数の乗除の計算問題において、分数同士の一般的計算より、分数と整数のまじった特殊な型のほうができが悪いという結果が出ていた(100ページ)。この中間調査は、翌53年に行なう本調査の予備調査で、その結果にもとづいて本調査の問題づくりが行なわれたが、本調査のほうには、この奇妙な学力の"逆立ち„をさらに解明するための出題はなかった。ということは、一般と特殊に関するこの"逆立ち„現象には、遠山さんご自身も、とくに注目はしていなかったということであろうか(?)　あるいは、まだそのころは、当時の生活単元学習を批判するのに急で、計算体系の再検討などにかかわっている余裕はなかったのかもしれない。

遠山さんが、生活単元学習批判の"解毒剤„(1953年『新しい数学教室』序文・新評論)づくりから、積極的な"栄養剤„(同序文)の創出に向かわれたのは、1956,57年ごろで、数

学教育協議会(略称,数教協)が東京理科大でひきつづいて2回,全国大会をやったころからであろう。みずから数学教育の古い文献を読み,諸外国の教科書などにも目をとおされた。そうした本のなかに,イギリスの大学教授・ゴドフレーと小学校長・シドンズが共著で書いた『初等数学教授法』(Godfrey-Siddons "The Teaching of elementary Mathematics" Cambridge UP)という本があって,「後に出てくる一般の場合にふくまれるような特別な場合の法則を与えるな」という教訓が述べられていた(97ページ)。水道方式を考えていたころ(1958年),遠山さんはこの教訓を高く評価しておられたが,数学研究ではいっこうにめずらしくもない"一般から特殊へ"ということが,数学教育にも適用できるのだという確信は,この本によって裏書きされていたのかもしれない。

そうした考え方をみごとに展開してみせたのが,数教協の機関誌『数学教室』(国土社)1959年2月号に出た先述の「一般と特殊」と題する一文である。これは,もちろん,例の赤表紙=『みんなの算数』の夏合宿よりあとのことで,水道方式の計算体系づくりも軌道に乗っていたころの執筆であり,その意味では事後的なものではあるが,遠山さんの思考の過程をも明らかにした名論文といえるのではないか。水道方式の考え方の本質は,ほとんどこの指摘につきているといってよいくらいである。

なお,この論文では,筆算の体系化のことには触れられていないが,それは故意にそうしたのであり,算数の検定教科書を各社が競争して編集しつつある状況を考慮したためである。いわば"企業秘密"というわけである。

●——暗算派との論争

先述の第0巻の解説でも触れたように,1958年の9月か10月のある日,遠山さんは「暗算のことを考えて一晩,眠れなかった」といって編集会議にとび込んでこられた。水道方式の原理によって数計算の体系を作ろうとする場合,暗算と筆算の関係は避けてとおることのできない問題であった。ころあいをみて,それを論じたのが第Ⅱ章の「**暗算批判と水道方式**」(44ページ)で,これもよく練られた,問題を基本的に解決した名論文であったといえる。「**暗算と筆算**」(57ページ)はそれをさらにわかりやすく敷えんしたものである。

はたせるかな,これは数学教育界の主流の地位を取りもどしつつあった緑表紙派の激しい反発をひき起こした。当時,新興出版社啓林館の編集担当重役をしていた塩野直道は,『数学教室』1959年7月号に「暗算と筆算の問題について」と題する一文を寄せて,水道方式にまっこうから反対を表明した。喧嘩好手の遠山さんは,むろん,それを予期していて,待っていましたとばかり,さっそく書いた反批判が第Ⅱ章の「**暗算と鍛錬主義**」(67ページ)と「**暗算主義批判**」(81ページ)である。

そうしてみると,遠山さんは,水道方式の発表や実践に対してかなりの抵抗があ

ることを覚悟されておられたようである。わたくし達若いものは，水道方式は科学的であり，科学的なものはスンナリ受け入れられるにちがいないと無邪気にも信じ込んでいたが，現実世界は遠山さんのいうとおりに進んだ。ふしぎがるわたくし達に，遠山さんは，「きみ，匂いがあるんだよ」（もちろん異端の匂いが）といって，ますます闘志を燃やされるのであった。

塩野直道の反応はもっとも早かったが，数学教育界のなかでの水道方式批判は，1960年にはいってから相ついだ。学習指導要領(1958年版)の作成者のひとり，小西勇雄氏の「算数科の系統学習について」(『数学教育』No.16・1960年3月号・中教出版)，中野昇氏の「水道方式批判」(『算数教育』1960年7月号・明治図書)，菊地兵一氏の「算数・数学の問題をどううけとめ，どう発展させるか」(『生活教育』1960年11月号・誠文堂新光社)，伊藤武氏文責の「水道方式・外延量と内包量に関する質疑」(日数教『算数教育』10巻3号)などが，そのおもなものである。

しかし，これらは大部分，揚げ足とりのような，批判にもならないようなもの（指導要領に合致しない，人間を機械にする，タイルだけでなくいろいろなもので，など）で，水道方式を論理的に批判したり，それよりよい実践を対置させたりしたものなどは皆無であった。そして，ふしぎなことに，それ以後，数学教育界からの水道方式に対する表立った言論上の批判はまったくなくなってしまうのである。

●——水道方式の普及

何回も触れているように，水道方式は検定教科書の編集過程のなかで生まれてきた。したがって，当初，それは『みんなの算数』の編集にたずさわる一握りの人間のものであった。この，いわば秘教的な段階を打破して，これをみんなのものにする必要があった。つまり，普及のしごとを果たさなければならなかった。

そこで，まず1959年6月から数教協の機関誌『数学教室』に，私が「筆算の体系」と題して，約1年間，連載を載せることにした。これは『みんなの算数』編集用の膨大なプリントのごく一部を発表したもので，これは翌年，遠山さんと共著の形で『水道方式による計算体系』として明治図書から出版された。

しかし，本を読んだだけでわかるはずはないから，何度も何度も説明をしなければならない。それも，陰湿な妬みや不必要な恨みを生まないよう，『みんなの算数』グループが成果を独占しないようなかたちで行なわなくてはならないわけで，かなり細かく神経を使うものとなった。1959年12月に開かれた数教協の第1回研究集会，1960年の"数教協・夏季大学"などもみなその普及活動のために計画された。補章「**小学校の筆算の体系**」「**中学校の文字計算**」は，わたくしがこの夏季大学のために書いたものである。

こうして，1959年から60年にかけて，数教協の内部に水道方式を広げるしごとがなされたとすれば，60年から61年にかけては，それを，さらに民間教育団体のな

かに広げるしごとがなされたといえる。遠山さんは，そこでも，その幅広い教養と類い稀な説得力を生かして，じつに貴重な活動をされた。

しかし，おなじ民間教育団体のなかでも，水道方式に対しては賛否両論が行なわれた。それらが先の数学教育界主流の反発とちがうところは，たとえ反対でも，真剣に受け止めて考えようという姿勢のあったことだといえよう。

● ——"水道方式ブーム"と弾圧

普及の第3弾は一般の社会に対するもので，これは1962年1月から『毎日新聞』紙上に連載され始めた「お母さんのための算数教室」というかたちで行なわれた。これは，その前年から数教協の合宿研究会などにも参加されていた同学芸部の藤田恭平記者の筆になるものであるが，その取材や宣伝に対して，数教協はほぼ全面的に協力をした。むろん，日刊紙によるキャンペーンに対しては，他紙の反発とか，批判もできない数学教育界主流の妬みとかいった危惧もないわけではなかったが，遠山さんやわたくし達は積極的に広げるほうを選んだ。

こうした情勢をすばやく見てとって，1960年1月，遠山さんを，2日間，カンヅメにして口述筆記をし，1冊の本に仕上げた人がいる。明治図書の木田尚武氏で，「生き馬の目をぬく」とはまさにこのことであろう。『お母さんもわかる 水道方式の算数』という本がそれで，この本は，1962年5月初版以来，たちまち1万数千部を売って，65年ごろ，絶版となった。本巻の第Ⅰ，Ⅳ，Ⅴの各章がそれにあたる。

『毎日新聞』の連載も大きな評判をよび，各地で大規模な講演会が行なわれた。遠山さんはそれらにも精力的に協力し，新しい数学教育のやり方を説いてまわられた。1962年は，365日のうち，じつに100日以上が講演のために費やされたといっていたから，そのすさまじさもわかろうというものである。

しかし，ここでも先述の危惧は的中して，この年はじつにさまざまの事件が起こった。その最たるものは，この年の10月，毎日新聞社主催の講演会やテレビに，あたかも水道方式の創始者であるかのごとく出演していた横地清氏をはじめ，25人の数教協会員が，「水道方式は学者の押しつけで，その効果は疑わしい」などと称して脱退事件をひき起こしたことであろう。このいきさつのくわしいことは，次巻に収録される「水道方式の歴史」で，遠山さん自身が語っている。

本巻の第Ⅲ章の「**水道方式と量の体系**」(103ページ)はこの時期に書かれたもので，水道方式撲滅の動きが反映されておもしろい。ひきつづく「**文字の意味と水道方式**」(116ページ)は少しあとの1963年のものだが，水道方式の考え方の展開とともに，遠山さんの文字論が書かれている。

この1963年以降になり，『毎日新聞』の連載も終わると，水道方式に対する圧迫は，有形・無形に，さらに強められてきた。水道方式を実践した数教協の活動家は僻

地にとばされ，公然と「水道方式はアカだ」といわれた。それはまさに，1950年のレッド・パージ(進歩派追放)を想起させる状況であったといえる。検定教科書『みんなの算数』も，1963年に成立した 広域採択制度のために，1964年度をもって 絶版に追いやられた。こうした"成果"を，1969年に塩野直道が亡くなったとき，前文部大臣で，当時は 参議院議員であった 剱木亨弘は，その弔辞のなかで，「かの水道方式数学教育理論撲滅のための先生の御奮闘は，今もなお私共の記憶に新たなるものがあります」といってたたえたものだ。

1962年以降のこうした活動については次巻にくわしいので，これ以上の深入りは避けるが，たんなる数学教育の一理論が，こうした政争の具にまでなったという事実は，日本という国を考えるさい，けっして忘れることのできないことであろう。

● ——水道方式の二重の意味

以上のような経過をふり返ってみると，"水道方式"ということばは，つねに二重の意味を荷なわされてきたことがわかる。すなわち，一般的には，それは，"**一般から特殊へ**"という，教育指導上の一つの原理を意味している。本巻第Ⅲ章の「一般と特殊」という論説で，遠山さんが みごとに まとめて みせたものも，そのことであった。

このことは，"特殊から一般へ"ということを否定するとか，あらゆる場合に"一般から特殊へ"でなければならないとかを主張するものではけっしてない。ただ，時と場合によっては，"一般から特殊へ"と進むほうがよいこともあるということを述べているにすぎない。そして，しかも，つねに具体的な事例に即して主張しているものであった。だから，わたくしども提唱者にとっては，それほど教育界の猛烈な反発を受けようなどとは思わなかったものであり，逆に，そうした反対から，わが国の教育界というものの頑迷さ，理論的一方向性を改めて思い知らされたようなしだいであった。

ことは，本巻の第Ⅲ章の「一般と特殊」で遠山さんも明確に指摘しているように，数学というものの性格にも関連していて，そこでは，"**一般的なものが典型的である**"という幸運な事情にある。こうした幸運な事情を最大限に利用すべきだというのが水道方式の 考え方でもある。だから，そうした限定を はずして，"一般から特殊へ"を無制限に主張するつもりなどは なかったのである。たしかに，新しい原理を発見した喜びにあふれるあまり，こうした限定に触れずに過激に主張した人もいないではなかったが(たとえば，長妻克亘)，慎重な 遠山さんの論文には そうした逸脱は少しもみられない。

水道方式のこうした一般的側面は，いくつかの民間教育団体では正しく受けとめられて，それぞれの教科の本質に即して，その後，地道な成果を生んでいるとい

える(国語・社会科・理科・体育など)。

水道方式のもう一つの側面は，特殊的に"筆算指導の体系化"という課題の解決にかかわっている。すでに第0巻『数学教育への招待』の巻末解説でも触れたように，当初，わたくし達は，そんなところに重大な未解決問題があろうなどとは思ってもいなかった。教科書の計算練習問題をどう配列するかという，ごく"つまらぬ"課題を真剣になって考えたからこそ，そこに思いいたったのである。教科書を実際に執筆するといった機会でもなければ，この面での水道方式は考えつかれなかったかもしれない。

暗算先行か筆算中心かという問題は水道方式の，この特殊な側面ともっぱら関連しているわけだが，こちらのほうは，算数教育を左右する大問題であって，今日の学習指導要領(1977年)と検定教科書はいまだに暗算先行を墨守している。遠山さんが「ひと晩，眠れずに考えた」というのももっともなことである。

●──水道方式と量の体系

このことは，数学教育上の主張はあらゆるところが相互に関連しているのであって，孤立した主張だけが受け入れられる余地はあまりないことを示すものなのかもしれない。

たとえば，水道方式は数教協のもう一つの主張である"量の理論"とも微妙にからみ合っている。水道方式の計算体系にしたがって，たし算を位ごとに加えるように教えようとすると，加法の意味はどうしても合併からでなくてはならず，そうすれば，数そのものも分離量の大きさを表わす集合数で導入せざるをえない。また，分数のかけ算を，"量×量"(くわしくいうと，"内包量×外延量")で意味づけたとすると，当然，"分数×整数"というステップは不要で，"分数×分数"から始められることになる。本巻の第Ⅳ章と第Ⅴ章を占める「量と水道方式の算数」にはそうした全体的見方が説かれているといえる。

しかし，密接に関連しているとはいっても，水道方式と量の理論とは，やはり，領域を異にしている。量の理論のほうが人間の認識を主として問題としているのに対して，水道方式というのは人間の行なう手続きに関連している。そうした手続きをいかに合理的に組織すべきかというのが水道方式の抱く関心である。だから，なんでもかんでも"水道方式"と銘打つことは正しくない。1962年の毎日新聞の連載が"水道方式"の名のもとに，量のことも文章題のことも図形のことも詰め込んだのは，率直にいって，不幸なミス・ネーミングであった。その意味からいうと，第Ⅳ章と第Ⅴ章の原典である『お母さんもわかる水道方式の算数』という書名も，遠山さんの発案かどうかわからないが，おなじくミス・ネーミングであったといえる。そのためか，この書物のなかでは，肝心の計算のやり方の組織化の問題は，『水道方式による計算体系』(明治図書)からいくつかの表を転載するにとど

まっている。それらの表の由来を解説されることも省かれたわけである。もっとも，これは，計算体系を具体的に作るしごとは，「水道技師の銀林君にまかせた」からかもしれない。

この『水道方式による計算体系』を出版するさいにも，遠山さんは，手続きの分析だけでなく，演算の意味やタイル操作にも触れた総合的なものを考えておられたようで，わたくしにもそれをすすめられたが，それは『水道方式入門』(国土社)をはじめ，類書が少なからずあったので，わたくしの一存で，遠山さんの意向に反して，純粋な計算手続きの分析だけに限定したといういきさつがある。第1，そうしなければ，一冊の書物にはいりきらなかったであろう。遠山さんは，「分析をあまり完全にやりすぎると，かえって議論や改良の起こる余地をなくして敵を多くする」ということもいっておられた。

こうしたしだいで，遠山さん自身が計算体系そのものを分析するという場面はほとんどなかった(本巻冒頭の「水道方式とはなにか」は数少ない例外である)。そこで，またも，わたくしがこの巻でそれを補う役をになうことになったが，いまさら昔と同じことを書くのも気が進まないので，1960年の数教協夏季大学のテキストを転載することにしたわけである。考えようによっては，そのほうが当時の発酵しつつある情況が伝えられてよいかもしれないと思う。

●――いくつかの補足

何回も述べているように，本巻の大半は『お母さんもわかる水道方式の算数』の内容で占められている。しかし，そのなかには，今日の時点からみると，古くなったり，訂正したり，補足したりする必要のある記述が少なくない。それらを当時の姿でお目にかけるからには，その内容について，現在の立場からするコメントをつけておくことも，解説者の役目のひとつであろう。以下，いくつか気がついた点を列挙しよう。

❶――暗算のやりすぎ――14ページ

暗算をもっとも熱烈にやっていたのは，塩野直道の新興出版社啓林館の算数教科書であったが，これは，遠山さんやわれわれの批判によって，1973年の展示会で採択が大幅に減少したために，1977年度から使用する版では暗算を大幅に後退させて，ほかの教科書なみとなった。しかし，すべての教科書とも，依然として2年の途中まで暗算でとおしており，この遠山さんの批判はいまも基本的にはあてはまる。

❷――不必要な逆算と，ひねくれた応用問題――15ページ

今日の検定教科書で，逆算はわれわれの批判のためにほとんどなくなり，「考え

ましょう」のような文章題の難問も，1980年使用本からは少なくなった。

❸──2－9分類法──145ページ
次巻に収録される「水道方式の歴史」のなかで遠山さん自身が語られているように，1960年，千葉市で開かれた日教組全国教研集会での，鳥取の障害児指導のレポートから，"5"の区切りをステップに設ける"5－2進法"の指導が発展してきた。これによって加減の素過程が いっそう精密に 分類されるわけで，『水道方式による計算体系』は，この増補を加えて1974年に改訂された。

❹──助数詞──153ページ
分離量は１対１対応で比較できるから１種類しかなく，したがって，助数詞などをつけてむりに区別することは意味がないという遠山さんの指摘はいまでも基本的には正しいが，量よりさらにくだってものの次元まで問題にすると，助数詞も利用すると便利なことがある。たとえば，鉛筆5本と紙3枚はたせないとか，ただの車輪4個と自動車についた車輪4個／台とを区別するとか……である。

❺──かけ算の新しい定義──163ページ
この見解は今日でも変わらないが，遠山さん自身の発想で，ウサギは一種の容れ物で，耳はそこへはいる内容物であるという普遍的な意味をもつことがわかってきた。したがって，かけ算の 基本的な シェーマとしては，容れ物にあたる"土台量""箱"で，内容物にあたる"１あたり量""タイル"で表示されるのが よいということになってきている。

❻──トランプ配りの方法──173ページ
トランプ配りは，たしかに等分除を包含除に転換する役割を果たすが，わり算の指導体系のなかで，それをどう評価するかはまた別の問題である。文字どおりそうとると，せっかく等分除で導入しながら途中に包含除がどうしても介入してくることになる。そこで，これを"商に１を立ててみる，2を立ててみる，……"といった試行錯誤であると考えることにすれば，これは"上がり九九"による等分除の過程の一つとみなされる。今日では，タイルを実際に配るという動作をつうじて，この過程を進むようになっている。全体として，わり算の指導過程は，1962年当時に比べてずっと精密化された。

❼──仮商のたてかた──178ページ
遠山さんは，除法の素過程と仮商のみつけ方に終始，関心を抱かれていて，その成果は次巻の第Ⅴ章「除法のアルゴリズム」に収録されている。亡くなられた年

❶──テープ算

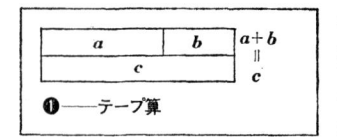

(1979年)の3月にも, 東京・中央区の泰明小学校で, 4年生にその授業をされたくらいである。したがって, この点については, 次巻とあわせ読まれることをおすすめしたい。

❽──割合分数は算数教育の害虫──99ページ

この当時は, 分数を割合としてつかませようとして, 小学校2年生から割合を登場させ, 以後, 各学年で扱っていたが, われわれの批判を意識してか, 2回の改訂をへた今日の学習指導要領では, 逆に割合そのものはほとんど姿を消してしまった。同様に割合分数というものも, ともかく, 表面的には現われてこなくなった。では, 教科書などでは完全に量の分数になったのかというと, それが, 量の理論というものを理解していないものだから, なんとも中途半端なものにとどまっている。

注意しなければならないのは, こうやって割合分数を批判したのは, 割合が不要だとか, 割合分数を絶対に教えるなとかと主張していたわけではなく, 量としての分数概念(一般に数概念)を確立してからにせよ, といっていることである。だから, 割合とか割合分数とかも, いずれはキチンと指導しなければならないのである。

❾──度と率──212ページ

外延量・内包量は哲学者の訳語であって, 数教協の発明でもなんでもないが, 度と率は『みんなの算数』編集の過程で作り出された新造語である。概念的には, 昔から使われていた"異種の量の比""同種の量の比"に対応している。しかし, 量としての立場からの用語がほしいというので, なかば俗称のつもりで, それぞれ"度""率"と名づけた。したがって, それは量の本質にもとづく区別というより, 同種単位が簡約されて純粋数で表示されるかどうかという, たぶんに形態上の判断によっていた。だから, たとえば, おなじ溶液濃度でも, "1リットル中, 何グラム"という g/l で表わせば度で, パーセント濃度(%)で表示すれば率だということになってしまう。度と率という分類はたしかに簡明ではあるが, より精密に考察しようとすると不十分なので, 別の分類を提案した(銀林浩『量の世界』麦書房)。

❿──比例のシェーマとしての水槽──220ページ

帰一法とは, 内包量の第1用法で"1あたり"を出し, ついで, 第2用法で"いくつ分"を求める方法であるが, この考えだけで解ける範囲を遠山さんは"量的比例"とよび, 連続的変化の考え, つまり, 関数概念を必要とするものを"関数的比例"とよんだ。『みんなの算数』編集のころは, 量的比例にも水槽を利用していたが, しだいに"2倍, 3倍,……"という比例関係をつかむシェーマのほうに用い

るようになった。

一方,関数のシェーマとしては"ブラック・ボックス"があり,水槽との関係も問題になる。関数の一般概念をつかむにはブラック・ボックスが便利であるが,正比例に対しては水槽も捨てがたいわかりやすさがあるといえよう。

❶──補加法とテープ算──225ページ

この点は,本質的に変わりはないが,シェーマのテープ算では,図❶のように,上段を左辺,下段を右辺に対応させる意味で一つに統一することになった。これも遠山さんの発案である。和の3用法も差の3用法も,いずれもこの同じ図柄でとおすのである。そうすれば,問題によって描く図を変えるという困難が取り除かれることになる。──明治大学教授

初出一覧

●——Ⅰ—水道方式への招待

「水道方式とはなにか」——掲載紙不詳・1961年6月

「なぜ算数を学ぶのか」——『お母さんもわかる水道方式の算数』1962年・明治図書

「数と水道方式」——同上

*——以上の2編は著作集に収録するにあたって原本を再構成したものです。

「自信がつく算数計算法」——掲載誌・発表年代不詳

●——Ⅱ—水道方式論1

「暗算批判と水道方式」——原題「教師のための数学入門Ⅶ」『数学教室』1959年4月号・国土社・『教師のための数学入門・数量編』(国土社)所収

「暗算と筆算」——『算数教育』1959年6月号・明治図書・『教師のための数学入門・数量編』所収

「暗算と鍛錬主義」——原題「教師のための数学入門ⅩⅠ」『数学教室』1959年8月号・『教師のための数学入門・数量編』所収

「暗算主義批判」——同上

●——Ⅲ—水道方式論2

「一般と特殊」——原題「教師のための数学入門Ⅴ」『数学教室』1959年2月号・『教師のための数学入門・数量編』所収

「水道方式と量の体系」——『算数教育』1962年10月号

「文字の意味と水道方式」——『数学教育』1963年3月号・明治図書

「因数分解再検討論」——『数学教室』1957年4月号

●——Ⅳ—量と水道方式の算数1

「水道方式の原理」——『お母さんもわかる水道方式の算数』1962年

「たし算」——同上

「ひき算」——同上

「かけ算」——同上

「わり算」——同上

*——以上の5編は著作集に収録するにあたって原本を再構成したものです。

●──Ⅴ─量と水道方式の算数 2

「量の系統」──『お母さんもわかる水道方式の算数』1962年

「小数と分数」──同上

「内包量のいろいろ」──同上

「比例と比」──同上

「応用問題」──同上

「図形」──同上

「そろばんと概数」──同上

*──以上の7編は著作集に収録するにあたって原本を再構成したものです。

●──補章─水道方式による計算体系

「小学校の筆算の体系」──『数学教室』1960年11月増刊号

「中学校の文字計算」──『数学教室』1960年11月増刊号

刊行委員

遠藤豊吉 えんどうとよきち
1924年，福島県二本松市に生まれる。
1944年，福島師範学校卒業。
1980年，東京都武蔵野市立井之頭小学校教諭を最後に退職。
現在　月刊雑誌『ひと』編集委員
主要著訳書——
『教室の窓をひらけ』三省堂
『学習塾——ほんとうの教育とは何か』風濤社
『年若き友へ——教育におけるわが戦後』毎日新聞社

松田信行 まつだのぶゆき
1924年，三重県松阪市に生まれる。
1945年，東京物理学校(現，東京理科大学)卒業。
現在　芝浦工業大学教授・数学教育協議会会員
専攻　数学・数学教育・科学史
主要著訳書——
『ベクトル解析と場の理論』東京図書
『数学通論』(共著)同文館
『基礎数学ハンドブック』(共著)森北出版

宮本敏雄 みやもととしお
1913年，大阪府堺市に生まれる。
1938年，大阪大学理学部数学科卒業。
現在　関東学園大学教授・数学教育協議会会員
専攻　応用数学・数学教育
主要著訳書——
『写像と関数』明治図書
『線型代数入門』東京図書
アレクサンドロフ『群論入門』東京図書

森毅 もりつよし
1928年，東京都大田区に生まれる。
1950年，東京大学理学部数学科卒業。
現在　京都大学教授・数学教育協議会会員
専攻　関数解析・数学教育・数学史
主要著訳書——
『現代の古典解析』現代数学社
『数の現象学』朝日新聞社
『数学の歴史』紀伊国屋書店

遠山啓著作集
数学教育論シリーズ──3
水道方式とはなにか

1980年12月15日　初版発行
2009年8月10日　復刻オンデマンド版発行
著者
遠山啓
刊行委員
遠藤豊吉＋松田信行＋宮本敏雄＋森毅
製作者
浅川満　友兼清治
発行所
株式会社太郎次郎社エディタス
東京都文京区本郷3-4-3-8F　郵便番号113-0033
電話03-3815-0605　http://www.tarojiro.co.jp

造本者
杉浦康平＋鈴木一誌
撮影者
宮原洋一
オンデマンド印刷・製本
石川特殊特急製本
定価
カバーに表示してあります
ISBN978-4-8118-0963-2　©1980

遠山啓著作集——太郎次郎社＝刊

●——戦後から30年，遠山啓は，たゆみなく子どもに向かって歩みつづけた。この道こそが教育の混迷を超える新しい視界を拓く。数学者・教育者・思想家，知性の巨塔，遠山啓の全体像を集大成する。
●——数学論・数学教育論・教育論にわけ，各シリーズに独自な体系をもたせながら，3部で遠山啓の全体像を把握できるようにした。
●——各シリーズには全体を鳥瞰できる第0巻をおき，著者の思想と方法の体系へ導く原点とした。
●——造本＝杉浦康平＋鈴木一誌

数学論シリーズ 全8巻

0——数学への招待
1——数学の展望台——Ⅰ中学・高校数学入門
2——数学の展望台——Ⅱ三角関数・複素数・解析入門
3——数学の展望台——Ⅲ数列・級数・高校数学
4——現代数学への道
5——数学つれづれ草
6——数学と文化
7——数学のたのしさ

数学教育論シリーズ 全14巻
0──数学教育への招待
1──数学教育の展望
2──数学教育の潮流
3──水道方式とはなにか
4──水道方式をめぐって
5──量とはなにか──Ⅰ内包量・外延量
6──量とはなにか──Ⅱ多次元量・微分積分
7──幾何教育をどうすすめるか
8──数学教育の現代化
9──現代化をどうすすめるか
10──たのしい数学・たのしい授業
11──数楽への招待──Ⅰ
12──数楽への招待──Ⅱ
13──数学教育の改革運動

$$\div$$

教育論シリーズ 全5巻
0──教育への招待
1──教育の理想と現実
2──教育の自由と統制
3──序列主義と競争原理
4──教師とは，学校とは

遠山啓の本――太郎次郎社=既刊

点数で差別・選別する現在の日本の教育は子どもたちの未来への希望を奪っている。
いまこそ教育の原点にたちかえって，新しい出発が望まれる。
子どもたちの生きる自信と学ぶ喜びをとりもどす教育を実現するために。

かけがえのない，この自分――教育問答［新装版］
子どもが自分の主人公となれるほんとうの教育の営みを事実で語る。

いかに生き，いかに学ぶか――若者と語る
高校進学を拒否した女の子に，どのように生き，学ぶかを著者が語りかける。

競争原理を超えて――ひとりひとりを生かす教育
序列主義を超えて，人間の個性をのばす教育・学問のあり方を追及する。

＋

水源をめざして――自伝的エッセー
学問・芸術はどんなに人間を豊かにするかを，著者の歩みをとおして語る。

教育の蘇生を求めて――遠山啓との対話
死にかかった日本の教育をどう蘇らせるか。第一線の学者・詩人・画家との対話。

古典との再会――文学・学問・科学
数学者の眼がとらえた，チェーホフ，老子，ブレーク，ニュートン，……の世界。

上記の単行本は，すでに小社より出版されていますので，著作集には収録しません。
全国どこの書店でも手にはいります。小社に直接ご注文の場合は送料を申し受けます。